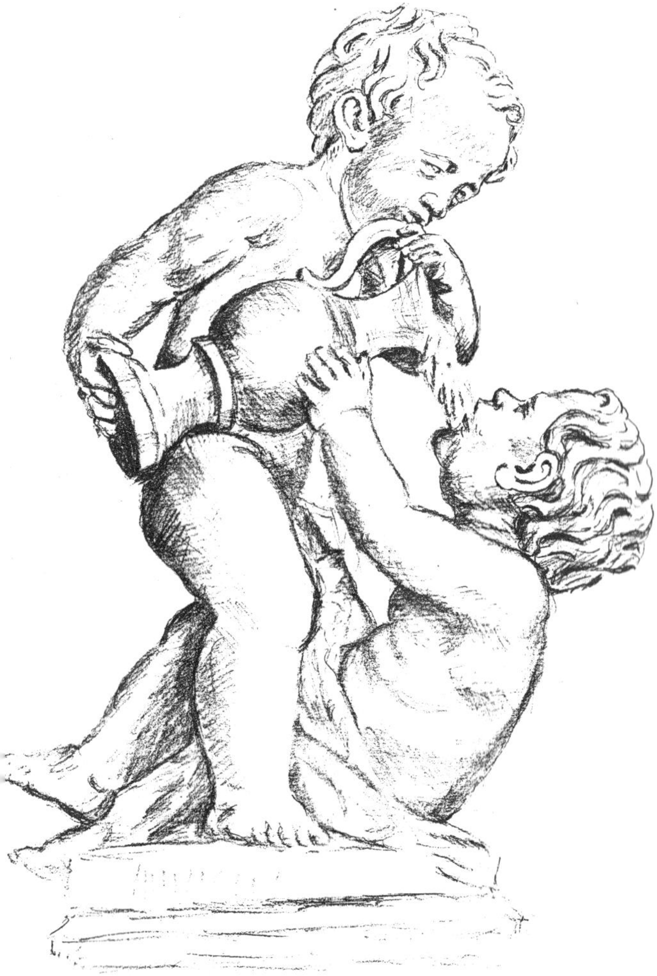

Sowohl im Würzburger als auch im Veitshöchheimer Hofgarten beleben Puttengruppen die barocke Gartenkultur.

Erklärung der Symbole

■ Beschreibung der Weinberg-Lagen

- ☐ Hektargröße Weinberg
- [↑] Haupthimmelsrichtung
- [/] Hangneigung
- [∴] Rebsorte
- [B] Bodenart
- [C] Weincharakteristik
- [L] Großlagenzugehörigkeit

● Winzerbetriebe und Gutsschänken

- [W] Weinprobe
- [K] Kellerprobe
- [G] Gastronomie
- [☎] Telefon
- [S] Straußwirtschaft
- [A] Gutsausschank
- [R] Restaurant mit vorzüglicher Weinqualität
- [O] Öffnungszeiten
- [Z] Ruhetag
- [P] Parkmöglichkeit

▲ Übernachtungsmöglichkeiten

- [***] gehobene Hotelklasse
- [**] gutbürgerliche Übernachtungsmöglichkeit
- [*] einfache Übernachtungsmöglichkeit

Deutsche Vinothek
Franken

Hans Ambrosi
Bernhard Breuer

Deutsche Vinothek

Franken

Begleiter zu den Weinberg-Lagen, Winzern und ihren Küchen

Neubearbeitet
von
Elmar Henke

Busse Seewald

Die Neubearbeitung und Aktualisierung
der Neuauflage durch Elmar Henke
beruht auf den Texten der Erstauflage
der »Vinothek Franken« (1981) von:

WERNER DETTELSBACHER
HEINZ-MARTIN EICHELSBACHER
WOLFGANG ENDRES
FRIEDRICH LIPPE
RENATE SCHOENE
EDGAR SCHWAPPACH
BERNHARD WEISENSEE

Zeichnungen von
WILLY SCHMITT-LIEB

Die Deutsche Bibliothek – CIP-Einheitsaufnahme

Deutsche Vinothek : Begleiter zu den Weinberg-Lagen, Winzern
und ihren Küchen. – Herford : Busse Seewald.
Früher u. d. T.: Vinothek der deutschen Weinberglagen

Franken / Hans Ambrosi ; Bernhard Breuer.
Neubearb. von Elmar Henke. –
2., völlig neu bearb. und aktualisierte Aufl. – 1993
ISBN 3-512-03043-2
NE: Ambrosi, Hans; Henke, Elmar [Bearb.]

Zweite, völlig neu bearbeitete
und aktualisierte Auflage

Lektorat: Bernhard Gurk
Umschlag: Ulrike Ulbrich
Satz und Druck: Busse Druck, Herford
Printed in Germany

ISBN 3-512-03043-2

Inhalt

Das eindrucksvolle Portal der Staatlichen Hofkellerei in Würzburg am Residenzplatz 3

Zu diesem Buch

»Zum heiligen Veit von Staffelstein bin ich emporgestiegen
und seh' die Lande um den Main zu meinen Füßen liegen.
Von Bamberg bis zum Grabfeldgau umrahmen Berg und Hügel
die breite, stromdurchglänzte Au; ich wollt' mir wüchsen Flügel.«
(Viktor von Scheffel)

Kaum eine andere Landschaft Deutschlands hat die Literatur – wie hier die Verse Viktor von Scheffels – und die bildende Kunst so sehr angeregt wie die fränkische. Die von Geschichte und Kultur geprägten, aber immer noch ländlich wirkenden Ortschaften, die wohlbestellten, der abwechslungsreichen Landschaft sich gefällig anpassenden Rebhänge, die freundliche Bevölkerung, die gepflegte Gastronomie und die klingenden Weinnamen und noch vieles anderes laden zum Verbleib und zum Kennenlernen ein.

Dieses Buch nun will seinen Lesern Anregung und Hinweis geben und die Besucher mit Kenntnissen von Weinkultur und Landschaft näher vertraut machen. Es begleitet sie in die Weinstuben und Straußwirtschaften und zu den Burgen und Schlössern.

Das Kernstück aber bildet die völlig neu bearbeitete vinologische Erkundungsfahrt durch Franken, die uns in die einzelnen Weinorte und in die Weinberge führt, die Herkunft ihrer Namen erklärt, über die Böden, Klimaverhältnisse und Rebsorten berichtet und in diesem Zusammenhang die dort gewachsenen Weine charakterisiert.

Neben Berücksichtigung der Geschichte, Geologie und Geographie werden zugleich zahlreiche touristische Hinweise gegeben sowie Ausflugsziele dieses nicht nur landschaftlich, sondern auch kulturgeschichtlich interessanten Weinbaugebietes beschrieben. Alles in allem kann dieser in zweiter Auflage völlig aktualisierte Wein-Wander- und -Reiseführer behilflich sein, den Aufenthalt im Weinland Franken zu einer Bereicherung und zu einem nachhaltigen Erlebnis werden zu lassen.

Elmar Henke

Einführung in die Deutsche Vinothek

Der Geburtsort prägt die Art des Weines. Das wußten bereits die Griechen und Römer. Heute ist eine Unzahl von Herkünften in allen klassischen Weinbauländern der Welt genau abgegrenzt und gesetzlich festgelegt. Auf Etiketten deutscher Weine fallen häufig eigenartig klingende Bezeichnungen auf, die den Geburtsort des Weines angeben. Phantasie und Stimmung werden von Namen wie »Bergtheimer Harfenspiel«, »Tauberrathsheimer Königin«, »Escherndorfer Lump«, »Nordheimer Vögelein«, »Sommeracher Katzenkopf«, »Sulzfelder Maustal«, »Würzburger Stein«, »Homburger Kallmuth«, »Rödelseer Küchenmeister«, »Ipfhofer Kalb« – um nur einige willkürlich herauszugreifen – angeregt, bevor man den Wein überhaupt an die Lippen geführt hat.

Was verbirgt sich hinter diesen gern zitierten, musikalisch und rhythmisch oft so zauberhaft klingenden Namen? Sind es künstliche, aus der Phantasie geborene Wortgebilde oder ökologisch verstehbare Flächenabgrenzungen? Nun, das letztere ist der Fall, und die Deutsche Vinothek soll den Leser mit diesem Schatz bekanntmachen.

Der Geburtsort eines Weines stellt ein wesentliches Merkmal für seine Eigenart und seinen Charakter dar. Je nördlicher der Geburtsort liegt, um so genauer und enger begrenzt sollte die Herkunft angegeben sein, da der Einfluß von Kleinklima, Boden und Lage stärker ist. Je enger das Herkunftsgebiet geographisch umschrieben wird, desto genauer ist die Eigenart des Weines garantiert.

Die Deutsche Vinothek gibt als Begleiter zu den Weinberg-Lagen, Winzern und ihren Küchen sowohl dem Weinliebhaber als auch dem Fachmann die Möglichkeit, seine Kenntnisse von den deutschen Weinberg-Lagen zu erweitern und zu vertiefen. Jede der ca. 2600

Einzellagen der Bundesrepublik Deutschland wird wissenschaftlich wohlfundiert und zugleich allgemeinverständlich von Fachleuten beschrieben. Größe, geologische Beschaffenheit, Bodenart und Kleinklima, Hangrichtung und -neigung, Rebsortenbesatz und die charakteristische Art der Weine sowie die Bedeutung und die Herkunft des Namens (Etymologie) werden detailliert dargestellt. So umschreibt der Begriff der »Lage«, wie auch das französische Äquivalent »terroir«, nicht nur die rein geographischen Besonderheiten, sondern alle eben genannten vielfältigen Kriterien zusammen.

In Portugal grenzte man erstmalig 1756 gesetzlich ein Herkunftsgebiet (für Portwein) ab. In Frankreich wurden die ältesten Lagen für die Cru-Classé-Produkte der Médoc-Weingüter 1855 festgelegt.

In Deutschland geht die Entstehung der Lagenbezeichnungen zum Teil auf die Römerzeit zurück. Ihre ersten urkundlichen Erwähnungen stammen aus der karolingischen Epoche, ihre erste katastermäßige Erfassung erfolgte teilweise schon im 18. Jahrhundert, generell ab der Mitte des vorigen Jahrhunderts, und als Weinbezeichnung auf den Flaschenetiketten sind sie seit rund hundert Jahren allgemein gebräuchlich.

Das geltende deutsche Weinrecht hat besonders einschneidende und Klarheit schaffende Regelungen im Hinblick auf die Ausgangsstufe der Weinerzeugung, nämlich all jene Angaben, die sich auf den Standort der Rebe, also auf die Herkunft des Weines beziehen, eingeführt. Vor 1971 gab es etwa 20000 Weinberg-Lagen (Flurnamen), die aber nicht alle als Herkunftsbezeichnung auf Etiketten erschienen. Durch Zusammenfassung und sinnvolle Gliederung entstanden aus dieser Fülle 2590 Einzellagen, 150 Großlagen, 32 Bereiche und 11 Weinanbaugebiete. 1990 kamen Saale-Unstrut und Elbtal dazu.

Die deutschen Weinanbaugebiete sind nicht aus verwaltungstechnischen oder lokalpatriotischen Gründen entstanden, sondern sie bilden aufgrund der klimatischen und geologischen Bedingungen naturgegebene

Einheiten, in denen Weine gleicher Art wachsen. Hätte das Weingesetz von 1971 die für die einzelnen Gebiete traditionellen Rebsorten noch enger festgeschrieben, wäre für den Konsumenten ein noch klareres Bild des regionalen und lokalen Weintyps entstanden. Jeder deutsche Wein muß den Namen seines Anbaugebietes als Herkunftsbezeichnung führen. Die bestimmten Anbaugebiete sind seit der Vereinigung zwischen 316 Hektar (Sachsen) und 24800 Hektar (Rheinhessen) groß. Ein Bereich umfaßt durchschnittlich 3000 Hektar. Der Bereichsname wird vor allem als Herkunftsangabe bei solchen Weinen verwendet, die aus Lesegut verschiedener Gemarkungen hergestellt wurden.

Die Groß- und Einzellagen sind laut Gesetz bestimmte Rebflächen, aus deren Erträgen gleichwertige Weine gleichartiger Geschmacksrichtung hergestellt werden können. Die Lagennamen sind in der Weinbergsrolle kartographisch erfaßt und somit genau kontrollierbar. Die Einzellage ist die engste Bezeichnung. Sie umfaßt oft wenige Hektar, im Durchschnitt etwa 40 Hektar und ist oft durch natürliche Umgrenzungen wie Hekken, Gräben, Wege oder Bergrücken auch optisch bestimmt. Ist der Besitz eines Winzers in kleine Parzellen verschiedener Lagen aufgesplittert, so kann er bei der Herkunftsbezeichnung seines Weines auf die Großlage ausweichen. Eine Großlage erstreckt sich über durchschnittlich 600 Hektar und umfaßt ca. 15 sich gleichende Einzellagen.

Die Lagennamen, die in der allgemeinen Landwirtschaft Flurnamen genannt werden, sind meist Jahrhunderte alt und weingeschichtlich wie kulturgeschichtlich allgemein sehr interessant. Sie sind lebendige Gebilde, die mit ihren häufig praxisnahen Aussagen zur engsten Lebenswelt des Winzers gehören.

Die amtliche Festlegung der Lagennamen und -grenzen erfolgte Mitte des vorigen Jahrhunderts. Aus dem Durcheinander zahlloser, zum Teil auch privater und willkürlicher Namen mußten diejenigen herausgefunden werden, die durch älteste Herkunft und all-

gemeinen Gebrauch die größte Berechtigung hatten. Weiterhin mußten die genauen Grenzen für jeden Namen festgelegt werden. Seit der Mitte des 19. Jahrhunderts wurde es zunehmend üblich, den Lagennamen auf dem Flaschenetikett anzugeben. Die Verwendung der Lagennamen steht in engem Zusammenhang mit der erst vom Qualitätsweinbau eingeführten Lese unter Berücksichtigung der Lage. Nach der Entdeckung der Spät- und Auslesen ergab sich zudem die Notwendigkeit, Weine in Flaschen zu füllen und diese Flaschen genau zu bezeichnen. Dies betraf jedoch zunächst nur die großen Adels- und Kirchengüter. Der einfache Winzer verkaufte seine Erzeugnisse noch lange als lagennamenlosen Faßwein.
Generell gilt für den Gebrauch der Lagennamen auf Weinetiketten, daß sie nur in Verbindung mit dem Namen einer Gemeinde oder eines Ortsteils verwendet werden dürfen. Bei Lagen, die über Gemeindegrenzen hinausgreifen (manche Einzellagen, fast alle Großlagen), wird in der Regel die sogenannte Leitgemeinde gewählt.
Durch die starke Aufwertung der Lage hat der Konsument ein großes Interesse, mehr über die Weinberg-Lagen zu erfahren. Diesem Bedürfnis kommt die Deutsche Vinothek nach. Letztendlich wird die Qualität der Weine aber am stärksten durch den Erzeuger beeinflußt. Er hat es durch die Auswahl der Rebsorte, den Rebschnitt, die Begrenzung der Menge und schließlich den Ausbau im Keller in der Hand, die Qualität zu bestimmen. Bei gleicher Entscheidung wird aber ein Wein aus der besseren Lage die interessantere Qualität hervorbringen. Den Versuchen, Lage und Erzeuger zu klassifizieren, sollte daher Beachtung geschenkt werden.
Jeder Band dieses Werkes umfaßt je eines der 13 deutschen bestimmten Anbaugebiete: Ahr, Mosel-Saar-Ruwer, Mittelrhein, Rheingau, Nahe, Rheinhessen, Hessische Bergstraße, Rheinpfalz, Baden, Württemberg, Franken, Saale-Unstrut und Elbtal.
Um die Entdeckungsreise in den Weinbaugebieten

noch vergnüglicher zu gestalten, haben wir Empfehlungen uns bekannter Winzerbetriebe mit Gutsausschank, Strauß- und/oder Besenwirtschaft und Möglichkeiten zur Weinprobe und Kellerbesichtigung mit eingeschlossen. Für die meisten Weinbauorte findet der Leser auch Hinweise auf Übernachtungsmöglichkeiten.
Wir hoffen, mit diesem Buch den Liebhabern deutscher Weine zum Auswählen und Kennenlernen ihrer Weine viele neue Informationen vermitteln zu können.

Hans Ambrosi
Bernhard Breuer

Weinland Franken

Die Landschaft

Das Weinbaugebiet Franken, auch Mainfranken – Weinfranken genannt, wird durch die Mittelgebirge des Odenwaldes im Westen, der Frankenhöhe und den Frankenbergen im Süden, dem Steigerwald im Osten, den Haßbergen im Nordosten und der Rhön im Norden umfaßt. Der Höhenzug des Spessarts, des größten deutschen Waldgebietes, bildet einen westlichen Grenzwall für Mainfranken, nicht aber für Weinfranken, wachsen doch an seinem Westabfall noch Reben. Der Spessart ist eine Klima- und Mundartscheide für Weinfranken. (Westlich herrscht gemäßigt maritimeres und östlich des Spessarts ein gemäßigt kontinentales Klima.)
Mit über 40 000 Hektar war der fränkische Rebgarten vor dem Dreißigjährigen Krieg das bei weitem größte Weinbaugebiet im deutschen Raum. Wirtschaftliche und politische Entwicklungen führten bis zum Ende des 18. Jahrhunderts zu einem Rückgang auf rund 16 500 Hektar. Durch Einwirkung tierischer und pilzlicher Schädlinge erfolgte eine weitere Schrumpfung, so daß nach dem Zweiten Weltkrieg nur noch eine Rebfläche von etwa 2500 Hektar vorhanden war.
Diese Entwicklung führte vom Quantitätsweinbau zum anspruchsvollen Qualitätsweinbau. In Franken beschränkt sich heute der Rebbau auf besonders geeignete, durch die Gunst des Kleinklimas und die Ausformung der Lagen gebildete, sogenannte ökologische Nischen.
Franken bildet kein geschlossenes Anbaugebiet. Hauptbereiche sind Maindreieck, Mainviereck und Steigerwald.
Zur Zeit beträgt die Rebfläche rund 6000 Hektar. Abgesehen von den kleineren Weinbaugebieten Saale-

Unstrut in Sachsen-Anhalt und dem Elbtal in Sachsen ist der Steigerwald das am weitesten nach Nordosten vorgeschobene Weinbaugebiet in Europa.

Weinbau-, Weinguts- und Selbstmarkterbetriebe

In Franken überwiegt der Kleinbesitz. Von den etwa 7500 Winzern besitzen ca. 6200 Winzer weniger als 1 Hektar Weinberge. Betriebe dieser Größenordnung bewirtschaften etwas über die Hälfte der Rebfläche Frankens.

Die Zahl der Weinbaubetriebe, die ihre Weine selbst ausbauen und vermarkten, sind in den letzten Jahren stark angestiegen. So zählte die Amtliche Qualitätsweinprüfung in Bayern mit Sitz in Würzburg 1980 ca. 450 Anstellerbetriebe und Ende 1990 ca. 950 Winzerbetriebe mit Betriebsnummer. Die Selbstmarkterbetriebe bewirtschaften derzeit etwa 3000 ha, sie sind über das ganze fränkische Weinbaugebiet verstreut. Die Selbstmarkter haben unter den Weinfreunden einen guten Ruf. Der Ausbildungsstand dieser Betriebe ist hoch angesiedelt. Die Frauen und Männer, die diesen meist Familienbetrieben vorstehen, sind Winzermeister oder Kellermeister, Weinbautechniker oder gar Weinbauingenieure.

Um eine Familie im eigenvermarktenden Betrieb zu ernähren und den Betrieb aufrechtzuerhalten, sind im Fränkischen etwa 4 ha Rebfläche nötig. In einigen Fällen handelt es sich um Gemischbetriebe, in Sonderheit mit Spargel- und Obstanbau.

Die Weinguts- und Selbstmarkter schließen sich im wesentlichen in zwei Organisationen zusammen:

a) Vereinigung »Fränkische Weingüter und Selbstmarkter« e.V.

Unter dem Zeichen von Traubenkelter und Traubenadler bieten die Mitglieder ihre erzeugten Weine an. Der Verein Fränkische Weingüter und Selbstmarkter e.V. ist aus dem früheren Verband der Fränkischen Naturweinversteigerer hervorgegangen und umfaßt Mitte

1991 58 Mitgliedsbetriebe, darunter die großen Würzburger Güter wie das Juliusspital, das Bürgerspital zum Heiligen Geist und der Staatliche Hofkeller der Bayerischen Landesanstalt für Weinbau und Gartenbau. Die Gesamtrebfläche aller Mitglieder beträgt knapp 900 ha. Er ist damit einer der größten Regionalvereine des Verbandes Deutscher Prädikats- und Qualitätsweingüter e.V. Es ist in Franken beispielhaft gelungen, die unterschiedlichsten Betriebsgrößen zusammenzufassen; Ziel ist und bleibt die individuelle Qualitätserzeugung. Mit eingebunden in diese Vereinigung ist auch die Erzeugergemeinschaft Castell mit einer Rebfläche von 60 ha und 100 Mitgliedswinzern. Der Sitz der Erzeugergemeinschaft ist im Fürstlich Castell'schem Domänenamt in Castell.

b) Verein »Fränkische Winzer – Franken und Wein« e.V.

Ein stilisierter Fachwerkbau mit dem Bocksbeutel im geöffneten Hoftor sind die Merkmale des Zeichens für den Verein »Fränkische Winzer – Franken und Wein« e.V. Diese jüngste Gruppierung im fränkischen Weinbau, eine Vereinigung von 350 kleinen Weingütern und Selbstvermarktern hat sich Ende 1988 gegründet. Die Mitgliedsbetriebe der »Fränkischen Winzer« bewirtschaften etwas mehr als 800 ha in nahezu allen Weinregionen Frankens. Es sind überwiegend kleine Weingüter mit Betriebsgrößen zwischen 1 und 10 ha; einige wenige liegen allerdings auch darüber. Der Verein hat sich als eigenständige Interessenvertretung der »kleinen feinen Weingüter« erstaunlich rasch etabliert. Das wirkungsvolle neue Zeichen des Vereins ist auch bereits auf Flaschenkapseln und Versandkartons zu finden. Ein gemeinschaftliches, einheitliches Auftreten »der kleinen, feinen Weingüter« Frankens ist das Ziel.
Das Mitglied Weingut Karl Behringer, Abtswind, gründete in 1990 eine Erzeugergemeinschaft mit dem Namen Behringer; deren 60 angeschlossenen Mitglieder bewirtschaften 55 ha Weinbergsfläche.

Die Winzergenossenschaften

Neben dem traditionsreichen Weinhandel und den Weingutsbetrieben hat sich in unserer Zeit das Winzergenossenschaftswesen sehr stark entwickelt.
Die sieben fränkischen Winzergenossenschaften haben 1990 202 000 hl Weinmost ihrer Mitglieder und damit 42 Prozent vom gesamten fränkischen Weinherbst erfaßt. Ende 1990 waren den Winzergenossenschaften 3980 Mitglieder mit einer bewirtschafteten Rebfläche von 2300 ha angeschlossen. Damit ist die Gruppe der fränkischen Winzergenossenschaften der stärkste Marktpartner des Frankenweins.
Jahrelange Rückschläge im Weinbau hatten Ende des 19. Jahrhunderts zur erheblichen Reduzierung der Rebflächen geführt. Die Ursachen für diesen Rückgang waren sowohl in einer Reihe schlechter Ernten zu suchen als auch in den zunehmenden finanziellen Belastungen der Winzer, von denen die Kleinwinzer am stärksten betroffen waren. Aus dieser Not heraus schlossen sich die Häcker zu Genossenschaften zusammen, die die Verarbeitung des Traubengutes übernehmen, die Weine pflegen, sprich Vinifikation, die Vermarktung der selbst abgefüllten Weine und weinbauliche Maßnahmen fördern und überwachen.
Die erste Winzergenossenschaft wurde im Jahre 1901 in Sommerach gegründet; weitere folgten im Laufe der Jahrzehnte.
Heute beträgt die Lagerkapazität der fränkischen Winzergenossenschaften rund 790 000 hl, d. h., es können nahezu vier durchschnittliche Weinernten eingelagert werden. Die Winzergenossenschaften ermöglichen somit eine wirtschaftliche Stabilität des Frankenweinmarktes.

Die genossenschaftlich erfaßte Gesamtrebfläche von 2300 ha teilt sich wie folgt auf:
Gebietswinzergenossenschaft Franken
(GWF = Goldener Wein aus Franken), Kitzingen,
2740 Mitglieder bewirtschaften 1455 ha Rebfläche

Winzergenossenschaft Nordheim/Main,
250 Mitglieder bewirtschaften 270 ha Rebfläche
Winzergenossenschaft Thüngersheim,
340 Mitglieder bewirtschaften 240 ha Rebfläche
Winzerkeller Sommerach/Main,
240 Mitglieder bewirtschaften 175 ha Rebfläche
Winzergenossenschaft Randersacker,
250 Mitglieder bewirtschaften 125 ha Rebfläche
Winzergenossenschaft Hammelburg,
110 Mitglieder bewirtschaften 25 ha Rebfläche
Winzergenossenschaft Hörstein,
50 Mitglieder bewirtschaften 10 ha Rebfläche

Das Qualitätsstreben der fränkischen Winzergenossenschaften ist außerordentlich hoch. Dies dokumentiert sich besonders am guten Ergebnis bei der Bundesweinprämierung und der Fränkischen Weinprämierung. Auch hinsichtlich des »naturnahen Weinbaus« sind die Winzergenossenschaften aktiv. So gründete die Gebietswinzergenossenschaft im Juli 1989 den Verein »Ökologischer Weinbau Franken« e.V., dem über 120 Mitglieder angeschlossen sind und 100 ha nach ökologischen Grundsätzen bewirtschaften.

Ökologischer Weinbau in Franken

Auch in Franken erblicken wir inzwischen in den Weinbergen inmitten vieler Reihen von Rebstöcken bunte Kleesorten, gelben Raps, Sonnenblumen, Gräser, Wicken und Malven als pflanzliche und mineralische Beigaben für die Böden und als Nützlinge gegen Schadinsekten. Das ist ein äußeres Zeichen dafür, daß die Bereitschaft und das Hinarbeiten der Winzer auf einen möglichst naturnahen Weinbau, ja sogar zu und auf einen gänzlich ökologischen Weinbau in Franken groß ist. So hat der Bundesverband ökologischer Weinbau in Franken bereits einen Regionalverband »Bund fränkischer Ökowinzer und Weingüter« e.V. gegründet und inzwischen bereits 20 Mitgliedsbetriebe.
Die Gebietswinzergenossenschaft gründete 1989 den Verein »Ökologischer Weinbau« e.V. mit eigenen

Richtlinien und hat über 100 traubenabliefernde Winzer als Mitglieder.
Der naturnahe Weinbau wird in Franken mittlerweile weitverbreitet praktiziert. In vielen Weinbauorten gibt es sogenannte Gruppen »naturnaher Weinbau«, die von den örtlichen Winzervereinen organisiert werden. Diese Interessengemeinschaften werden von den Fachberatern für Weinbau aus den Ämtern für Landwirtschaft Würzburg, Karlstadt und Kitzingen betreut. In der Praxis funktioniert dies folgendermaßen: Die Winzer treffen sich während des ganzen Jahres in bestimmten Zeitabschnitten und diskutieren z. B. über Schadensschwellen hinsichtlich der Schädlingsbekämpfung, über sach- und fachgerechte Düngung, insbesondere Begrünung der Weinberge. Die optimale Beobachtung des Witterungsverlaufes, dieser gibt Aufschluß über die Vermehrungsrate der Schädlinge, ist durch Blattnässeschreiber, die vom Weinbauring Franken gefördert werden, möglich.
Die biologische Bekämpfung tierischer Schädlinge mittels der Sexualverwirrungsmethode (es kommt zu keiner Population) findet seit Jahren in Franken großflächige Verwendung. Diese Initiative wird vom Freistaat Bayern finanziell gefördert, gleichermaßen ein Forschungsauftrag der Bayer. Landesanstalt für Weinbau und Gartenbau hinsichtlich der Verbreitung und den Einsatz von Raubmilben. Der Fränkische Weinbauverband bemüht sich in Abstimmung mit dem Bayer. Landwirtschaftsministerium um gemeinsame und einheitliche Richtlinien des »Naturnahen Weinbaus« in Bayern. Die Bayer. Landesanstalt für Weinbau und Gartenbau hat inzwischen den Schwerpunkt ihrer Grundlagen- und angewandten Forschungsarbeit auf den naturnahen und ökologischen Weinbau gelegt.

Der Weinhandel

Die Geschichte des Weinhandels ist sehr eng mit der des Weinbaus verknüpft. Ado Krämer zitiert in seinem Werk »Das Bocksbeutelbuch« einen Weinhändler:

»Der Weinhandel ist der kleinere Bruder des Weinbaus.«
Es waren nicht landfremde Kaufleute, wie an Rhein und Mosel, die Weinhandel betrieben, sondern Klöster. Diese versorgten einerseits ihre Niederlassungen in weinarmen Gegenden, andererseits war ihr Bedarf an Wein so groß, daß sie sogar noch Wein hinzukaufen mußten, zumal die Klöster im frühen Mittelalter den Reisenden Kost und Herberge gaben. An diesem Zukauf beteiligten sich im 14. und 15. Jahrhundert freie Handelsleute, sogenannte »Unterkäufer«. Es wurde darauf geachtet, daß in schlechten Zeiten kein Wein über die Grenzen gebracht und bei guten Ernten kein fremder Wein eingeführt wurde, solange die eigenen Weine noch nicht abgesetzt waren. Ausfuhrzölle und Ausfuhrverbote regelten den Handel. So wurde beispielsweise 1368 die Einfuhr fremder Weine für 20 Jahre verboten.
Klöster, Stiftskapitel und Städte sicherten sich den Absatz ihrer Weine dadurch, daß sie die Bürger zum Weintrinken an ihre Gaststätten bannten. Solange »Bannwein« ausgeschenkt wurde, durfte kein anderer Wein angeboten werden. War der Bannwein verbraucht, durfte anderer Wein verkauft werden, für den jedoch ein gewisses »Ungelt« (heute als Umsatzsteuer erhoben, ergänzt durch Getränkesteuer) entrichtet werden mußte.
Während sich bereits im 13. Jahrhundert an Rhein, Mosel und im Elsaß ein bedeutender Weinhandel entwickelt hatte, wurde der Frankenwein, vor allem wegen seines starken Verbrauchs im eigenen Land, kaum gehandelt. Erst um die Mitte des 16. Jahrhunderts wurde er frei gehandelt.
Bauernkrieg und 30jähriger Krieg brachten für den Weinhandel einen schweren Rückschlag. Verwüstungen, Plünderungen, unsichere Wege erschwerten den Handel, wenn sich auch Hochstifte, Landesherren und Magistrate der Städte um einen Aufschwung bemühten. Neben Zölle und Abgaben traten neue Verordnungen in Franken. So erschien z. B. die landesherrliche

Verordnung, »wonach den Verkäufern und überhaupt jedermann das ›Faktorieren‹, das An- und Verkaufen von Most für Fremde verboten, auch das Vermieten von Kellern und Fässern an Fremde zur Niederlage und Einkellerung der einzukaufenden Möste, untersagt wurde«. Sogar die Bevölkerung forderte im Jahre 1737, daß der Weinhandel polizeilich verboten werden müsse. Sie hatte Angst, daß der Wein für den eigenen Bedarf nicht ausreichen würde.

Unter den Bürgern gab es aber auch solche, die für den Absatz des Frankenweins in andere Länder eintraten, und so entwickelte sich im Laufe des 18. und 19. Jahrhunderts der Weinhandel, vor allem in Form des persönlichen Besuchs der Kundschaft.

Als günstigste Frachtstraße erwies sich der Main, und so entstanden am Flußlauf wichtige Weinhandelsorte. Dazu gehörten Bamberg (durch die Regnitz dem Main angeschlossen), Schweinfurt und das noch heute bekannte Weinhandelsstädtchen Kitzingen, Dettelbach, Sulzfeld und Würzburg mit dem berühmten Umschlagplatz am alten Kranen. Es folgten Karlstadt und Gemünden. Am Untermain trat besonders Klingenberg als Handelsort in den Vordergrund, zumal auch hier das Büttnerhandwerk einen festen Sitz hatte. Zum Schluß übernahm Aschaffenburg die weitere Verfrachtung der goldenen Ladung. Entlang der ganzen Wasserstraße waren hohe Zollgebühren zu bezahlen, nicht zu verschweigen waren die räuberischen Übergriffe beutegieriger Raubritter. Auch auf dem Landweg ging der Frankenwein in viele deutsche Gebiete. Eine Besonderheit kam Altbayern zu, das den Wein maut- und zollfrei beziehen durfte.

Durch die Säkularisation der Klöster, durch die Aufhebung der Weinbesoldung an Beamte und Staatsdiener mußten neue Absatzmärkte erschlossen werden. Einerseits erleichterte der Wegfall der Zollschranken (1833/34) den Handel, andererseits war die Konkurrenz ausländischer Weine sehr groß. Am 2. Dezember 1900 wurde der fränkische Weinhändlerverein in Kitzingen gegründet. Nach beiden Weltkriegen ging der

Handel sehr stark zurück. In unserer Zeit erlebt er dank der tatkräftigen Winzer und Weinbauinstitutionen einen neuen Aufschwung.

Der Bocksbeutel

Der Bocksbeutel, eine jahrtausendalte Flaschenform, ist für den Frankenweintrinker eine Weltanschauung! Als Flachkugelflasche aus Ton taucht er in einem keltischen Grabfund aus dem Jahre 400 vor Christus auf. Seine Vorläufer begleiten uns durch die ganze Weltgeschichte, bis er in Franken endgültig heimisch wird. Als Bouteille setzten sich die platten Glasgefäße seit dem 15. Jahrhundert für die Abfüllung von Weinen durch. Seine heutige Form zeigt sich auch in den Gefäßen, die im Weinkeller August des Starken (1670–1733) gefunden wurden.
Urkundlich ist diese Flasche das erste Mal durch eine Verfügung des Würzburger Stadtrates aus dem Jahre 1728 nachweisbar. Darin heißt es: Zur »Steuerung allenfallsiger Handelsmißbräuche« sind Steinweine des Jahrganges 1718 in Flaschen von einem Maß zu füllen und zur Garantie für Echtheit und vollen Genuß mit dem Stadtsiegel zu versehen. Die Bocksbeutelflasche war zu dieser Zeit in Würzburg als Abfüllmaß ganz selbstverständlich. Die Flasche bedurfte also lediglich der Versiegelung und wurde damit amtlich (zunächst) zur »Steinweinflasche« und zu einem absoluten Qualitätsbegriff für Franken. Diese Verfügung bedeutet auf jeden Fall die Grundlage des fränkischen Bocksbeutelprivilegs.
Und der Name? Capri sacculus, warum so zimperlich, um die plausibelste Erklärung zu negieren, nämlich die etwas derbe Deutung des Namens »Bocksbeutel«. Die Ähnlichkeit mit dem tierischen Körperteil ist jedenfalls nicht von der Hand zu weisen, und die Sachverständigen bekennen sich heute ziemlich einmütig zu dieser Auslegung, bekräftigt durch Kunst- und Schrifttum im Mittelalter, wo man bekanntlich nicht so prüde war und Naturhaftes drastisch bestätigte. Was liegt also

näher, als den Beutel des Bockes zum Paten zu machen, zumal der Ziegenbock als lüsterner Traubennascher schon seit alter Zeit symbolisch mit dem Wein in Zusammenhang gebracht wird.
Im Frühjahr 1989 ging ein langgehegter Wunsch der fränkischen Weinwirtschaft in Erfüllung. Das Flaschenoriginal des Bocksbeutels (bauchig, rund abgeplattete Flaschenform) wurde in allen 12 Mitgliedsländern der Europäischen Gemeinschaft geschützt. Er bleibt damit dem Anbaugebiet Franken und einigen wenigen anderen eng abgegrenzten Weinbauregionen in Europa vorbehalten. Die Franken hatten eineinhalb Jahrzehnte für eine solche Sonderstellung gekämpft.

Bekannte historische Weinkeller

Einer der ältesten historischen Weinkeller ist der des Bürgerspitals zum Hl. Geist in Würzburg, der allerdings erst 1923 auf seine heutige Größe gebracht wurde; bis dahin wurde der größte Teil der Ernte im Ulmer Hof ausgebaut, der beim Angriff am 16. März 1945 total zerstört wurde. Das Kellergewölbe an der Theaterstraße in der Würzburger Innenstadt ist heute mit seinen über 200 alten und neuen Holzfässern einer der größten Holzfaßkeller Europas. Die Weinproben finden unter den alten Gewölben oder in einer eigenen Probierstube statt. In den Schutz des Kellers hat man auch von Steinberg den Gedenkstein für Abt Alberich Degen von Ebrach geholt, der in Franken die Silvanerrebe eingeführt hat. In einer »Schatzkammer« werden die ältesten und berühmtesten Weine in Bocksbeuteln verwahrt, aber nicht ausgeschenkt.
Fürstbischof Julius Echter von Mespelbrunn (1573–1617) dotierte sein Spital (sein Krankenhaus mit Altenheim, Waisenhaus und Pilgerherberge) nicht nur mit Weinbergen, sondern ließ auch unter dem Nordflügel (seit Petrinis Bau 1710 Fürstenbau geheißen) einen rund 250 m langen Weinkeller wölben. Dort sind heute noch 300 Holzfässer aufgebockt, die 10 000 hl

juliusspitälischen Wein fassen. Ein großer Teil der Faßböden, die den langen Gang flankieren, sind mit reichen Schnitzereien bedeckt, die z. T. auf Weltausstellungen ausgezeichnet wurden.
Den größten und stattlichsten Keller Frankens besitzt das Staatsweingut unter der von 1720 bis 1744 von Balthasar Neumann für die Würzburger Fürstbischöfe aus dem Hause Schönborn erbauten Residenz, der 1724 bezugsfertig war. Bis zur Säkularisation des Hochstiftes Würzburg im November 1802 lagerte dort der Zehnt- und der Gült(Zins-)wein neben dem Gewächs des Bischofs und des Domkapitels, seitdem nur der fränkische Eigenbau des Freistaates Bayern, dessen Betreuung die Bayerische Landesanstalt für Weinbau und Gartenbau übernommen hat. Unter den vielen Stückfässern ragt das »Beamtenfaß« hervor, das Fürstbischof Franz Ludwig von Erthal (1779–1795) bauen ließ, um den endlosen Klagen zu entgehen, der »Deputatwein« sei von unterschiedlichster Güte; jetzt gab's nur Einheitswein. Das 5 m hohe Faß steht nebst zwei kleineren auf einem Bassin, damit bei Faßbruch nichts verlorenging. Berühmt ist auch das 1648 gebaute »Schwedenfaß«, das 36 würzburgische Eimer (= 28,24 hl) hält und den famosen Jahrgang 1540 aufnahm, dessen Reste 1806 an den Hofkeller in München abgegeben werden mußten. In dem mit Kerzenlicht erleuchteten Keller können bis zu 200 Personen an stimmungsvollen Weinproben teilnehmen.
Einen 300 Jahre alten, mehrfach erweiterten Weinkeller bewirtschaftet das Fürstlich Castell'sche Domänenamt unter dem »Neuen Schloß« in Castell, das Peter Sommer aus Künzelsau 1687 bis 1691 erbaut hat. Aus dieser Zeit stammt der älteste Teil des Kellers, in dem der Wein überwiegend in Holzfässern ausgebaut wird. Fürst Albrecht von Castell-Castell ließ je ein Faß im Geburtsjahr seiner sieben Kinder bauen und in den Boden das Porträt des Jugendlichen einschnitzen. Dort oder in einem oberirdischen Saal sind Weinproben nach Voranmeldung möglich.
Das Fürstliche Löwenstein-Wertheim-Rosenberg'sche

Weingut (6983 Kreuzwertheim) baut seine Weine, vor allem den berühmten Homburger Kallmuth, fast ausschließlich in Holzfässern aus, die zum großen Teil unter dem Schloß zu Kreuzwertheim (auf »bayerischer Seite«) stehen und vorwiegend prächtig geschnitzte Faßböden besitzen. Die fürstliche Familie (Rosenberg ist die katholische Linie) residiert in Bronnbach an der Tauber.

Der älteste Weinkeller Deutschlands soll bereits 745 in Kitzingen im ehemaligen Benediktinerkloster existiert haben. Die Gebietswinzergenossenschaft Franken (GWF) hat diesen Keller vom Landkreis Kitzingen auf 99 Jahre gepachtet und wieder hergerichtet. Das historische Gewölbe zeigt über 100 alte Weinfässer, deren Entstehung bis auf die Mitte des letzten Jahrhunderts zurückgeht. Ab Sommer 1991 steht dieser Keller wieder jedermann offen. Besichtigungen, Führungen und Weinproben bis 100 Personen sind nach Voranmeldung über die GWF oder das Verkehrsamt der Stadt Kitzingen möglich.

Im alten GWF-Keller der Kreisstadt Kitzingen ruhen über 100 Fässer.

Klima

Das fränkische Weinbaugebiet liegt in klimatisch maritim und kontinental-maritim beeinflußten Zonen.
Der Spessart ist als Klimascheide zu betrachten. Westlich davon und am Untermain ist das Wetter maritim und ostwärts des Spessarts kontinental-maritim, d. h., hier gibt es heiße Sommer und kalte Winter. Die mittlere Jahrestemperatur liegt bei 8,5–9° Celsius. Die Niederschläge erreichen im Maintal über 600 mm, im Kitzinger und Schweinfurter Gebiet nur 500–550 mm, an den Spessarthängen und im Steigerwald manchmal 700–750 mm.
Das Klima ist vor allem gekennzeichnet durch harte Winter, trockene Sommermonate und Frostbeeinflussungen im Herbst, Winter und Frühjahr. Oft zerstören Frühfröste, die um den 25. September, 5. Oktober und 18. Oktober eintreten können, das gesamte Reblaub, wodurch die Assimilation und somit die Zuckerbildung abrupt aufhören. Sind diese Tage vorbei, dann können sonnenwarme Herbsttage in Verbindung mit den Morgennebeln noch außergewöhnliche Zuckeranreicherungen in den Trauben bewirken und auch noch manchen sonnenarmen Sommer wieder gutmachen. Warme Herbstwochen sind ausschlaggebend für die Holzreife der fränkischen Rebsorten und damit für ihre Winterbeständigkeit. Gefährlich wird es, wenn Ende Dezember relativ milde Witterung herrscht, verbunden mit reichen Niederschlägen und plötzlich im Januar Kältestürze auftreten von + 10°C auf – 20°C und noch tiefer. Differenzen von 30° und mehr können nur wenige Rebsorten vertragen. Entscheidend für eine Winterfrostschädigung ist allerdings, ob der Weinberg vorher viel getragen hat oder durch überstarke Düngung geschwächt in den Winter gekommen ist. Winterfrosteinbrüche treten zwei- bis dreimal in einem Jahrzehnt auf. So gab es in 35 Jahren (seit

1945/46) während 19 Winterperioden auf dem Main zwischen Aschaffenburg und Schweinfurt Treibeis oder sogar eine geschlossene Eisdecke, daß die Schifffahrt eingestellt werden mußte. Eisbildung im Bereich des Weinbauklimas tritt dann ein, wenn mehrere Tage Tieftemperaturen um – 20° C herrschen.
Häufiger und noch gefährlicher sind die Spätfröste um die Zeit der »Eisheiligen«: Pankraz, Servaz, Bonifaz und die Kalte Sofie (12. bis 15. Mai). Derartige, manchmal alle zwei bis drei Jahre auftretende Ernteverluste durch die Winterfröste können einen Winzerbetrieb wirtschaftlich sehr stark belasten. Die Preisgestaltung für die Bocksbeutel liegt neben der Qualität in diesen Witterungsunbilden begründet.
Das Untermaingebiet zeichnet sich durch einen frühzeitigen Frühlingsanfang aus, was durch den Beginn der Apfelblüte – oft noch vor Ende April – offenkundig wird, gegenüber dem Steigerwaldgebiet, wo sie erst nach dem 5. bis 10. Mai und noch später anfängt.
Für die Qualität einer Weinlage sind neben der Himmelsrichtung besonders ausschlaggebend: kaltluftliefernde und windgefährdete Ackerhochflächen ohne schützende Waldbestände, ferner eine in den Kaltluftsee eintauchende Tallage.
Trockenschäden in den Weinbergen versucht man vereinzelt mit festinstallierten oder beweglichen Beregnungsanlagen und mit Tropfbewässerung zu verhindern.
Allerdings, gemäß der Qualitätsweinverordnung (EG) Nr. 338/79 kann in einer Weinbauzone nur mit Zustimmung des betreffenden Mitgliedsstaates bewässert werden.
Der Freistaat Bayern hat hierauf die erste Verordnung zur Durchführung des Weingesetzes 1983 erlassen, daß die Beregnung von Rebflächen mit skelettreichen oder flachkantigen Böden von mind. 30 Prozent Hangneigung (Steillagen) in Trockenperioden bis zum Beginn der Traubenreife zulässig ist.
Die in Franken rund 170 ha stationäre Beregnungs-

anlagen dürfen übergangsweise bis 1999 weiterbenutzt werden.
Nachfolgend sind einige Tabellen aufgeführt, die Auskunft über Niederschläge, mittlere Tagestemperaturen und Sonnenscheinstunden geben.

Tabelle: Klimawerte in Franken
30jähriges Mittel gemessen an der Wetterwarte Würzburg

Monat	Niederschläge in mm	Mittlere Tagestemperatur in °C gemessen in 2 m Höhe	Sonnenschein-Stunden
Januar	42	−0,3	45
Februar	40	0,9	76
März	39	4,4	133
April	45	9,0	174
Mai	53	13,2	214
Juni	77	16,5	222
Juli	57	18,2	233
August	64	17,6	209
September	45	14,3	167
Oktober	45	9,2	113
November	49	4,2	47
Dezember	51	0,9	38
Jahr	607	9,01	1671
April–Sept.	341	14,8	1219

Aus: Agrarmeteorologischer Monatsbericht für den Raum Würzburg des Deutschen Wetterdienstes, Agrarmeteorologische Beratungsstelle Würzburg-Stein.

Geologie und Böden

Das fränkische Weinbaugebiet ist geprägt durch die Flußtäler des Mains und seiner Nebenflüsse Kahl, Tauber, Saale und Wern, wie durch die Mittelgebirgshänge des Spessarts, der Vorrhön, der Haßberge und des Steigerwaldes.
Die tiefsten Standorte haben die Weinberge am Mainufer bei etwa 150 m über NN und ihre höchsten Lagen bei etwa 380 m über NN. Die geologisch bodenkundlichen Gegebenheiten der Rebenstandorte sind besonders vielgestaltig. In Anlehnung an die geologischen Formationen gliedert sich die Rebenanbaufläche in vier Hauptgebiete: Urgestein, Buntsandstein, Muschelkalk und Keuper.

Urgestein

Nördlich von Aschaffenburg, wo der Main in Richtung Rhein fließt, liegt das Freigericht mit den Urgestein-Glimmer-Schieferböden und den Quarzit- und Paragneisablagerungen. Auf diesen Böden der ältesten Ausgangsmaterialien im Frankenland mit unterschiedlich mächtigen Löß-, Lehm- und lehmigen Sandbeimischungen wachsen die Riesling- und Müller-Thurgauweine des Kahlgrundes und der kleinen Seitentäler. Die vorzugsweise westlich und südlich gerichteten Rebhänge sind meist oben und im Osten mit schützenden Wäldern bewachsen. Die Bodeneigenart und die klimatischen Voraussetzungen modifizieren die dortigen säurebetonten und rassigen Weine, deren Charakter dem Rheingauer ähnelt. Mehr als 90 Prozent der Weinbergsböden sind der Formation des Trias (Buntsandstein, Muschelkalk, Keuper) zuzuordnen. Ihre Glieder fallen vom Spessart weg gleichmäßig gegen Osten ab.
Im Westen treten an den Hängen des Spessarts die

tiefsten und ältesten Buntsandsteinhorizonte hervor. Gegen Osten schließt sich der Muschelkalk mit seinen drei Untergliederungen an, dem schließlich als das jüngste der Keuper folgt.

Buntsandstein

Als tiefstes Glied der Trias zieht er sich am Main entlang von Aschaffenburg über Miltenberg, Wertheim und mit einer kurzen Muschelkalkunterbrechung bei Homburg, weiter bis nach Gemünden und Gambach. Bei Thüngersheim und Erlabrunn tritt dann noch einmal eine Aufwölbung des Oberen Buntsandsteines zutage. Im Mainviereck bildet ausschließlich der Mittlere und Untere Buntsandstein das Ausgangsmaterial für die Weinbergsböden. Hier befindet sich das fränkische Rotweingebiet. Während die Rotweine in Franken außergewöhnlich sind, werden die Weißweine vom Buntsandstein zwar nicht so stoffig und körperreich, sind aber herzhaft, würzig und fruchtig.

Muschelkalk

Die auf dem Buntsandstein nach Osten aufliegende Muschelkalkformation kennzeichnet das Maindreieck von Karlstadt über Ochsenfurt bis Schweinfurt. Unterfranken und der fränkische Wein werden häufig mit den Muschelkalkböden identifiziert. Dieses Kalkgestein wird in Unterer (= Wellenkalk), Mittlerer- und Oberer- oder Hauptmuschelkalk unterteilt. Die Steilhänge des Main- und Saaletales gehören, soweit sie unter den simsartigen Felsvorsprüngen der Schaumkalkbänke liegen, wie z. B. bei Homburg und von Karlstadt bis Würzburg, dem Wellenkalk an. Dagegen zählen die berühmten Steilhänge des südlichen Maindreiecks zum Oberen Muschelkalk. Auf dem relativ weichen Gestein des Mittleren Muschelkalkes sind die flacheren Hangneigungen entstanden, die öfter ausgiebige Lehm- und Lößauflagen besitzen. Auch im Bereich des Oberen Muschelkalkes sind immer wieder

Ton-, Mergel- und Lettenkeuperauflagen von einigen Metern Mächtigkeit anzutreffen.
Solche Weinberghänge sind zwar sehr fruchtbar, aber sehr wasserarm und steinig. Über Jahrhunderte hindurch haben Winzer die immer wieder aus der Bodenkrume auftauchenden Steine aufgelesen und in senkrecht zum Hang verlaufenden, teils meterhohen Steinwällen zusammengeschüttet. Diese Steinriegel haben einerseits über lange Zeit das romantische Bild der Main-, Tauber-, Saale- und Werntallandschaft geprägt, andererseits haben sie eine bodenverschwenderische und unrationelle Bewirtschaftung aufgezwungen. Bei den Flurbereinigungen liefern sie heute Rolliermaterial für den Wegebau. Auf den sonnendurchglühten, im Sommer oft sehr heißen, trockenen Muschelkalkhängen werden meist Silvanerreben angebaut.

Keuper

Der Keuper lagert mit seiner unteren Schicht, dem Lettenkeuper, auf zahlreichen Rebhängen des Hauptmuschelkalkes. Der sich gegen Osten anschließende Mittlere Keuper liefert zusammen mit dem Gipskeuper (Iphofen und Umgebung) und dem Schilfsandsteinkeuper (Abtswind, Handthal) das von der Rebe so bevorzugte Bodenmaterial der Steigerwald- und Haßberghänge und ihres Vorlandes. Keuperweinberge sind tiefgründig, meist tonhaltig und sehr fruchtbar für den Rebstock. Wegen ihres erhöhten Feinerdegehaltes sind die Steilhänge ganz besonders den Erosionen ausgesetzt. Gegen die Abschwemmschäden werden die Weinberge mit Strohabdeckung und mit Begrünungseinsaaten geschützt. In trockenen und guten Jahren erweisen sich die Keuperböden als äußerst wasserhaltig, weshalb Steigerwaldweine solcher Jahrgänge häufig aus der Palette der Frankenweine herausragen. Keupergewächse präsentieren sich elegant, blumig, milder als die Weine der übrigen Bodenformationen und mit einem bukettbetonten Sortencharakter.

Rebsorten

Sortenwahl und Sortenspektrum sind für die Weinwirtschaft eines jeden Anbaugebietes ein wichtiger Faktor. Auf dem Verbrauchermarkt kann ein interessantes Sortenangebot Garant sein für die altbekannte, kontinuierliche, wohlmundende Weinqualität. Bedingt durch das Klima und viele ökologische Nischen ist die Rebsortenpalette in Franken anders zusammengestellt als in anderen Weinbaugebieten. Denn die natürlichen Anforderungen an jede Rebe werden durch Vegetationszeit, Sonnenscheindauer, Niederschläge und Wintertemperaturen gestellt. Wurden in den sechziger Jahren in Neuanlagen zuvorderst Müller-Thurgau und viele Ergänzungsrebsorten gepflanzt, so sind zum Ende der achtziger Jahre und zu Beginn der neunziger Jahre bei Wiederanpflanzung alte Sorten z. B. Silvaner, Riesling, Traminer, Grauer und Weißer Burgunder beim Winzer gefragt.
Nahezu alle Weinberge sind mit Pfropfreben bestockt. Dieses Pflanzgut stammt ausschließlich aus dem eigenen fränkischen Raum. Es ist hier von etwa 30 leistungsfähigen Rebenveredlungsbetrieben auf reblausresistenten amerikanischen Unterlagsreben fränkischer, italienischer und französischer Herkunft und den bewährten einheimischen Edelreissorten gepfropft und herangezogen worden. Für die ausgesprochen tiefgründigen und wuchskräftigen Böden hat sich die schwachwüchsige Berlandieri x Riparia Kreuzung SO_4 (ca. 40 Prozent) bewährt, für Übergangsböden mit mittlerer Mächtigkeit werden seit etwa 10 Jahren Pfropfreben mit der mittelstarkwüchsigen Berlandieri x Riparia Unterlage 5 C (10 Prozent) ausgewählt und bringen recht gute Resultate. Die flachgründigen Steilhänge und sonstige schwachwüchsige Böden sind den Pfropfreben mit den starkwüchsigen Berlandieri x Riparia Unterlagen 5 BB (ca. 45 Prozent) und der

125 AA (ca. 5 Prozent) vorbehalten. Dabei kommt für trockene Standorte die 5 BB und für feuchtere die 125 AA in Frage.

Entwicklung der Rebsorten

In den Traditionsbüchern der Abtei Fulda aus dem Jahre 770, eine der ältesten Urkunden über die Existenz des Weinbaues in Franken, wird über Rebsorten nichts ausgesagt. Da im 7. Jahrhundert die ersten Frankenapostel ihren Meßwein durch die Lande mitschleppen mußten, dürfte es einen geregelten, feldmäßig betriebenen Rebbau mit gebräuchlichen Rebsorten wohl kaum gegeben haben. Den damaligen Wein lieferten vermutlich Wildreben und ein paar Rebsorten, die aus anderen Gegenden hergebracht worden waren. Erst die in den Annalen aus der Zeit Karls des Großen genannten Rebmusteranlagen lassen darauf schließen, daß im Laufe der Zeit durch Auslesemaßnahmen Lokalsorten entstanden sind.

In der Folgezeit haben vor allem die Klöster intensiv Weinbau betrieben und geeignete Rebsorten kultiviert. Da der Wein in jener Zeit als ausgesprochenes Volksgetränk galt, war man bei der Traubenproduktion vorrangig an reichtragenden Traubensorten interessiert. Obwohl bekannt war, daß sich Rebsorten in Menge und Güte ihrer Weine unterschiedlich verhielten, wurde im Mittelalter bis zum Beginn des 20. Jahrhunderts im allgemeinen der »Gemischte Satz« gepflanzt. Hierbei hoffte man, daß im Gegensatz zum »Reinen Satz« bei den öfters wiederkehrenden Witterungskatastrophen die eine oder andere Rebsorte unbeschädigt blieb und auf diese Weise immer noch eine gewisse Menge Most geerntet werden konnte. Der »Gemischte Satz« hatte auch noch den Vorzug, daß durch die differenzierten Reifezeiten und die dadurch bedingten unterschiedlichen Säure- und Zuckerwerte der Rebsorten sowie ihrer verschiedenartigen Aromabetonung in den meisten Jahren noch ein harmonischer Wein ausgebaut werden konnte. Zu diesem Zwecke waren

bestimmte Sorten für den »Gemischten Satz« vorgeschrieben. Neben Massenträgern wie Elbling, Räuschling, Hammelhoden (Trollinger), Gelber Mosler (Ortlieber) und Junker (Gutedel) mußten auch Qualitätssorten wie Riesling, Rotfränkischer (Traminer), Muskateller, Süßer Burgunder (Spätburgunder), Süßschwarzer (Frühburgunder) und später noch Ruländer und Silvaner im Mischsatz stehen.
Die Entwicklung in der Kellerwirtschaft, die es ermöglichte, den Weinausbau der einzelnen Sorten individuell zu gestalten, trug letztlich dazu bei, daß etwa in den dreißiger Jahren die letzten Weinberge mit gemischtem Satz der Reuthaue zum Opfer fielen. Das seit Einführung des Silvaners im 17. Jahrhundert angestrebte Ziel, mit Hilfe von sortenreinen Rebenbeständen feinere und qualitativ höherwertige Frankenweine erzeugen zu können, war damit erreicht. Der Silvaner hatte sich im Laufe der Jahrzehnte zur Hauptrebsorte entwickelt und somit auch den Geschmackscharakter geprägt. Infolge des früher noch wenig kellerwirtschaftlich beeinflußten Ausbaues der Silvanerweine hat sich ein ähnliches, herzhaft, kräftig vollmundiges Geschmacksbild entwickelt, wie es zuvor schon die Produkte des gemischten Satzes abgegeben haben.
In den letzten beiden zurückliegenden Jahrzehnten haben insbesondere die neuen Sorten qualitativ wertvolle Ergänzungen zu den bewährten, sogenannten alten Rebsorten gebracht. Die Weinfreunde wurden mit neuen Sortennamen konfrontiert, deren Zusammenhang mit dem Wein oft nicht ganz verständlich ist.

Rebsortenverteilung

Aufgrund der vielen ökologischen Nischen und mit Rücksicht auf Bodenformation und nicht zuletzt den Marktverhältnissen entsprechend wurden im Rahmen der Weinrechtsbestimmungen 27 Rebsorten (vor 10 Jahren waren es noch 37 Rebsorten) für die Regierungsbezirke Bayerns klassifiziert.
Die Tabelle über die Rebsortenverteilung zeigt die Ent-

wicklung von 1954 bis 1990, wobei der vorherrschende Müller-Thurgau-Anteil in den nächsten Jahren zugunsten der Rebsorten Silvaner und Riesling vielleicht auch Grauer und Weißer Burgunder und Rieslaner zurückgehen wird.
In den siebziger Jahren hat man die Rebsorten in drei Gruppen nach Müller-Thurgau, Silvaner und Riesling aufgeteilt. In der nachfolgenden Aufstellung bedeutet die Pfeilrichtung nach oben die Tendenz zur früheren Traubenreife und zu geringeren Lagenansprüchen, während die Pfeilrichtung nach unten die Tendenz zur späteren Traubenreife und zum Teil höheren Fruchtsäuren und zu höheren Lagenansprüchen erklärt.

Die für Bayern klassifizierten 22 Weißweinsorten nach Jahrgängen und bestockter Rebfläche

	Jahr	1954	1970	1979		1990	
				ha	%	ha	%
	Insg. ha	2669	2358	4122	100	5948	100
		%	%				
	Weißweinsorten	98,7	98,4	4068	98,6	5692	95,7
	Rotweinsorten	1,3	1,6	54	1,4	256	4,3
Einstufung							
Hauptsorten	1. Müller-Thurgau	14,8	40,7	1975	47,9	2809	47,2
	2. Silvaner	53,9	45,3	1380	33,4	1155	19,4
	3. Weißer Riesling	5,7	3,6	133	3,2	198	3,3
Wichtige Ergänzungs-Sorten	4. Perle		3,0	90	2,2	93	1,5
	5. Bacchus		–	123	3,0	622	10,4
	6. Scheurebe		0,5	104	2,5	161	2,7
	7. Kerner		0,1	90	2,2	390	6,6
	8. Gewürztraminer	0,3	0,7	40	1,0	40	0,6
	9. Rieslaner		1,2	30	0,7		
Begleitsorten mit geringer Bedeutung	10. Ortega						
	11. Ruländer						
	12. Morio-Muskat						
	13. Faberrebe						
	14. Optima						
Begleitsorten mit minimaler Bedeutung	15. Weißer Burgunder	–	–	5	0,1		
	16. Mariensteiner	–	–	4	0,1		
	18. Albalonga	–	–	3	0,1		
	19. Ehrenfelser	–	–	2	0,05		
	20. Huxelrebe	–	–	2	0,05		
	21. Kanzler	–	–	1	0,05		

Die für Bayern klassifizierten 5 Rotwein-Rebsorten nach Jahrgängen und bestockter Rebfläche

		1954	1970	1979		1990	
		ha	ha	ha	%	ha	%
Hauptsorten	1. Blauer Spätburgunder	0,5	0,7	22	0,5	107	1,8
	2. Blauer Portugieser	0,6	0,7	25	0,6	43	0,8
Begleit-	3. Domina*					42	0,8
sorten		24,1	3,4	7	0,2		
	4. Müllerrebe					46	0,8
	5. Bl. Frühburgunder					4	
	6. Dornfelder					4	

Müller-Thurgau-Gruppe

Müller-Thurgau

Wenn heute fast die Hälfte der Weinberge mit der Rebsorte Müller-Thurgau bestockt ist, läßt dies auf die hohe wirtschaftliche Bedeutung und die besondere ignung dieser Sorte schließen. Anfangs war der Müller-Thurgau als Massenträger verrufen. Heute bringt er bei vernünftigem Anschnitt und Pflege des Weines gute Qualitäten, insbesondere trockene, durchgegorene Weine sind zum Essen gut geeignet.

Die Müller-Thurgau-Weine, gezüchtet 1882 von Dr. Hermann Müller aus dem schweizerischen Kanton Thurgau, haben in der Regel einen angenehmen, blumigen Muskatton und eine harmonische, zurückhaltende Säure. Die leichte Art spricht den Verbrauchergeschmack, besonders den Gelegenheitsweintrinker, mehr an als schwere, säurebetonte und neutrale Weine. Besonders bei den Weinen von den Keuperböden des Steigerwaldes ist die geschilderte Sortenart besonders ausgeprägt und animierend. Ein heute verwendetes Synonym ist »Rivaner«, das steht in den meisten Fällen für durchgegorene und ausgesuchte Müller-Thurgau-Weine.

Ortega

Diese von Professor Dr. Hans Breider 1948 gekreuzte Neuzüchtung ist eine frühreife Sorte. Ortega-Weine präsentieren sich am schönsten in der Kabinettstufe mit meist einem pfirsichartigen, feinfruchtigen Bukett, in Verbindung mit einer nachhaltigen, vollmundigen Harmonie. Der Anbau dieser Sorte ist rückläufig.

Perle

Der Rebenzüchter Georg Scheu hat bei seinen Kreuzungsarbeiten den Pollenstaub des Müller-Thurgau auf die Blütennarbe des Gewürztraminers gestäubt und so eine rieselfeste, frostharte und säurearme Rebsorte bekommen, deren kleine, rosarote, dichtbeerige Trauben mittlere Erträge liefern.
Die Perle-Weine sind mild und weich, aromatisch und leicht. Die Urteile über sie klaffen manchmal weit auseinander. Der Anbau ist rückläufig.

Bacchus

Als im Jahre 1959 zum ersten Mal diese Sorte durch die Weinbauabteilung der Bayerischen Landesanstalt Veitshöchheim in ihrem Versuchsgut Handthal angepflanzt wurde, glaubte kaum jemand, daß sie so schnell eine derartig rasante Ausbreitung erfahren würde. Viele Winzer erkannten sehr bald, daß diese Sorte eine Lücke in ihrem Sortenangebot schließen könnte. Die nach dem römischen Weingott Bacchus benannte Neuzucht war nach kurzer Zeit heißbegehrt. Aufgrund der Eltern (Silvaner × Riesling) × Müller-Thurgau, die Peter Morio 1933 als Kreuzungspartner am Geilweilerhof auswählte, könnte wegen des Scheurebenbuketts beinahe die Vermutung aufkommen, daß Scheurebengescheine als Mutter ausgesucht wurden, was natürlich nicht zutrifft. Die im allgemeinen recht angenehm fruchtigen, reifen, harmonischen Weine des Bacchus werden bevorzugt als Schoppen bei den vielen fränkischen Weinfesten getrunken.

Faberrebe

Diese Rebsorte ist eine Alzeyer Neuzucht aus Weißer Burgunder × Müller-Thurgau, die gerade noch mit

Müller-Thurgau-Lagen zufrieden ist. In Silvaner-Lagen fühlt sie sich wohler, wobei die Traubenreife mit der des Müller-Thurgau nahezu gleich liegt.
Ihre Säure, die meist um 10 Prozent liegt, verhilft zu einer ansprechenden, rassigen Weinart, wodurch Faberrebenweine der Rieslinggruppe zugeordnet werden können.

Silvaner-Gruppe

Grüner Silvaner

Die allgemeine Vorstellung vom Frankenwein war jahrhundertelang mehr oder weniger mit dem Silvaner verknüpft, der kräftige, körperreiche, erdige und harmonische Weine liefert. Bis Ende der 60er Jahre führte er mit rund 60 Prozent die Sortenpalette an. Erst durch die schnelle Ausdehnung des Müller-Thurgau und der Ergänzungsrebsorten mußte sich der Silvaner, sehr oft am falschen Platz angebaut, mit den ihm gemäßen Standorten begnügen, wo er auch künftig erhalten und gepflegt wird. Seit einigen Jahren hat sich die Silvanerfläche auf rund 1450 Hektar (= 25 Prozent der Gesamtrebfläche) eingependelt.
Am richtigen Standort bringt er wie eh und jeh die berühmten Silvanerfeinheiten, die kaum andernorts im europäischen Anbau erzielt werden können. Bei kaum einer Rebsorte wird der Weincharakter so sehr vom Standort geprägt wie beim Silvaner. Nebenbezeichnungen wie »Franke« oder »Österreicher« deuten auf den Wanderweg hin, den diese Rebsorte zurückgelegt hat. Nachdem von der Zisterzienserabtei Ebrach im Steigerwald unter ihrem Abt Alberich (Albrecht) Degen 1665 am Würzburger Stein die ersten »Österreicher« Reben angepflanzt worden waren (ein Bildstock erinnert an dieses Ereignis), erfolgte in Franken eine schnelle Verbreitung dieser Sorte.
Seit einigen Jahren beschäftigt man sich auch mit dem »Blauen Silvaner«, bei dessen Trauben mit zunehmender Reife gewisse Mengen des blauen Farbstoffes

Anthozyan in den Beerenhülsen eingelagert werden. Die Sorteneigenschaften sind die gleichen wie die des gelbbeerigen »Grünen Silvaners«. Beide Synonyme werden bei feuchtwarmer Witterung zur Zeit der beginnenden Traubenreife bevorzugt vom Edelfäulepilz Botrytis cinerea befallen, der bei der gepackten Traubenform dieser Sorte ideale »Nester« bildet, die wiederum das Ausgangsmaterial für die weltberühmten Silvaner Beeren- und Trockenbeerenauslesen darstellen. Solche Kreszenzen entschädigen die Silvaner-Weinliebhaber dann für jene Silvanerweine, die in weniger sonnenverwöhnten Jahren von unreifen Trauben gewonnen wurden und ihre unharmonische, grasige Säure erst nach mehreren Jahren Lagerzeit abbauen, um sich zu breiten, vollmundigen Zecherweinen zu entwickeln. Der Silvaner ist unumstritten ein idealer Wein zum Essen, insbesondere zu Fischgerichten und zu leichten Speisen.

Gewürztraminer (Traminer)

Diese nach dem Weinort Tramin in Südtirol benannte alte Rebsorte soll schon vor 1500 Jahren von den Römern sehr geschätzt worden sein. Mit Riesling und Silvaner verkörperte sie den gemischten Satz, dem sie immer eine besondere Note verliehen hat. Beim heutigen sortenreinen Gewürztramineranbau können zartwüchsige, liebliche Weine mit edler Vornehmheit und viel Spiel gewonnen werden, die manchmal an Rosen und Veilchen erinnern. In Franken sind nur etwa 40 Hektar mit dieser Rebsorte bestockt, und eine weitere Flächenzunahme ist nicht zu erwarten.
Traminer sind nach dem Essen als Dessert oder auch zum Dessert bestens geeignet.

Weißer Burgunder

Bis zu Beginn unseres Jahrhunderts war diese im französischen Weinbau als pinot blanc bzw. pinot chardonnay stark verbreitete und dort dominierende Qualitätsweinrebsorte auch im fränkischen Rebsortiment vertreten, wie aus den ersten Jahresberichten der 1902 gegründeten Veitshöchheimer Weinbauschule hervorgeht. Etwa 10 Hektar mit leicht steigender Tendenz sind heute mit dieser Rebsorte bestockt, einer Mutation aus dem Ruländer. Die Weine sind relativ neutral, aber sehr gehaltvoll und eignen sich besonders zum trockenen Ausbau und damit auch zum Essen.

Kerner

Der Weinsberger Rebenzüchter August Herold hatte das Glück, mit der Kreuzung der Rotweinsorte Trollinger und der Weißweinsorte Riesling diese zum Rieslinggeschmacksbild zählende Weißweinsorte zu bekommen. Der Sortenname erinnert an den Weinsberger Arzt und Dichter Augustus Justinus Kerner. Kerner-Weine im Prädikatsbereich besitzen ein ausgeglichenes, feinfruchtiges, rieslingähnliches Bukett mit einer quicklebendigen, frischen Rasse. Sie eignen sich zum Ausbau trockener Weine, die bekömmlich sind und gut zum Essen gereicht werden können.

Ruländer (Grauer Burgunder)

Der im Jahre 1711 von dem aus Speyer stammenden Kaufmann Ruland von Frankreich nach Deutschland gebrachte »Graue Burgunder«, vermutlich eine Knospenmutation des Spätburgunders, hat offenbar bald auch den Weg nach Franken gefunden. Interessant sind in jüngerer Zeit die durchgegorenen grauen Burgunder, die immer stärker auf sich aufmerksam machen. Diese Weine werden gerne zum Essen getrunken.

Riesling-Gruppe

Weißer Riesling

Auch in Franken gilt der Riesling als König unter den Weißweinsorten. Er stammt vermutlich direkt von der Wildrebe Vitis silvestris ab. Da er hohe Anforderungen an Boden und Klima stellt, werden für diese Rebsorte nur die allerbesten und renommiertesten Weinlagen reserviert. Zur Zeit beträgt der Rieslinganbau ca. 200 Hektar (rund 3 Prozent) der Gesamtrebfläche.

Riesling-Weine sind körperreich, rassig, elegant, charaktervoll und haben einen pfirsichähnlichen Fruchtgeschmack. Sie haben einen ausgezeichneten Ruf als Begleiter zu feinem Essen. Aus diesem Grunde ist in letzter Zeit eine verstärkte Nachfrage nach ihnen festzustellen.

Rieslaner

Mit der Kreuzung von Silvaner × Riesling ist es der Bayerischen Landesanstalt 1921 gelungen, eine um 10 Tage früher als der Riesling reifwerdende Qualitätssorte zu bekommen, deren Weine ausgesprochenen Rieslingcharakter besitzen. Diese Rebsorte stellt höchste Anforderungen an Boden, Lage und Klima. Rieslaner-Weine aus guten und reifen Jahrgängen sind eine Rieslingeskalation. Ihre Auslesen und Beerenauslesen gelten als die höchste Vollendung des Rieslings. Ein Aperitif-Wein der nobelsten Art.

Scheurebe

Bereits 1916 züchtete Georg Scheu die nach ihm benannte hochwertige Qualitätssorte, eine Zwillingsschwester des Rieslaners, jedoch ganz anders geartet. Ein Vergleich des Silvaner × Riesling-Kindes zeigt, daß der Rieslingvater der Scheurebe die Form der Blätter, dem Rieslaner dagegen die Holzreife, Trauben- und Beerengröße und beiden Sorten viele, allerdings verschiedenartige Fruchtstoffe vererbt hat. In sonnenreichen Jahren entfaltet sich mit zunehmender Reife eine Bukettkomposition aus Pfirsich und Rosen zu einer genüßlichen Eleganz. Da sie im höheren Reifestadium in idealer Weise von Botrytispilz befallen wird, ist sie neben Riesling die prädestinierte Sorte zur Gewinnung von Beeren- und Trockenbeerenauslesen.

Rotwein-Gruppe

Nicht nur die Weißweine Frankens genießen einen guten Ruf, sondern zunehmend auch die Rotweine.

Die feuerfarbenen Buntsandsteinhänge entlang des Spessarts sind das Dorado des Rotweinanbaues. Im Muschelkalkgebiet (Thüngersheim, Veitshöchheim, Randersacker und Würzburg) und auf dem Keuperboden des Steigerwaldes (Großlangheim Wiesenbronn und Castell) werden Rotweinliebhabern Spätburgunder, Portugieser und versuchsweise die Rotweinneuzucht Domina und Schwarzriesling angebaut. Derzeit wachsen auf insgesamt ca. 300 Hektar (4,3 Prozent) alljährlich ausgezeichnete Rotweinprodukte, die keinen Vergleich mit deutschen und ausländischen Rotweinhochburgen zu scheuen brauchen. Durch die Reisefreudigkeit deutscher Weintrinker in südliche Weinländer wurde die Nachfrage nach Rotweinen von Jahr zu Jahr größer. Fränkische Rotweinspezialitäten sind daher rar und immer sehr begehrt.

Blauer Portugieser

Die leichten Schoppenweine für den alltäglichen Verzehr liefert der Blaue Portugieser. Die Portugieserweine sind säurearm, leicht, angenehm und mit einem wenig ausgeprägten, doch sorteneigenen Bukett ausgestattet. Sie präsentieren sich in ihrer frischen Art süffig und mild und meist in einer angenehmen, rotleuchtenden Farbe.

Domina

Diese Rebsorte aus Portugieser x Spätburgunder, in Neustadt an der Weinstraße gezüchtet, hat neben einem guten Ertrag den Vorzug einer intensiven Rotweinfarbe. Wegen des hervortretenden Gerbstoffgehalts sind die Weine für den Holzfaßausbau (Barrique) gut geeignet. Da ihre Weine etwas säurebetonter sind, sollten sie erst nach einigen Jahren Lagerung getrunken werden. Dann erst besitzen sie die angenehme Körperfülle und die schöne warme Rotweinart. Der Domina-Wein ist ein guter Essensbegleiter zu Wild, kräftigem Braten oder Käse.

Blauer Spätburgunder

Er ist der Riesling unter den Rotweinen und hat seine Heimat in Burgund, von wo aus er seinen Weg in alle deutsche Weinbaugebiete gefunden hat. Bereits im 18. Jahrhundert war der »Große Burgunder« oder »Clävner« in Franken längst heimisch. Spätburgunder-Weine bringen in sonnenverwöhnten Qualitätsjahren samtweiche, mollige Gewächse mit behaglicher Wärme, einem zarten Bittermandelaroma und einer das Auge erfreuenden rubin- bis granatroten Farbe. Die durchgegorenen Spätburgunder schmecken zum Braten von Rind oder vom Wild und zu würzigem Käse vorzüglich.

Müllerrebe (Schwarzriesling)

Die Müllerrebe trägt als Zweitnamen die Bezeichnung »Schwarzriesling«. Sie hat mit der Weißweinsorte Riesling verwandtschaftlich nichts zu tun, sondern gehört mit dem Blauen Burgunder und dem Ruländer zur Burgundergruppe. Der Name Müllerrebe rührt von der weißwolligen Behaarung der Triebspitze, die wie Mehl bestreut aussieht.
Die Schwarzriesling-Weine besitzen eine gute Farbintensität und sind meist von der Fruchtsäure geprägt. Ein Schwarzriesling-Winzersekt ist eine ganz besondere Rarität.

Blauer Frühburgunder

Eine besondere Spezialität, die nur auf wenigen Hektaren im Fränkischen zu finden ist. Diese Rebsorte stammt aus der Familie der Burgundersorten und stellt ebenfalls hohe Ansprüche an Boden, Lage und Klima. Der blaue Frühburgunder nimmt unter den Burgunderrotweinen die höchste Stufe ein. Sein Geschmack ist mild, samtig, körperreich, edel und besitzt viel Finesse. Wie der Spätburgunder ist dieser Wein die Vollendung eines kulinarischen Genusses.

Geschichte des fränkischen Weinbaus

Schriftliche Zeugnisse lassen darauf schließen, daß sich der Weinbau in Franken seit der Mitte des 8. Jahrhunderts allmählich entwickelt hat, obwohl Legenden und Sagen auf einen Rebbau bereits im 5. Jahrhundert hinweisen.
Die Anfänge selbst liegen im dunkeln. Während die Einführung des Weinbaus an Mosel und Rhein vielfach dem römischen Kaiser Probus zugeschrieben wird, fehlen in Franken derartige Beweismittel, zumal dieses Gebiet auch außerhalb des Limes lag, den die römische Besatzungsmacht gezogen hatte. Die Franken kamen als letzter germanischer Volksstamm in das Land des Maingebietes, das von ihnen seinen Namen erhielt. Sie vermischten sich mit den hier angetroffenen Kelten, Markomannen, Alemannen, Burgundern und Thüringern. In diesen weiten, durch Königsstützpunkte abgesicherten Gauen wurden neben der Anlehnung an das Christentum noch germanische Götter verehrt. Als um das Jahr 686 der irische Wanderbischof Kilian mit seinen Gefährten Kolonat und Totnan nach Würzburg kam, setzte die Christianisierung ein. Die drei Apostel brachten den für ihre kirchlichen Handlungen notwendigen Wein aus anderen Ländern noch mühselig in Schläuchen mit.

Die Klöster

Rund hundert Jahre nach dem Märtyrertod von Kilian (Winzerschutzpatron), Kolonat und Totnan sind aus den ersten Jahrzehnten der Karolingerzeit Urkunden überliefert, in denen Weinbau in Franken erwähnt wird. Seit der Einführung des Christentums förderten Kirchen und Klöster systematisch den Rebbau, da sie große Mengen an Wein benötigten, einmal für ihren Meßwein und zum anderen für ihre Gäste, da es zu

Ein steinernes Hochrelief
mit dem Motiv der hl. Dreifaltigkeit
(Gott Vater, Gott Sohn und Heiliger Geist)
schmückt den Eingang des Bürgerspitals
zum hl. Geist in Würzburg.

dieser Zeit außer den Klöstern nur sehr wenige Gaststätten gab. Für die Verbreitung des Weinbaus in Franken war die Gründung von Klöstern, vor allem der Benediktinerabtei Fulda im Jahre 744, von großer Bedeutung. In ihren »Traditionsbüchern« sind Weinberge erstmals aufgeführt, genannt werden 770 Münnerstadt und Halsheim, 775 Holzkirchen und 776 Klingenberg a. M.

Kaiser Karl der Große, in Germanien weithin als Freund und Förderer des Weinbaus bekannt, wurde auch in Franken zu einem Gönner der neugegründeten Klöster und des Rebbaus. In einer Schenkungsurkunde übereignete er im Jahre 777 das Königsgut Hammelburg mit 8 Weinbergen in den umliegenden Ortschaften dem Kloster Fulda. Dieses Dokument gilt als die älteste Originalurkunde über die Existenz des fränkischen Weinbaus. 779 wird Würzburg zum ersten Mal erwähnt, aufgrund von Markungsschwierigkeiten mit Heidingsfeld.

Das Mittelalter

In der Folgezeit breitete sich der Rebbau sehr schnell in Unterfranken aus und bald auch über das ganze Maintal und die Nebentäler des Mains. Urkundlich wurden nun immer mehr Weinberge erwähnt, so 816 in Stetten im Werntal, 889 in Volkach, 911 in Oberfranken und 912 in Mittelfranken. Seit dem 10. und 11. Jahrhundert wurde der Rebbau systematisch von den Gemeinden betrieben, und zahlreiche neu entstandene Ortschaften um das Jahr 1000 geben Zeugnis vom Aufblühen des Weinbaus.

Im Mittelalter galt der Wein als ausgesprochenes Volksgetränk. Männer und Frauen konsumierten ein oder mehrere Maß (1 Maß = 1,22 Liter) roten oder weißen Wein pro Tag. Deswegen war man natürlich interessiert, möglichst viel Wein zu gewinnen, und legte mehr Wert auf Quantität als auf Qualität.

Der Weinbau erreichte Ende des 15. Jahrhunderts seine größte Ausdehnung. Einige Autoren sprechen von

40 000 Hektar Weinbergen. Klöster, geistliche und weltliche Grund- bzw. Lehensherren hatten Weinbergbesitz und waren natürlich darauf bedacht, den Weinbau mit allen Mitteln zu fördern. Denn je mehr angebaut wurde, desto reicher flossen Geld und Zins in die Kassen der Besitzer.

Der Zeitraum von 1500 bis 1900

Zu Beginn der Neuzeit vollzog sich eine bedeutende Wende im Weinbau. Der Rebbau ging rapide zurück, Ursachen waren das Aufkommen anderer Genußmittel wie Bier und Kaffee, der Bauernkrieg und der 30jährige Krieg. Beide Kriege hinterließen deutliche Spuren und hatten verheerende Auswirkungen auf die wirtschaftliche und soziale Situation der Bauern und Winzer. Zahlreiche Weinberge wurden verwüstet, Weinkeller von durchziehenden Soldaten geplündert. Die Vereinigung der Pfalz mit Bayern (1777) förderte mehr den pfälzischen Weinbau, die Eroberungen Napoleons ermöglichten die Einfuhr französischer Weine. Ebenso war die Säkularisation der Kirchen und Klöster (seit 1802) von entscheidender Bedeutung, da die Förderer der Weinkultur ihren Weinbergsbesitz abgeben mußten und die Nachbesitzer wenig Wert auf Pflege und Ausbreitung des Rebbaus legten. Um 1800 betrug die Rebfläche 11 000 Hektar und nahm noch weiter ab, zumal man seit dieser Zeit allmählich vom Quantitäts- zum Qualitätsweinbau überging.

Nach der vorübergehenden Zuteilung Frankens an den Großherzog Ferdinand von Toskana kam es 1814 endgültig an Bayern. Bayern war nun mit Franken und der bayerischen Pfalz, die 1816 an Bayern abgetreten wurde, ein mächtiges Weinland geworden. Weinbaulich gingen beide Weinbaugebiete allerdings ihre eigenen Wege.

Seit Anfang des 19. Jahrhunderts widmete man sich mehr und mehr dem Qualitätsgedanken und als endlich 1833 auch im Würzburger Raum der bestehende ärarische Weinzehnt auf eine jährliche Geldabgabe

festgelegt wurde, kam die durchgreifende Veränderung. Es konnten nun die einzelnen Lagen nach dem Stand der Traubenreife geerntet werden. In dieser Umbruchszeit standen dem fränkischen Weinbau zwei tatkräftige Männer zur Verfügung. Zunächst war es Dr. Peter Ungemach (1787–1852), der neue Schnittmethoden einführte, künstliche Dünger erprobte, mit der Kinzelbachschen Mostwaage die ersten Bestimmungen nach Gewichtsgraden begann und den Anbau der einzelnen Sorten im sogenannten »Reinen Satz« forderte. Ein weiterer Weinbaupionier war der Weingutsbesitzer Sebastian Englerth aus Randersacker, der u. a. die erste Weinbauschule Frankens gründete.
Beide Männer versuchten durch ihre vielfältigen Arbeiten und Erkenntnisse den Weinbau mit neuen Methoden wieder hochzubringen.
Jedoch: Ende des 19. Jahrhunderts machte sich der Heu- oder Sauerwurm stärker bemerkbar und von den Pilzkrankheiten griff der echte Mehltau um sich. 1890 begann die Peronospora ihr Vernichtungswerk, und erneut setzte eine Phase des Rückgangs der Rebkultur ein.

Das 20. Jahrhundert

Im Jahre 1902 wurde die Reblaus in Franken eingeschleppt. Ihr fielen manche Weinberge, besonders im Keupergebiet, zum Opfer. Der Weinbau war problematisch geworden. Ab 1903 war die Bekämpfung der Peronospora ortspolizeilich vorgeschrieben. Die Weinbergsbesitzer waren verpflichtet, zwei Spritzungen mit Kupfer durchzuführen, eine vor der Blüte, die andere vor dem 15. August. Um die Lebensweise der neuen Rebfeinde zu erforschen und ihre Bekämpfung zu gestalten, wurde 1902 die Königlich-Bayerische Lehranstalt Veitshöchheim ins Leben gerufen, die sich zur heutigen Bayerischen Landesanstalt für Weinbau und Gartenbau entwickelt hat. Ihr angeschlossen war die 1912 gegründete Bayerische Stelle für Rebenzüchtung, die im Jahre 1915 von Neustadt a.d. Weinstraße nach Würzburg verlegt wurde.

Anna Selbdritt, Pfarrhaus in Hörstein, um 1500, farbig gefaßt

Hörstein hatte, bis es sich zum Hauptweinort im Kahlgrund entwickelte, eine interessante Vergangenheit. Der Ort ist fränkischen Ursprungs und erscheint namentlich als »De Hurstin« um das Jahr 830 in den Annalen der Abtei Seligenstadt. In der Zeit bis 1500 war Hörstein der bevorzugte Markt im Freigericht und unmittelbaren Reichsland. Schon die ersten Urkunden bezeugen den Weinbau in Hörstein, und das Kloster Seligenstadt vergrößerte laufend seinen Weinbergsbesitz in »Hurstin« auf der gegenüberliegenden Mainseite und hatte über Jahrhunderte hinweg einen weinbaulichen Großbetrieb. 1816 umfaßte der staatliche Weinbergsbesitz knapp 8 ha; heute sind es 12 ha Gesamtrebfläche. Der Boden ähnelt dem des Rheingaus, Urgestein (Glimmerschiefer, Gneis, Basalt). In der Einzellage Abtsberg sind die Rebsorten Riesling, Rieslaner, Kerner und Müller-Thurgau mit feinrassigen eleganten Weinen vertreten.
Format 40 × 60 von Dr. W. Schmitt-Lieb, 1977
Originalgraphik im Besitz der Bayerischen Landesanstalt für Obst- und Weinbau, Würzburg-Veitshöchheim, Staatlicher Hofkeller

Nach dem Zweiten Weltkrieg nahm der Weinbau einen neuen Aufschwung. 1947 wurde der Fränkische Weinbauverein, mit Sitz in Würzburg, zum dritten Mal gegründet. 1836 erstmals ins Leben gerufen, scheiterte er jedoch früh. 1875 erneut gegründet, wurde er 1934 wieder aufgelöst und in den Reichsnährstand überführt.
Seit 1954 gibt es die Gebietsweinwerbung »Frankenwein – Frankenland e. V.«, die neben der Werbung Weinseminare veranstaltet und zahlreiche Schriften über den Weinbau publiziert.
Die über 1200 Jahre alte Weinbaugeschichte zeigt, daß der Weinbau in der Vergangenheit und auch in der Gegenwart eine große Rolle gespielt hat und spielt. In unserer Zeit haben sich die Methoden des Anbaus stark verändert, Neuzüchtungen sind neben althergebrachte Rebsorten getreten, Flurbereinigungen haben die Weinbergslandschaft verbessert, Winzergenossenschaften ermöglichen den Absatz des weltbekannten Frankenweins, dessen Wahrzeichen, der Bocksbeutel, für Qualität bürgt.

Weinjahre

Weinjahre aus dem 11. bis 20. Jahrhundert spiegeln Freude und Leid, Jubel und Enttäuschung der Menschheit wider. Neue Unterlagen über einzelne Weinjahre tauchen immer wieder auf, so in halbvergessenen Archivalien der Weinbaugemeinden und einmal sogar auf einem alten Bildstock. An den Erträgen kann die Entwicklung des Weinbaus und des Winzerstandes abgelesen werden.
Die ersten Jahre nach der Einführung des Rebbaus brachten ausgesprochene Mißerfolge. Sie wurden als Strafgericht Gottes bezeichnet. Hungersnot und Teuerung waren die Folge, und viele Menschen starben. Zu Ende des 10. Jahrhunderts gab es eine Reihe guter Weinjahre. Die Chronisten betonen die warmen Sommermonate. So geht es in beständigem Wechsel weiter. 1063 erfror der Weinstock. 1069 war durch Gottes

Segen so viel Wein gewachsen, daß man solchen kaum abfüllen konnte. 1125 war eine betrübliche und traurige Zeit. Nicht nur der Wein erfror, sondern auch Menschen und Tiere. 1166 war wieder ein reiches Weinjahr, so daß sogar von dem Überfluß an vielen Orten der Kalk zum Bauen mit Wein angemacht wurde. 1185 war wiederum ein gutes Jahr, während im Jahre 1235 ein so kalter Winter war, daß der Wein in Kellern und Fässern und sogar der Weinstock unter der Erde erfroren. 1296 war ein sehr fruchtbares Weinjahr. In vielen Ortschaften schüttete man den alten Wein wegen fehlender Fässer weg, um den guten, neuen Most füllen zu können. Das Jahr 1332 war eines der überschwänglichsten. So brachte der Zehnt in Randersacker 260 Fuder ein, ein Jahr später nur 12 Fuder. Daran erinnert der Weinzehnt-Gedenkstein am Zehnthof zu Randersacker. 1339 gab es im Sommer so viele Heuschrecken, daß sich die Sonne verfinsterte. Alle Feldfrüchte und Weinberge wurden völlig vernichtet. Es folgten Not und Teuerung. 1386 war ein so großer und reicher Herbst, daß es zu wenig Fässer gab, um die Ernte unterbringen zu können. Der alte Wein kostete noch im Sommer 18, 19 und 20 Floriner, im Herbst aber nur noch 2. Die Fässer waren teurer als der Wein. Im Jahre 1425 blieben die Trauben am Stock hängen, weil die Pest wütete. 1426 ist der Wein sehr wohlfeil geraten. Da es kaum Leser gab, ließ man die Trauben in den geringen Lagen hängen. Die Lohnkosten waren höher als der zu erzielende Mostpreis. Der Preis für ein Fuder betrug einschließlich des Fasses 2 Floriner. Um für einen Heller Wein zu trinken, mußte man zweimal ins Wirtshaus gehen. Das Jahr 1471 brachte einen warmen Sommer mit einem guten Wein. 1491 dagegen war ein schlechtes Weinjahr. 1514 ist ein grimmsaurer Wein gewachsen und 1540 der berühmte »truckene Summerwein«. 1591 gab es wieder sehr viel, aber sauren Wein. 1631 wurde die Weinlese durch den Einfall der Schweden gestört und erst im Dezember, nachdem viele Hundert Fuder Beeren verdorben waren, wurde der sogenannte Schwedenwein gekeltert. 1696 gab es einen sauren Wein, der dazu noch teuer war. Zur Blütezeit der Reben kam Regen auf, der 6 Wochen lang anhielt. 1702 gab es zwar viel Most, aber er war so bundsauer, daß einem die Zähne davon stumpf wurden; 1747 war eine große Heuschreckenplage, es gab nicht viel Wein. 1783 war das vorzüglichste Weinjahr nach Menge und Güte im 18. Jahrhundert. Die vielen Mißjahre um die Wende des 18. zum 19. Jahrhunderts hatten die Winzer nahezu an die äußerste Grenze des Elends gebracht. Um ihre Not zu lindern, wurde von der Hochfürstlichen Hofkammer eine Kollekte für die Häcker veranstaltet. 1811 gab es dann einen ausgezeichneten Wein, der Kometenwein genannt wurde. Er galt als Jahrhundertwein. 1838 kein Ertrag. Schwere Winterfrostschäden und was noch austrieb tötete ein frostiger Reif am 11. Mai. 1865 ein langer, harter Winter, aber ein schöner und heißer Sommer. Es gab einen Jahrhundertwein. 1880 Mißjahr durch heftigen Winterfrost. 1917 gute Witterungsbedingungen, Jahrhundertwein und Vollherbst. Er erhielt den Spitznamen »Hypothekentilger«, da die Winzer ihre alten Schulden begleichen konnten. 1921 kleiner Herbst, aber durch Spät- und Auslesen ein ganz großer Jahrgang, von dem heute noch geschwärmt wird. 1942 starke Winterfrostschäden, Temperaturen im Januar unter – 25°C. Vom 17. Januar bis 26. Februar war der Main zugefroren. Der Ertrag eines Morgens konnte in einem Korb nach Hause gebracht werden. 1976 ein Jahrhundertwein in Menge und Güte: Es wurden Spätlesen in Mengen geerntet wie noch nie zuvor. In den Jahren 1979 und 1985 sind die Reben im Winter stark erfroren, und die Erträge lagen bei nur 15 bis 20 hl je Hektar. Hingegen gab es in 7 aufeinanderfolgenden Jahren, von 1986 einschließlich 1992 viel und guten Wein. Der Jahrgang 1989 war in der Menge über 140 hl/ha die größte Ernte, die in Franken je geherbstet wurde.

Die Büttner

Zu erwähnen sind auch die Büttner, die für neue Fässer zu sorgen, alte zu pflegen hatten und für das übliche Kellergeschirr verantwortlich waren. Sie hatten eine eigene Ordnung und durften sich nach ausgesprochener Genehmigung durch die Obrigkeit zu Zünften zusammenschließen. Dem Handwerksstand der Büttner kam in einem Weinland wie Franken besondere Bedeutung zu. Gaben sie doch dem Wein das Kleid, das eine so kostbare Flüssigkeit verdient, und es ist hinreichend bekannt, in welchem Maße der Wein auf ein gutes Faß angewiesen ist. So zählt die Würzburger Büttnerzunft, gegründet am 15. November 1373, zu den ältesten Handwerker-Vereinigungen in Franken. Darüber hinaus gilt sie als eine der ältesten noch aktiven Vereinigungen des Faß- und Weinküferhandwerks im In- und Ausland. Das Siegel zeigt die Berufssymbole des Handwerks, nämlich Stellzirkel, Kreisbogensegment und Schlegel.

In Franken hat sich die im Mittelalter gebräuchliche Berufsbezeichnung »Büttner« erhalten. In anderen deutschen Weinbaugebieten sind auch die Bezeichnungen Küfer, Schäffler und Böttcher im Sprachgebrauch. Dem Büttner oblag nicht nur die Herstellung des Fasses und der gebräuchlichen Kellereigeräte aus Holz, er war auch für den fachmännischen Ausbau und die Behandlung von Most und Wein zuständig. Mit dem Aufblühen des Weinbaus errang das Büttnerhandwerk eine wichtige Position in der Gesellschaft. Schon lange vor der Ausstellung der Zunfturkunde hatten sich die Büttner von Würzburg in einem eigenen Stadtteil zusammengefunden. Die Straße wurde 1259 als »Vicus doliatorum« bezeichnet und wird noch heute als »Büttnergasse« aufgeführt, wenn auch die ehemaligen Handwerker hier nicht mehr vorkommen. Die Büttnerzunft in Würzburg existiert heute noch. Es gelang ihr, alle wertvollen Urkunden, Zunftordnungen, Zunftgeräte und Meisterbücher über die Zeiten zu retten und zu erhalten. Später wurden auch in anderen

Gebieten des Frankenlandes Büttnerzünfte nach dem Beispiel von Würzburg ins Leben gerufen. Sie sind wesentlich jünger und vor allem in den holzreicheren Gegenden anzutreffen. Bekannt sind Miltenberg und Klingenberg, wo sich der Berufszweig der »Bender« (= Hersteller) von »Gebinden« zu Zünften zusammengeschlossen hat. In kleineren Orten dauerte es sehr lange, bis die Büttner ihre Selbständigkeit errangen und »zünftig« wurden.

Die Weinberg-Lagen

Blick von der Festung Marienberg auf Teile der Stadt Würzburg

Das Weingesetz und die Weinberg-Lagen in Franken

Das Land Franken besitzt heute 218 Einzellagen, 24 Großlagen und 3 Bereiche.
Klare Rechtsverhältnisse schuf hier zum erstenmal das deutsche Weingesetz in § 10:

Die Einzellagen

Eine Lage ist eine bestimmte Rebfläche (Einzellage) oder die Zusammenfassung solcher Flächen (Großlage), aus deren Erträgen gleichwertige Weine gleichartiger Geschmacksrichtung hergestellt zu werden pflegen und die in einer Gemeinde oder in mehreren Gemeinden desselben bestimmten Anbaugebietes gelegen sind.
Als Lagenname darf nur ein Name eingetragen werden, der für eine zur Lage gehörende Rebfläche herkömmlich oder in das Flurkataster eingetragen ist oder der sich an einen solchen Namen anlehnt.
Eine Lage muß mindestens fünf Hektar groß sein.
Die Landesregierungen der weinbautreibenden Länder regeln durch Rechtsverordnung, sofern nicht eine Regelung durch Landesgesetze getroffen wird, die Einrichtung und Führung der Weinbergsrolle.
Die Regierung von Unterfranken ist für die Führung der Weinbergsrolle für alle im Freistaat Bayern gelegenen Rebflächen zuständig.
Lagen werden auf Antrag in die Weinbergsrolle eingetragen.
Antragsberechtigt sind

1. Eigentümer von Rebflächen und sonstige dinglich Berechtigte für ihre Rebflächen und

2. Zusammenschlüsse in Form von Personengemeinschaften für die Rebflächen ihrer Mitglieder.

Die Grosslagen

Eine Großlage ist die Zusammenfassung von bestimmten Rebflächen – auch Einzellagen – aus deren Erträgen *gleichwertige Weine gleichartiger* Geschmacksrichtung hergestellt zu werden pflegen und die in einer Gemeinde oder auch in mehreren Gemeinden des b. A. Franken belegen sind. Auch bei der Angabe einer Großlage muß ein Gemeinde- oder Ortsteilname bei der Bezeichnung des Weines dem Lagennamen vorangestellt werden.
Übrigens: Lagennamen sind nur Qualitätsweinen bestimmter Anbaugebiete vorbehalten. Als Qualitätswein kann ein Wein nur gekennzeichnet werden, wenn ihm eine Prüfungsnummer zugeteilt worden ist.

Die Bereiche

Der Bereich ist die Zusammenfassung mehrerer Lagen, aus deren Erträgen Weine *gleichartiger* Geschmacksrichtung hergestellt zu werden pflegen und die in nahe beieinanderliegenden Gemeinden des b. A. Franken belegen sind. Auch können Rebflächen, die keiner Lage angehören, mit einbezogen werden. Dem Namen, der die zugehörigen Rebflächen umschreibt, muß das Wort »Bereich« vorangestellt werden. Der Bereichsname kann – im Gegensatz zu Lagennamen – auch für Tafelweine Verwendung finden. Prädikatsweine dürfen nur aus Weintrauben hergestellt werden, die in einem einzigen Bereich geerntet worden sind.

Entwicklungsgeschichte der Lagennamen

Im Jahre 1971 wurden die neugebildeten 17 Großlagen (GL) und die 164 Einzellagen mit genauer Angabe der Grenzen und mit den Belegen für die Namensgebung in die neu geschaffene Weinbergsrolle, die für alle Weinlagen des Freistaates Bayern bei der Regierung von Unterfranken geführt wird, eingetragen. Dieses öffentliche Register enthält zur Zeit 218 Einzellagen und 24 Großlagen. Entweder war der Name im Grundkataster (Kat.) verzeichnet, was in Franken überwiegend der Fall war, oder die zuständige Gemeindeverwaltung konnte bestätigen, daß der Name herkömmlich (hkl) war, oder ein einzuführender Name konnte benachbarten Flurstücken entlehnt werden, was nur in vier Fällen geschehen ist. Leider mußten die Gemeinden nicht angeben, seit wann auf den einzelnen Lagen Weinbau betrieben wurde, wir hätten sonst eine schöne Grundlage für viele Jubiläen. Man begnügte sich teils mit der Angabe, der Name existiere schon mindestens 50 Jahre, teils mit so griffigen Bezeichnungen wie »seit alter Zeit«, »seit unvordenklicher Zeit« und in einem Falle mit »seit unvorstellbar alter Zeit«. Da die »Anlehnungen« meist Flurstücke betrafen, die seit langem nicht mehr mit Reben bestockt gewesen sind, ergaben sich meist recht marktgängige »frische« Namen wie »Sommerstuhl« oder »Landsknecht«, die allerdings aus der unmittelbaren Umgebung abzuleiten waren.

Daß man mit einem alten Namen unzufrieden war, geschah in Rück (Ortsteil von Elsenfeld) im Bereich Mainviereck. Nachdem die Gemeinde anhand einer Mainzer Urkunde von 1350 (Hauptstaatsarchiv München, Abt. I) nachweisen konnte, daß der flurbereinigte Teil des Johannisbergs ursprünglich Schalksberg geheißen hat, wurde für diese Fläche Johannisberg gelöscht und die Bezeichnung »Schalk« erlaubt, wobei die Weglassung von »-berg« den Namen attraktiver macht, versteht man doch heute darunter nicht mehr den »Knecht«, sondern die lustige, verschmitzte Person.

In drei Fällen wurde ein Weinbergsname sogar patentiert. Als Karl Wilhelm Gottlob Meuschel 1898–1904 einen großen Weinberg westlich Kitzingen angelegt hatte, ließ er den 1902 ins Kataster eingetragenen Namen »Wilhelmsberg« 1904 durch das Kaiserliche Patentamt schützen. Sein Nachfahre Kuno Meuschel in der Firma Wilhelm Meuschel ließ den Namen 1970/74 erneut eintragen und schützen (AZM 7625 Patentamt München). – Der Verein Volkacher Ratsherr Warenzeichen e.V. ließ den herkömmlichen Lagennamen »Volkacher Ratsherr«, zur GL Kirchberg (Volkach) gehörig, beim Deutschen Patentamt München als Warenzeichen 755568 eintragen. Mit dem Warenzeichen 49655 hat sich die seit 1821 bestehende Firma J. H. Lebküchner die Bezeichnung »Burg Peterstirn« (Schweinfurt) vom Deutschen Patentamt schützen lassen.

Einen formellen Schutz genießen die Lagennamen schon durch den Eintrag ins Grundbuch und die Ausmessung im Katasterblatt. Für die in Bayern liegenden Areale (dazu gehörten von 1816–1945 auch die im bayerischen Regierungsbezirk Pfalz gelegenen) war 1801 aus militärischen und geographischen Gründen die Allgemeine Landesvermessung angeordnet worden. Das im gleichen Jahr gegründete Topographische Bureau in München stand daher bis 1918 unter militärischer Führung, wurde erst 1930 als Topographische Zweigstelle dem Landesvermessungsamt angegliedert. Seine wichtigste Aufgabe war die Herausgabe genauester Karten 1:100 000, später der Blätter 1:50 000 des Topographischen Atlas von Bayern und der Positionsblätter 1:25 000.

Bei der Anlage der Grundbücher wie bei der Flurbereinigung war ein gerne befolgtes Gebot, die alten Flurnamen zu erhalten und einzutragen, wobei in der Regel auf die Aussage der Ortseinwohner zurückgegriffen wurde. Waren Lagennamen nicht in alten Karten und Verzeichnissen eingetragen, die ja von Stiften und Klöstern besonders sorgfältig angelegt waren, so mußte man sich auf die Angaben der Bevölkerung verlassen. So war z. B. die GL »Ewig Leben« ursprünglich eine Parzelle auf dem Marsberg namens »Ewig Lehen« (Leihgabe), die im Sprachgebrauch dann zu »Leben« geworden war.

Die Herkunft der Lagennamen

Während für die Erlangung eines Grundbuchauszuges wichtig ist, in welchem Band und auf welcher Seite das Grundstück eingetragen ist, also eine Zahlenkombination genügt, kennen der Besitzer und seine Nachbarn im Ort das Areal nur als Bestandteil einer Flur, die wie jeder Mensch einen Namen trägt. Oft ist der so alt und in vieler Generationen Munde so abgeschliffen, daß seine ursprüngliche Bedeutung nicht mehr zu ermitteln ist. Schon die älteste Urkunde über den Weinbau in Franken, die Beschreibung der Mark Hammelburg, 777 ausgefertigt, als Karl der Große die Markt(ung) an das Kloster Fulda schenkte, zählt Flurnamen auf. Diese Lagennamen sind, wie auch die aus späteren Urkunden gewonnenen, meist untergegangen, was den heute gebräuchlichen nicht geschehen kann, denn sie sind auf Kartenblättern und in Grundbüchern unverrückbar festgehalten. Verschwunden sind nur viele Kleinlagen von den Etiketten nach Erlaß des Deutschen Weingesetzes von 1971, weil in die Weinbergsrolle nur Lagen von mindestens 5 Hektar eingetragen werden sollten, um die Kundschaft nicht gänzlich durch eine Vielfalt von Namen zu verwirren. So wurden die ca. 800 Lagennamen in Franken auf Großlagennamen und Einzellagennamen reduziert. Lag ein Weinberg gar zu weit von einer Großlage entfernt, so blieb er großlagenfrei und bekam einen eigenen Namen zugestanden, auch wenn die Fläche unter 5 Hektar blieb.

Folgt man der Einteilung von Arntz, so stammen unsere Lagennamen aus folgenden Kategorien:

A. Naturnamen

1. nach Form und Lage im Gelände, z. B. Hochberg (Erlenbach; Klingenberg), First (Eußenheim), Harfe (Würzburg) u. a.
2. nach der Bodenbeschaffenheit, z. B. Stein (Würzburg; Stetten), Sandberg (Obernau), Steingrübler (Miltenberg) u. a.
4. nach Beziehungen zum Tierreich, z. B. Katzenkopf (Sommerach), Krähenschnabel (Erlenbach), Vögelein (Nordheim) u. a.
5. nach Beziehungen zur Pflanzenwelt, z. B. Rosenberg (Sommerach).

B. Kulturnamen

1. nach der Anbauart des Grundstücks, z. B. Kaffelstein (Kreuzwertheim)
2. nach Schutz und Bewirtschaftung, z. B. Wachhügel (Wiesenbronn).
3. nach Besitzrechten, z. B. Abtsberg (Hörstein), Jesuitenberg (Rück), Bischofsberg (Großheubach), Pfaffenberg (Würzburg) u. a.
4. nach religiösen Bezügen, z. B. Kapellenberg (Eibelstadt); Frickenhausen), St. Klausen (Ramsthal), Apostelgarten (Michelbach) u. a.
5. nach historischen Bezügen, z. B. Centgraf (Bürgstadt), Schloßberg (Würzburg), Kaiser Karl (Repperndorf), Markgraf Babenberg (Frickenhausen) u. a.

Beim Einfüllen in dieses für ein anderes Weinbaugebiet erdachtes Schema fällt auf, daß für A5, B1 und B2 nur je eine Lage namhaft gemacht werden konnte. Für A3 aber könnten über zwei Dutzend, für B3 über drei Dutzend Lagennamen bereitgestellt werden. Da Stifte, Klöster und Pfarreien jahrhundertelang mit Weinbergen ausgestattet oder beschenkt wurden, geben z. B. von den 21 Lagennamen im Bereich Mainviereck allein

sieben Hinweise auf geistlichen Besitz. Ein Irrläufer unter B5 ist Kaiser Karl in Reppendorf, der auf keine Urkunde zurückgeht. Allerdings erzählt man sich in diesem Ort westlich Kitzingen gerne das Geschichtlein, daß Kaiser Karl einst durch diesen Ort gekommen sei und um ein Glas Wasser gebeten habe. Der Schluck habe aber so scheußlich geschmeckt, daß er befohlen habe: »Hier muß Wein gepflanzt werden!« Ähnlich sagenhaft geht es beim »Luhmännchen« in Alzenau, Ortsteil Wasserlos zu, welchen Namen der Winzerverein Wasserlos vorgeschlagen hat. Hier wurde die sagenhafte Gestalt des Lugmännchens mit dem Flurnamen Luh (von Eichenlohe kommend) gekoppelt. Während bei Bürgstadts Centgraf richtig von lat. centrum = hundert abgeleitet wird, um den Gerichtsherrn zu bezeichnen, hat man in Wipfeld aus Zehntkeller etc. einen Zehntgrafen abgeleitet. Die Einnehmer des zehnten Teiles der Ernte für den Landesherrn trugen aber nie den Amtstitel Centgraf.
Skepsis schien zunächst angebracht bei manchen GL-Bezeichnungen, die 1971 eingeführt wurden, doch konnte ich mich an Hand der Unterlagen vergewissern, daß z.B. Honigberg, der direkt nach Werbung schmeckt, dem Kataster als Lagennamen ebenso entnommen wurde wie »Ewig Leben« oder die Einzellagen wie »Paradies« (Bullenheim) oder »Teufel« (Oberschwarzach, früher Gde. Breitbach), während die »Höll« (Obereisenheim) nur herkömmlich ist. Sind die Namen gar zu weit hergeholt, beziehen sich nur auf ein Feldkreuz oder einen Bildstock des Hl. Urban, so blieb ihnen die Aufnahme in die Weinbergsrolle versagt. Mitunter fällt aber der Name einer Neuanlage ganz schlicht aus, wie bei »Weiherer Weinberge« (Viereth am Main, OT Weiher), dem einzigen eingetragenen Weinbergsnamen Oberfrankens.
So wie die ältesten Adelsfamilien ganz einfache Wappen haben, tragen die ältesten Lagen auch einfache Namen, sofern sie nicht später durch Herrschaftsbezeichnungen verdrängt wurden. Beispielsweise gehört der Würzburger Stein (= Fels) zu den ganz alten

Lagen, stand bis in die Neuzeit hinein oft (und fälschlich) für alle Würzburger Lagen. Dort ist im 12. Jahrhundert schon Besitz des Domstiftes und des Stiftes Neumünster bezeugt. Alt sind auch die Namen »Leiste« und »Leite«, wie man größere Grundstücke nannte, die den Hang entlangzogen. Jung sind die Lagen, die Begriffe ansprechen, die es im frühen Mittelalter noch gar nicht gab, wie z. B. Landsknecht (Obervolkach), Herold (Hammelburg) oder die eine Erinnerung wachhalten sollen wie »Karthäuser« (Astheim) und »Julius-Echter-Berg« (Iphofen), der erst seit etwa 1920 so heißt. Noch fehlt ein Verzeichnis mit urkundlichen Belegen für das Auftreten eines Lagennamens, das übrigens keine ökonomischen oder rechtlichen Auswirkungen hätte, denn »herkömmlich« genügt ja.

Gartenpavillon (Theatrum anatomicum)
des Würzburger Julius-Spitals

Vinologische Erkundungsfahrt durch Franken

Hauptteil dieses Buches ist die nun folgende vinologische Erkundungsfahrt durch Franken. Sie führt zur Geschichte und zu den Sehenswürdigkeiten der 168 Weinbaugemeinden dieser Region. Und sie macht uns vertraut mit der topographischen, kleinklimatischen Besonderheit ihrer Weinberglagen.

Durch das Weingesetz von 1971 wurde das Weinland Franken in die Bereiche *Mainviereck, Maindreieck* und *Steigerwald* eingeteilt. Dieser Aufteilung folgt auch die nun folgende Darstellung. Der Überschaubarkeit halber werden die Weinorte *des Freigerichts* beim Mainviereck, die *des Tales der Fränkischen Saale* und *des Werntals* beim Maindreieck und die der *Haßberge* bei Beginn des Abschnitts über den Steigerwald vorgestellt. Den Abschluß bildet die weintouristische Darstellung der Weinorte von *Aisch-, Gollach-* und *Taubertal.* Die Reihenfolge der in den einführenden Texten kursiv gesetzten Orte gibt die vorgeschlagene touristische Route wieder.

Im Freigericht

Hoch im nordwestlichsten Bereich Bayerns, im Landkreis Alzenau, in den Orten des sogenannten »Freigerichts« an den nordwestlichen Rändern des Spessarts, beginnt unsere weintouristische Reise durch Mainfranken mit einem Besuch der Weinberg-Lagen in *Michelbach* (Alzenau), *Dörsthöfe* (Michelbach), *Wasserlos, Hörstein* (Alzenau) und *Rottenberg* (Hösbach). Vor 1400 hieß Alzenau »Uillimuntesheim«, aus dem »Wilmundsheim« wurde. Dieses Wilmundsheim ging in die Geschichte als Veranstaltungsort des sogenannten »Freigerichts« ein: Einer Sage nach geriet hier Kaiser Friedrich Barbarossa 1184 in einen Hinterhalt von Anhängern König Heinrichs des Löwen. Zum Dank für seine Rettung durch herbeieilende Bauern verlieh er dieser Region die »volle Freiheit«.

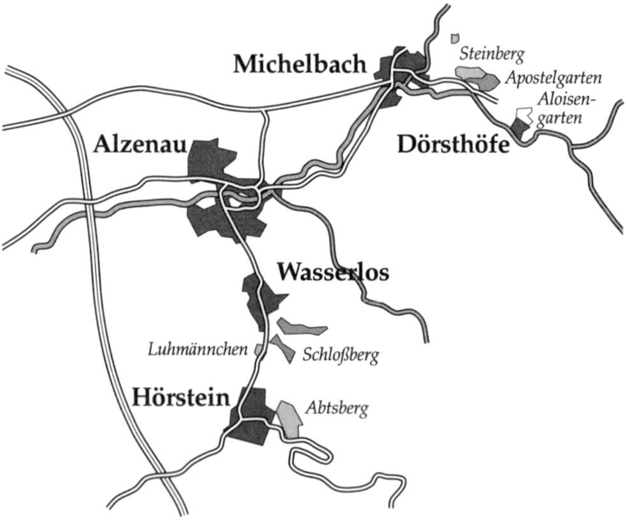

Michelbach (Ortsteil von Alzenau)
Michelbach liegt, gemeinsam mit Wasserlos und Hörstein, im Kahldurchbruch (bayerisches Freigericht). Der Weinbau wurde von Mönchen aus dem Kloster Seligenstadt im frühen Mittelalter eingeführt und fortentwickelt. Im Schlößchen von Michelbach ist in den letzten Jahren ein Heimatmuseum eingerichtet worden.

■ Michelbacher Steinberg
Der Name Steinberg bedeutet »felsiger Berg« oder »am Berg anstehender Fels«.
□ 10 ha
[↑] Südwest
[/] 30–40 %
[∵] Müller-Thurgau
[B] Urgestein, Glimmerschiefer
[C] duftig, kernig, nachhaltig
[L] großlagenfrei

■ Michelbacher Apostelgarten
Benannt nach dem Besitz des Stiftes St. Peter und Alexander in Aschaffenburg; gemeint ist der Apostel Petrus.
□ 10 ha
[↑] Südwest
[/] 30–40 %
[∵] Riesling
[B] Urgestein, Glimmergestein
[C] fruchtig, rassig, nachhaltig
[L] großlagenfrei

● Weinerzeuger
Weingut Bernd Höfler,
Albstädter Straße 1, Michelbach, 63755 Alzenau
[☎] *0 60 23 / 54 95*
□ *6 ha* [W] *40* *Im Mittelpunkt naturnaher Weinbau; Weinfest: Juli*

Weinbau Klaus und Hugo Gündling,
Goldberghof, Michelbach, 63755 Alzenau
☎ *06023/1739*
☐ *3 ha* W *30 Junger Selbstmarkterbetrieb, Heckenwirtschaft*

GWF-Weinverkaufsstelle Michelbach, Fam. Amberg,
Schießmauerstraße 2, Michelbach, 63755 Alzenau
☎ *06023/7385*

▲ Weinbezogene Gastronomie

G *Gasthof »Zur Sonne«, Peter Glaab, Laurentiusstraße 3, Michelbach, 63755 Alzenau* ☎ *06023/6922*

G *Gasthaus »Zum Hahnenkamm«, Cornillstraße 13, Michelbach, 63755 Alzenau* ☎ *06023/1686*

Dörsthöfe (Ortsteil von Michelbach)

Dörsthöfe ist ein Weiler, der urkundlich erstmals im 15. Jahrhundert erwähnt wurde. Damals waren 6 Höfe bekannt. Nach dem 30jährigen Krieg aber waren nur noch zwei übrig, die bis heute erhalten sind.

■ Dörsthöfer Aloisengarten

Aloisengarten ist eine alte Flurbezeichnung. Sie wurde nach dem Berg Alois benannt.

☐ 4,5 ha
↑ Süd – West
/ 20 %
∵ Müller-Thurgau
B Urgestein, Glimmerschiefer
C kräftige, ausgeprägte Weine
L großlagenfrei

● Weinerzeuger

Weinbau Herbert u. Jutta Simon, Dörsthöfe, 63755 Alzenau
☎ *06023/8902*
☐ *4,5 ha* W *25 Bocksbeutel- und Literflaschenweine, Brennerei und Landwirtschaft; seit dem 17. Jahrhundert im Familienbesitz*

▲ Weinbezogene Gastronomie

[G] *Gasthof Dörsthöfe, Dörsthöfe, 63755 Alzenau*
[☎] *0 60 23 / 54 70*

Wasserlos (Ortsteil von Alzenau)
Wasserlos genießt einen guten Ruf als Weinbaugemeinde. Die 700 Jahre Weinbautradition wurde 1985 gebührend gefeiert. Das Schloß von Wasserlos ließ Prinz Ludwig-Eugen von Württemberg 1790 bauen. Es wechselte oft die Besitzer. Einer der bedeutendsten Besucher war König Ludwig von Bayern neben dem Dichter Clemens von Brentano. Das Schloß gilt heute noch als Wahrzeichen für Wasserlos.

■ Wasserloser Schloßberg
Bezeichnet nach dem Schloß in Wasserlos.
□ 20 ha
[↑] Südsüdwest
[/] 30–45 %
[∵] Riesling, Müller-Thurgau
[B] Urgestein
[C] sortentypische, bodengeprägte Urgesteinsweine
[L] großlagenfrei

■ Wasserloser Luhmännchen
Der Lagenname kommt nach einer Sage von einem Luhmännchen. Es soll wegen eines Grenzstreites in der Adventszeit umhergewandelt sein.
□ 5 ha
[↑] Süd – West
[/] 10–20 %
[∵] Müller-Thurgau, Bacchus, Faberrebe
[B] Urgesteinböden mit starker Ton-Lößlehm-Auflage
[C] elegante, körperreiche, fruchtige Weine
[L] großlagenfrei

Weinerzeuger

Weingut Becker Erben, Inhaber: Fam. Trageser,
Schloßhof, Wasserlos, 63755 Alzenau
0 60 23 / 16 68
10 ha W 40 Weinstube

Weingut Luhmännchen, Fam. Englert,
Hahnenkammstraße 22, Wasserlos, 63755 Alzenau
0 60 23 / 13 06
2 ha W 50 Gastwirtschaft; Fam. Englert besitzt die Weinberglage Wasserloser Luhmännchen; 1979 wieder bepflanzt

Frankenwein von Günter Strack, Fam. Kerber,
Sachgasse 2, Wasserlos, 63755 Alzenau
0 60 23 / 64 43
1 ha Weinbaubetrieb des bekannten Schauspielers Günter Strack, dessen Mutter aus Wasserlos stammt

Weingut Simon Friedel,
Schloßbergstraße 1a, Wasserlos, 63755 Alzenau
0 60 23 / 54 77
4 ha W 40 Weinstube; Wasserloser Schoppentage am letzten Juli-Wochenende

Weingut Ernst Wenzel,
Schloßbergstraße 5, Wasserlos, 63755 Alzenau
0 60 23 / 59 47
6 ha W 30 Heckenwirtschaft, auch Rotweinanbau

Weinbau Siegfried Scherer,
Bezirksstraße 7, Wasserlos, 63755 Alzenau
0 60 23 / 59 74

Weinbezogene Gastronomie und Übernachtungsmöglichkeiten

G *Hotel Schloßberg im Weinberg,*
*** *Am Schloßberg, Wasserlos, 63755 Alzenau*
0 60 23 / 10 58

G *Gasthof und Hotel »Zur Krone«,*
** *Hahnenkammstraße 37, Wasserlos, 63755 Alzenau*
0 60 23 / 60 24

G *»Zur Dorfschänke«,*
Zehntmauerstraße 9, Wasserlos, 63755 Alzenau
0 60 23 / 52 85

[G] *Gaststätte Café Reising, Bezirksstraße 24, Wasserlos, 63755 Alzenau* [☎] *0 60 23 / 21 81*

Hörstein (Ortsteil von Alzenau)

Hörstein, im 12. und 13. Jahrhundert Zentrum des Weinbaus im Kahlgrund, verfügt heute noch über eine große Weinanbaufläche. Das mittelalterliche Ortsbild ist noch gut erhalten. An die Blütezeit des Weinbaus erinnern neben Zehnthof, Zehntkeller und Zehntscheune auch die alten Amts- und Edelmännerhäuser. Der Weinanbau wurde durch die Seligenstädter Mönche nach Hörstein gebracht. Ein besonderes Kunstwerk in der Dorfkirche ist die holzgeschnitzte Figurentreppe der Anna Selbdritt von Peter Dell d. Ä.

■ Hörsteiner Abtsberg

Nach dem großen Weinbergsbesitz der Abtei Seligenstadt am Main benannt, die 828 von Einhard, dem Biographen Karls des Großen gegründet, 1803 säkularisiert wurde.

□ 18 ha

[↑] West

[/] 20–45 %

[∵] Müller-Thurgau, Riesling

[B] Urgestein, Glimmerschiefer

[C] kräftig, rassig, nachhaltig

[L] Großlage Reuschberg

● Weinerzeuger

Weingut Hofgut Hörstein, Mittlerer Röderweg, Hörstein, 63755 Alzenau [☎] *0 60 21 / 2 78 50*

□ *10 ha* [W] *50 Verkaufsstelle der Weine und Kellerei sind im Schloß Aschaffenburg; vorzugsweise trockene Weine; Rotweine*

Winzergenossenschaft Hörstein, Schmiedstraße 10, Hörstein, 63755 Alzenau [☎] *0 60 23 / 64 21*

Kleinste Winzergenossenschaft Frankens; 1903 gegründet; trockene Weine

▲ Weinbezogene Gastronomie und Übernachtungsmöglichkeiten

[G] *Käfernberg, Morbiser Straße 7–9, Hörstein, 63755 Alzenau*
[***] [☎] *0 60 23 / 26 26*

[G] *Hörsteinhof, Hanbühlstraße 1, Hörstein, 63755 Alzenau*
[**] [☎] *0 60 23 / 16 48*

[G] *Weinstube Hobelbank,*
Alzenauer Straße 39, Hörstein, 63755 Alzenau
[☎] *0 60 23 / 44 22*

[G] *Gasthaus Zur Traube,*
Hauptstraße 15, Hörstein, 63755 Alzenau
[☎] *0 60 23 / 22 95*

Rottenberg (Ortsteil von Hösbach)

In Rottenberg, an den Nordwesthängen des Spessarts gelegen, wurde schon im Mittelalter Weinbau betrieben. Die Grafen von Rieneck veranlaßten die Rebpflanzungen an den Südhängen des Gräfenbergs. Noch heute finden wir auf dem Gräfenberg Reste der Burganlage der Herren von Rieneck.
Nach zwischenzeitlichem Erliegen des Weinbaus wurden hier erst seit den 70er Jahren wieder Reben angepflanzt.

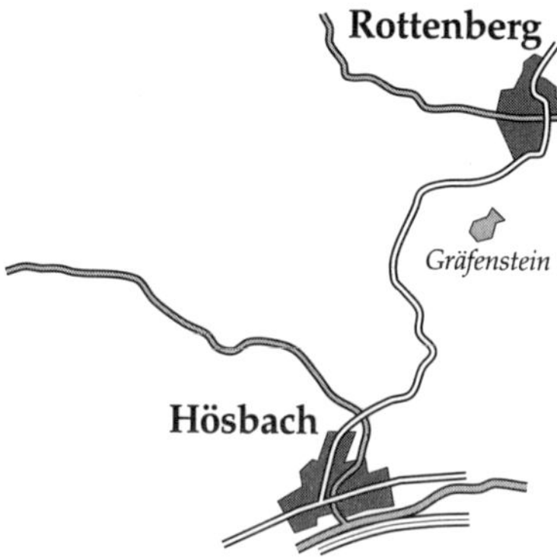

■ Rottenberger Gräfenstein

Gräfenstein: Lagenname in Anlehnung an die Flurlage Gräfenberg, dem Berg des Grafen.

☐ 8 ha

[↑] Süd

[/] 10 %

[∵] Müller-Thurgau, Bacchus

[B] Löß, lehmiger Sand

[C] kernig, würzig, kräftig

[L] großlagenfrei

● Weinerzeuger

Weingut Holler, Am Boppengraben 4, Rottenberg, 63768 Hösbach
[☎] 0 60 24 / 93 01
☐ 8 ha [W] 40 Vorwiegend durchgegorene Weine; Weingut inmitten von Weinbergen; Heckenwirtschaft am Wochenende

▲ Weinbezogene Gastronomie und Übernachtungsmöglichkeit

[G] *Gasthaus »Zum Grünen Tal«, Rottenberg, 63768 Hösbach*
[*] *[☎] 0 60 24 / 93 67*

Zwischen Odenwald und Spessart: am Untermain

Aschaffenburg ist nicht nur des Weines wegen besuchenswert. Die Geschichte der Weinorte *Obernau* (Aschaffenburg) und *Großostheim* wiederum ist untrennbar mit dem Schicksal Aschaffenburgs verbunden. Und das war über eine lange Zeit die Herrschaft des Mainzer Erzbischofs.

Über Großostheim (mit seiner kostbaren Beweinungsgruppe Tilman Riemenschneiders in der kath. Pfarrkirche St. Peter und Paul) gelangen wir in den Landkreis Obernburg mit Weinorten wie *Großwallstadt, Rück* (Elsenfeld), *Erlenbach am Main* und *Klingenberg/Main.* Elsenfeld, mit der Mündung der Elsawa in den Main, darf man als ein Tor zum Spessart und nach Schloß Mespelbrunn bezeichnen.

Nirgendwo kommen sich Odenwald und Spessart gegenseitig und dem Ufer des Mains so nahe, wie im Landkreis Miltenberg mit Weinorten wie *Großheubach* mit *Engelberg, Bürgstadt, Miltenberg* und *Eichenbühl.*

Aschaffenburg

Zu Füßen der westlichen Ausläufer des Spessarts liegt Aschaffenburg am rechten Ufer des schiffbaren Mains. Die Ursprünge der Stadt gehen auf die alemannische »Civitas Ascapha« (5. Jahrhundert) zurück. 982 kam sie an das Erzstift Mainz, dem es bis 1814 gehörte.

Ein Mainzer Fürstbischof ließ auf den Ruinen einer mittelalterlichen Burganlage das Schloß Johannisburg errichten, in dem heute eine Staatsgemäldesammlung und ein Museum untergebracht sind. Große Parkanlagen durchziehen die ganze Stadt. Um das Pompejanum herum ist ein mediterraner Park angelegt. König Ludwig I. von Bayern (Aschaffenburg kam 1814 zu Bayern), nannte die Stadt deshalb auch »mein bayerisches Nizza«.

Aschaffenburg ist heute ein Industrie- und Handelsplatz. Der Weinbau spielt nur noch eine Nebenrolle.

Das von Reben umgebene Pompejanum
und das hübsche rote Sandsteinschloß
bestimmen das Stadtbild Aschaffensburgs am Main.

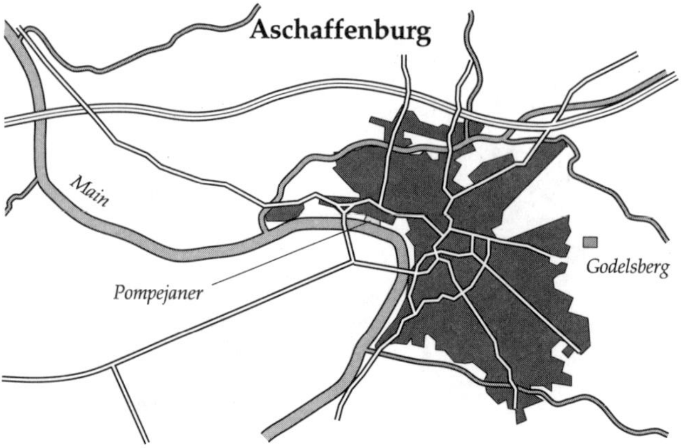

Aschaffenburger Pompejaner

Liegt neben dem »Pompejanum«, das König Ludwig I. von Friedrich von Gärtner 1840 bis 1848 nach dem Grundriß der ausgegrabenen »Casa di Castore e Pulluce« in Pompeji bauen ließ.

- 0,7 ha
- Südwest
- 30–35 %
- Rieslaner, Ortega
- Urgestein, Gneis
- fruchtig, duftig, vollmundig
- großlagenfrei

Aschaffenburger Godelsberg

Der Lagenname ist zurückzuführen auf Dekan Gotebold vom Kollegialstift St. Peter und Alexander, der im 13. Jahrhundert in Aschaffenburg die ersten Weinberge anlegte.

- 0,3 ha
- Südwest
- 30 %
- Rieslaner, Ortega
- Gneis

C kernige, markante Weine

L großlagenfrei

▲ **Weinbezogene Gastronomie und Übernachtungsmöglichkeiten**

G *Wilder Mann, Löherstraße 51, 63739 Aschaffenburg*
*** ☎ *0 60 21 / 2 15 55*

G *Aschaffenburger Hof,*
*** *Frohsinnstraße 11, 63739 Aschaffenburg*
☎ *0 60 21 / 2 14 41*

G *Romantik Hotel Post,*
*** *Goldbacher Straße 19–21, 63739 Aschaffenburg*
☎ *0 60 21 / 2 13 33*

G *Zum Ochsen, Karlstraße 16, 63739 Aschaffenburg*
** ☎ *0 60 21 / 2 31 32*

G *Schloß-Weinstuben,*
Schloß Johannisburg, 63739 Aschaffenburg
☎ *0 60 21 / 1 24 40*

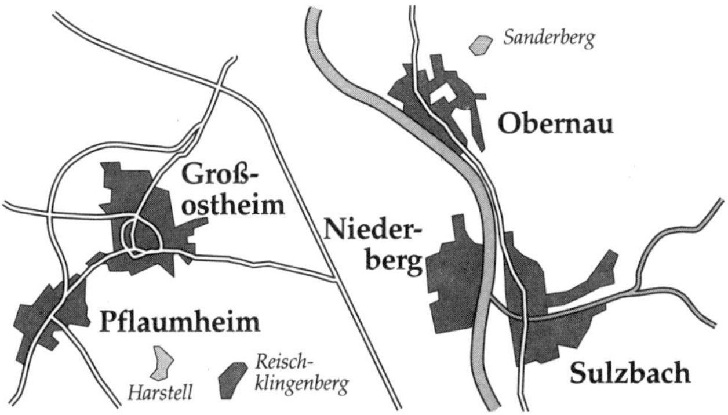

Obernau (Ortsteil von Aschaffenburg)

Obernau liegt nur wenige Kilometer südlich von Aschaffenburg, rechts des Mains. 1191 wurde dieser Ort erstmals erwähnt, als Obernau vom Mainzer Erzbischof dem Aschaffenburger Stift geschenkt wurde. Östlich von Obernau, auf einer Höhe, liegt in stiller

Waldeinsamkeit die Kapelle Maria Frieden, ein beliebtes Wallfahrtsziel.
Der Weinbau ging in den letzten 50 Jahren stark zurück. Heute werden nur noch auf 2000 qm Reben angebaut, die ausschließlich für den Eigenbedarf verwendet werden.

■ Obernauer Sanderberg

Sanderberg heißt die Lage, weil hier die tonigen Erdschichten mit Sand durchmischt sind.

□ 0,2 ha

[↑] Südwest

[/] 10–20 %

[∵] Müller-Thurgau

[B] lehmiger Sand

[C] duftig, kernig, nachhaltig

[L] großlagenfrei

▲ Weinbezogene Gastronomie

[G] *Gasthaus Zur Krone,*
Hauptstraße 42, Obernau, 63743 Aschaffenburg
[☎] *06028/1506*

Großostheim

Auf dem attraktiven Marktplatz Großostheims fühlt man sich ins Mittelalter zurückversetzt. Viele Fachwerkhäuser erfreuen das Auge, darunter das eines Museums mit alten Arbeitsgeräten aus den historischen Weinbergen. Sehenswert sind auch die alte Peter-und-Paul- Pfarrkirche mit einer Beweinung Christi von Tilman Riemenschneider, Teile der früheren Stadtmauer und drei Wehrtürme.
Der Weinbau hat in Großostheim seinen Höhepunkt im 18. Jahrhundert. Um 1900 ging er stark zurück. Einem weitblickenden Gastronomen ist es zu verdanken, daß noch vor dem Ersten Weltkrieg aufgelassene Hänge wieder mit Reben bepflanzt wurden.

■ Großostheimer Harstell

Harstell, früher Haarstall geschrieben, bedeutet den herrschaftlichen Mainzer Besitz.

☐ 20 ha

[↑] Südost – Süd

[/] 15–25 %

[∵] Müller-Thurgau, Silvaner

[B] Lehm

[C] duftig, artiges Bukett, nachhaltig

[L] Großlage Heiligenthal

■ Großostheimer Reischklingeberg

Klinge bedeutet einen Einschnitt, den Hohlweg, und Reisch ist das Reisig, auch das Unterholz. Reisch oder Reusch tritt mehrfach da auf, wo ein Hochwald gerodet wurde und sich Unterholz ausbreitete.

☐ 12 ha

[↑] Südost

[/] 20–30 %

[∵] Müller-Thurgau

[B] Lehm

[C] duftig, markig, voll

[L] Großlage Heiligenthal

● Weinerzeuger

Weingut Peter Höflich, Haarstallweg 49, 63762 Großostheim
[☎] 0 60 26 / 46 61
☐ 4 ha [W] 40 Der Familienbesitz ist umringt von Weinbergen; Besonderes: Hofweinfest

Weingut & Weinkellerei A. Kapraun & Sohn,
Pflaumenheimer Straße 25, 63762 Großostheim
[☎] 0 60 26 / 77 47
☐ 6 ha [W] 18 Qualitätsbewußter Familienbetrieb, Ausbau der Weine teilweise in Holzfässern; Spezialität: Sekte und Rotweine

GWF-Weinverkaufsstelle Großostheim Fam. Peter Hock,
Pflaumenheimer Straße 32, 63762 Großostheim
[☎] 0 60 26 / 41 01

▲ Weinbezogene Gastronomie

G *Weinhaus Becker, Breite Straße 5, 63762 Großostheim*
☎ 0 60 26 / 49 54

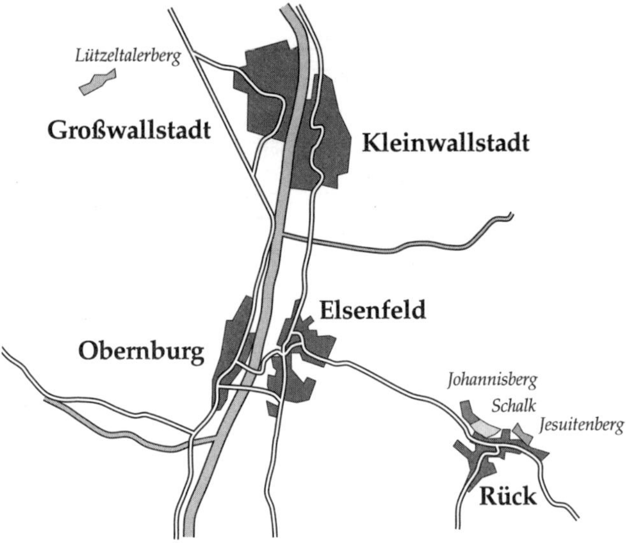

Großwallstadt

1272 wird der Weinbau in Großwallstadt erstmals erwähnt. Damals sollen hier vor allem Rotweine erzeugt worden sein. 1313 erhielt Großwallstadt die Stadtrechte. Die Südhänge des Odenwaldes sind hier vom Klima wie von der Bodenbeschaffenheit her für die Erzeugung guter Weine hervorragend geeignet.
Sehenswert: neben schönen Fachwerkhäusern das Obere und das Untere Tor, der Runde, der Gumpern-, der Hexen- und der Täscherntum und vor allem das Wahrzeichen von Oberburg, der Almosenturm, die romanische St.-Anna-Kapelle und das *Römermuseum* neben dem Rathaus
Weinberghüttenfest: 4. Wochenende im Juli
Fränkischer Rotweinwanderweg: beginnend am Parkplatz an der ehemaligen Fähre = Festplatz

■ Lützeltalerberg

Lützel = klein, war der altdeutsche Name für Luxemburg, Lützelburg. Das Lützeltal liegt in einem Seitental der Mainebene, in den nordöstlichen Ausläufern des Odenwaldes.

☐ 7 ha

[↑] Südsüdost

[/] 25 %

[∵] Müller-Thurgau, Portugieser, Bacchus

[B] Lößlehm auf Buntsandstein

[C] Rotweine: feurige, würzige Weine mit schöner Fülle, feiner Mandelnote und rubinroter Farbe. Weißweine: fruchtige, elegante Weine mit pikanter Säure

[L] keine Großlage (Einzellage)

● Weinerzeuger

Weingut Klaus Giegerich, Weichgasse 19, 63868 Großwallstadt
☎ 0 60 22 / 2 19 58
☐ 3,3 ha [W] 20 Modern ausgestatteter Winzerbetrieb seit 1955

Weinbau Leo Schnabel, Lindenstraße 15 ☎ 0 60 22 / 2 27 41

Weinbau P. und G. Scherer, Friedhofstraße 1 ☎ 0 60 22 / 2 48 64

Weinbau Alfred Markert, Frühlingstraße 8 ☎ 0 60 22 / 2 27 10

Weinbau L. Giegerich, Am Alten Brunnen 3 ☎ 0 60 22 / 2 24 79

▲ Weinbezogene Gastronomie und Übernachtungsmöglichkeiten

[G] [**] *Café-Gasthof »Böhnchen«,*
Hauptstraße 34, 63868 Großwallstadt
☎ 0 60 22 / 2 17 71

[*] *Privatpension Fam. Elmar Schnabel,*
Nibelungenstraße 44, 63868 Großwallstadt
☎ 0 60 22 / 2 22 66

[G] *Weinstube Rudi Hohm,*
Burgunderstraße 5, 63868 Großwallstadt
☎ 0 60 22 / 2 28 59

Rück (Ortsteil von Elsenfeld)

Berge und Täler, Wälder und Wiesen, Obsthaine und Weinberglagen, der Main und die Elsava prägen das Landschaftsbild auf dem Weg von Elsenfeld nach Rück. Eine kulturelle Kostbarkeit ist die mit barocken Teilen versehene Kirche Sankt Sebastian im ehemaligen Zisterzienserinnenkloster Himmelthal.
Fränkischer Rotweinwanderweg

■ Rücker Johannisberg

Zum Schloß Johannisberg in Aschaffenburg, dem Sommersitz der Mainzer Kurfürsten und Erzbischöfe, gehörig.

□ 10 ha
⍐ Südwest
◫ 10–45 %
⁘ Müller-Thurgau, Silvaner
B Buntsandstein, Lößlehm
C kräftiger, erdiger Wein
L großlagenfrei

■ Rücker Schalk

Da mit einer Urkunde des Erzstiftes Mainz von 1350 nachgewiesen werden konnte, daß damals eine Weinberglage Schalksberg hieß, wurde der flurbereinigte Teil des Johannisbergs jüngst mit dem Lagennamen »Schalk« belegt.

□ 13 ha
⍐ Süd – Südwest
◫ 10–45 %
⁘ Müller-Thurgau, Silvaner
B Buntsandstein
C artiges Bukett, markig
L großlagenfrei

■ Rücker Jesuitenberg

Besitz des Jesuitenklosters in Aschaffenburg.

□ 7 ha

- [↑] Süd
- [/] 10–45 %
- [∵] Müller-Thurgau, Silvaner
- [B] Buntsandstein, Lößlehm
- [C] artiges Bukett, kernig
- [L] großlagenfrei

● Weinerzeuger

Weinbau Leopold Deml, In der Au 1, Rück, 63820 Elsenfeld
☎ 0 60 22 / 92 66
☐ 0,5 ha [W] 40 Das Hauptaugenmerk des Betriebes liegt auf Müller-Thurgau- und Kerner-Weine

Weinbau der Stadt Elsenfeld-Rück,
Marienstraße 29, 63928 Elsenfeld
☎ 0 60 22 / 5 00 70
☐ 7 ha Weine werden in der Winzergenossenschaft Thüngersheim ausgebaut; Weinverkauf: Rathaus des Marktes Elsenfeld

Werner Ruppert, Am Blumenberg ☎ 0 60 22 / 44 62

Adolf Oberle, Buchvain ☎ 0 60 22 / 88 24

▲ Weinbezogene Gastronomie und Übernachtungsmöglichkeit

[G] *Gasthof Zum Goldenen Engel, Mechenhorder Straße*
[**] *☎ 14 77*

[G] *Weinstube im Kloster Himmelthal, Rück, 63820 Elsenfeld*
☎ 0 60 22 / 92 66
Weinausschank jeden zweiten Sonntag im Monat durch den örtlichen Weinbauverein

Erlenbach am Main

In Erlenbach wurde, wie am ganzen Untermain, schon sehr früh Wein angebaut. Die erste urkundliche Erwähnung beweist ein Dokument aus dem Jahr 1261. Die Deutschordensritter besaßen hier über mehrere Jahrhunderte Weingärten. Der älteste Weinkeller in Erlenbach besitzt eine Inschrift aus dem Jahr 1527.

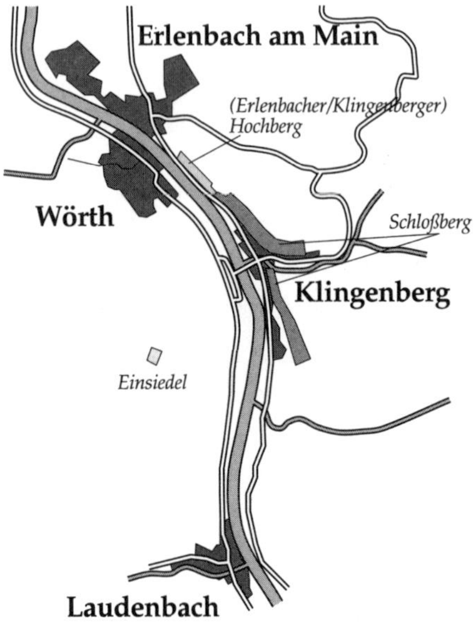

Tradition haben die vielen Heckenwirtschaften. Noch heute wird ein Großteil des Erlenbacher Weines in den Heckenwirtschaften und auf den Weinfesten im Juli (3. bis 6.) und September ausgeschenkt.
Weinfest: 1. Wochenende im Juli
Hofschoppenfest: 2. Wochenende im September
Fränkischer Rotweinwanderweg

■ Erlenbacher Hochberg
Moderne Bezeichnung für die alten Lagen Felsenrödern und Maien, zunächst Hohberg; seit 1971 Hochberg.

□ 10 ha

[↑] Südwest

[/] 50–60 %

[∵] Portugieser, Kerner, Müller-Thurgau

[B] Buntsandstein

[C] feingliedrige Weißweine, gehaltvolle Rotweine

[L] großlagenfrei

● Weinerzeuger

Städtisches Weingut,
Klingenberger Straße 29, 63906 Erlenbach am Main
☎ *0 93 72 / 7 04 61*
☐ *7 ha* W *20 Erst 1986 gegründet, achtet das Städtische Weingut auf alte Weinbautraditionen; Rotweine, Sekte und modern ausgebaute Barriqueweine gehören zum Angebot*

Weinbau A. Waigand & Sohn,
Dr.-Vits-Straße 8, 63906 Erlenbach am Main
☎ *0 93 72 / 45 69*
☐ *1 ha* W *40 Ein qualitätsbewußter Weinbaubetrieb mit hohen Auszeichnungen bei Weinprämierungen; Heckenwirtschaft*

Weinbau Manfred Kroth, Flurweg 1, 63906 Erlenbach am Main
☎ *0 93 72 / 32 70*

▲ Weinbezogene Gastronomie und Übernachtungsmöglichkeit

G **
Fränkische Weinstuben,
Mechenharder Straße 5, 63906 Erlenbach am Main
☎ *0 93 72 / 50 49*

Klingenberg/Main

Klingenberg, die vielbesungene Rotweinstadt am bayerischen Untermain, kann auf eine große historische Vergangenheit zurückblicken. Die staufische Clingenburg wurde um 1177 erbaut. 1276 wird die darunterliegende Stadt urkundlich erstmals erwähnt. Zunächst dem Erzbistum Mainz unterstellt, kommt Klingenberg 1814, wie große Teile Frankens, zum Königreich Bayern. Die über Jahrhunderte hinweg gepflegten terrassenförmigen Steillagen wurden durch das Landesamt für Denkmalpflege unter Denkmalschutz gestellt.
Attraktiv sind alljährlich die Weinbergwanderungen.
Historisches Weinfest auf der Clingenburg: Anfang Mai
Weinfest in der Altstadt: Pfingsten
Weinbergwanderung: letzter Sonntag im Juni
Winzerfest: Mitte August

Fränkischer Rotweinwanderweg
Weinbau- und Heimatmuseum: Informationen über Weinbau, Mainschiffahrt, Bergwerk und alte Handwerke

Klingenberger Hochberg

Hochberg ist der Name der höchsten Erhebung; in dieser Bezeichnung gingen viele frühere Einzellagenbenennungen auf.

- 17 ha
- Südwest
- 50–60 %
- Portugieser
- B Buntsandstein
- C farbtief, artiges Bukett, gehaltvoll
- L großlagenfrei

Klingenberger Einsiedel

Einsiedel ist ein alter Name der Flurlage in Trennfurt, auf der die Neuanlage begonnen wurde. Der Name geht auf eine Einsiedelei zurück.

- 2 ha
- Südost
- 10–15 %
- Portugieser, Müller-Thurgau
- B sandiger Lehm
- C farbtief, artiges Bukett, gehaltvoll
- L großlagenfrei

Klingenberger Schloßberg

Schloßberg heißt die Lage unterhalb der Burg (dem Schloß), die 1469 nach dem Aussterben der Dynasten von Bickenbach an Kurmainz kam, aber 1688 von den Franzosen zerstört und nicht mehr aufgebaut wurde.

- 7 ha
- Südwest
- 50–60 %
- Spätburgunder

[B] Buntsandstein
[C] rubinrot, edelherb, samtig, stoffig, nachhaltig
[L] großlagenfrei

● Weinerzeuger

Weingut der Stadt Klingenberg,
Wilhelmstraße 107, 63911 Klingenberg/Main
☎ 09372/2438
☐ 15 ha [W] 80 1912 gegründet, gehört das städtische Weingut zu einem der größten Weingüter am Untermain; im Mittelpunkt steht der Anbau der blauen Burgundertraube

Weinbau Wolfgang Kühn,
Ludwigstraße 29, 63911 Klingenberg/Main
☎ 09372/3169
☐ 1,8 ha Ein moderner Winzerbetrieb, der auf alteingesessenen Weinbau achtet und über 70 Jahre alte Portugieserreben anbaut; Heckenwirtschaft

▲ Weinbezogene Gastronomie und Übernachtungsmöglichkeiten

[G] *Paradeismühle,*
[**] *Paradeismühle 1, Ortsteil Röllfeld, 63911 Klingenberg/Main*
☎ 09372/2587

[G] *Gasthof Rebstock,*
[*] *Bergwerkstraße 2–6, 63911 Klingenberg/Main*
☎ 09372/2685

[G] *Schöne Aussicht,*
[***] *Bahnhofstraße 18, 63911 Klingenberg/Main*
☎ 09372/3007

[G] *Gasthof »Winzerstübchen«,*
[***] *Bergwerkstraße 8–12, 63911 Klingenberg/Main*
☎ 09372/2650

[G] *Weinstube »Rentamt«,*
Kirchenstraße 6, 63911 Klingenberg/Main
☎ 09372/1585

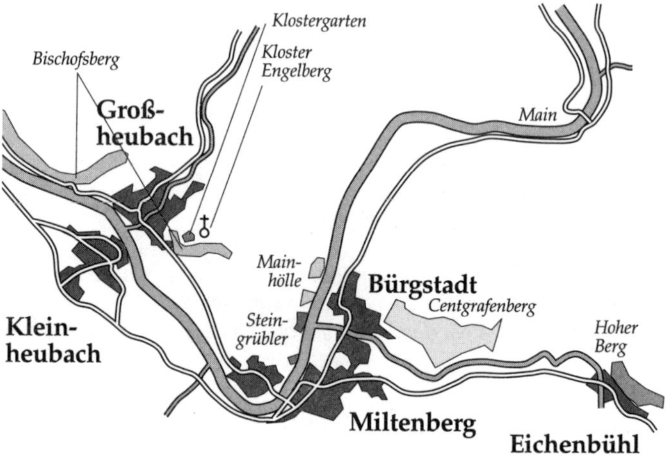

Großheubach mit Ortsteil Engelberg

Schon früh, im 9. Jahrhundert, ist der Weinbau in Großheubach urkundlich bezeugt. Um das Jahr 1100 besaß der Adelige Heinrich von Clingenburg hier nachweislich Weinberge. Um 1150 besaß das Kloster Amorbach in Großheubach Weinberge. Auf den Buntsandsteinverwitterungsböden Großheubachs gedeihen hier vor allem die Rotweine.
Von Großheubach führen 612 Stufen auf 280 über NN hinauf zu dem bekannten Kloster Engelberg, das anfangs den Kapuzinern gehörte, heute aber den braunen Franziskanern.
Fränkischer Rotweinwanderweg

■ Großheubacher Bischofsberg

Ein großer Förderer des Großheubacher Weinbaus war Erzbischof Friedrich Karl von Ostheim. Von ihm hat die Weinberglage Bischofsberg ihren Namen.

□ 40 ha

[↑] Süd – West

[/] 10–50 %

[∵] Silvaner, Spätburgunder

[B] Buntsandstein

[C] artiges Bukett, kernig
[L] großlagenfrei

■ Engelberger Klostergarten

Seit 1630 nachgewiesener Weinbergbesitz des Franziskanerklosters Engelberg, daher trotz der kleinen Fläche von 1 ha als eigene Lage ausgewiesen.

☐ 1 ha
[↑] Süd
[/] 30–50 %
[∵] Silvaner, Müller-Thurgau
[B] Buntsandstein
[C] artiges Bukett, kernig
[L] großlagenfrei

● Weinerzeuger

Weinbau Stefan Kremer, Mühlgasse 12, 63920 Großheubach
[☎] 0 93 71 / 32 70
☐ 2,5 ha [W] 100 Vorzugsweine, klassisch trockene Rot- und Rieslingweine

Weinbau Karl-Heinz Kempf,
Miltenberger Straße 16, 63920 Großheubach
[☎] 0 93 71 / 15 47
☐ 2,5 ha [W] 50 Klassisch trockene Rot- und Weißweine, junger Betrieb

Weingut des Franziskanerklosters Engelberg, 63920 Großheubach
[☎] 0 93 71 / 26 25
☐ 1 ha Weinbau mit langer Tradition,
Reben wachsen rings um das Kloster

Weinbau Ansgar Speth, Kanalstraße 32 [☎] 0 93 71 / 55 03

Weinkellerei Lorenz Straub, Röllfelderstraße 20 [☎] 0 93 71 / 32 04

▲ Weinbezogene Gastronomie und Übernachtungsmöglichkeiten

[G] *Gasthof Rosenbusch,*
[**] *Engelbergweg 6, 63920 Großheubach*
[☎] 0 93 71 / 81 42

G ** *Gasthaus Weißes Roß,*
Kirchstraße 25, 63920 Großheubach
☎ *0 93 71 / 83 87*

G * *Gasthaus Rose, Hauptstraße 55, 63920 Großheubach*
☎ *0 93 71 / 26 70*

G *Gasthaus zur Bretzel, Kirchstraße 1, 63920 Großheubach*
☎ *0 93 71 / 28 24*

G *Weinstube Zöller, Friedenstraße 46, 63920 Großheubach*
☎ *0 93 71 / 73 50*

Bürgstadt

Im südwestlichen Knick des Mainvierecks liegt Bürgstadt, einer der bekanntesten Rotweinorte Frankens. Alte Urkunden beweisen, daß schon um 1350 der Bürgstädter »Rote« weithin bekannt war. Sehenswürdigkeiten in der Marktgemeinde sind u. a. die Martinskapelle mit Wandmalereien aus dem 12. Jahrhundert, das Rathaus von 1590 mit dem zweistöckigen Dach und viele Fachwerkhäuser, an denen der Weinstock noch am Haus emporrankt.
Winzerfest: Ende Mai/Anfang Juni

■ Centgrafenberg

Der Centgrafenberg umfaßt eine Vielzahl alter Weinberglagen. Der Name stammt von der Ruine der Centgrafenkapelle auf dem Wannenberg.

□ 50 ha

↑ Süd

/ 10–40 %

Spätburgunder

B Buntsandsteinboden mit tonigen und lehmigen Auflagen

C Durch das Talkesselklima und vom Boden geprägt wächst ein gut strukturierter Wein
Weißwein: feingliedriger, säuregeprägter Typ
Spätburgunder: rubinrot, feine Fruchtprägung, Mandelaroma, süffiger gerbstoffgeprägter Typ

■ Mainhölle

Bei starken Wasserständen wurden die mainabwärtsfahrenden Schiffe an dieser Stelle, wo der Main eine starke Biegung macht, sehr kräftig an die Bergseite gedrückt. Diese gefährliche Stelle war die Mainhölle.

☐ 7 ha

[↑] Südost

[/] 55 %

[∵] Spätburgunder

[B] schluffiger Sand, Buntsandstein

[C] lebendig, fruchtig, mit feiner Nußrote

● Weinerzeuger

Weinverkaufsstelle der Gebietswinzergenossenschaft
Fam. Meisenzahl, Zum Kettenacker 1, 63927 Bürgstadt
☎ 0 93 71 / 25 62

Weingut Paul Fürst, Hohenlindenweg 46, 63927 Bürgstadt
☎ 0 93 71 / 86 42
☐ 10 ha [W] 45 Spät- und Frühburgunderweine stehen im Mittelpunkt; Ausbau erfolgt in Holzfässern, einige im Barrique; noble Weißweine; Winzersekte und Tresterbranntweine ergänzen das Angebot

Weingut Erhard Helmstetter,
Freudenberger Straße 37, 63927 Bürgstadt
☎ 0 93 71 / 33 41
☐ 5 ha [W] 20 Der junge Betriebsleiter versteht es, gute Qualitätsrot- und -weißweine zu erzeugen

Weingut Volker Helmstetter, Brückenstraße 4, 63927 Bürgstadt
☎ 0 93 71 / 8 05 51
☐ 2 ha Tüchtiger Nebenerwerbswinzer; Schwerpunkt ist der Rotweinanbau

Weingut Josef Walter, Trieb 1, 63927 Bürgstadt
☎ 0 93 71 / 89 22
☐ 2 ha Alteingesessener Betrieb; Spezialität: Früh- und Spätburgunderweine; nebenbei noch Landwirt

Weingut Stich, Freudenberger Straße 73 ☎ 0 93 71 / 57 05

Weingut A. Neuberger, Freudenberger Straße 7 ☎ 0 93 71 / 25 62

Weingut Ludwig Sturm, Hauptstraße 43 ☎ *093 71 / 15 01*

Weinbau Erhard Hofmann, Erfstraße 5 ☎ *093 71 / 56 82*

▲ Weinbezogene Gastronomie und Übernachtungsmöglichkeiten

G *Hotel – Weinhaus Stern, Hauptstraße 25, 63927 Bürgstadt*
⁂ ☎ *093 71 / 26 76*

G *Gasthof Adler, Hauptstraße 30, 63927 Bürgstadt*
⁂ ☎ *093 71 / 26 00*

Miltenberg

»Miltenberg erschien mir immer als das Herz von Deutschland«, sagte einmal Elly Heuß-Knapp. »Das Schatzkästchen am Untermain« ist geprägt von einer »Geschichte zum Anfassen«. Es besitzt die älteste Herberge Deutschlands, den »Riesen«, in der schon Könige und Fürsten übernachteten (ein herrliches altes Fachwerkhaus), prächtige andere Häuser aus dem Mittelalter und viele rote Sandsteingebäude, aus dem Stein also, der so typisch für diese Gegend ist. Der Winzerverein Miltenbergs ist der zweitälteste von Franken.

Der *Fränkische Rotweinwanderweg* führt durch den Landkreis von Miltenberg und durch die Stadt Miltenberg.

■ Miltenberger Steingrübler

Abgeleitet von Steingrube oder Steinbruch. Zahlreiche herrliche Rotsandsteine bezeugen diesen Ursprung.

- 10 ha
- Südost
- 40–50 %
- Müller-Thurgau, Silvaner
- Buntsandstein
- kernig, ausdrucksvoll, artiges Bukett
- großlagenfrei

● Weinerzeuger

Weinbau Otto Knapp, Bürgstädter Straße 21, 63897 Miltenberg
☏ 0 93 71 / 39 89
☐ 5 ha [W] 20 Der qualitätsbewußte Winzerbetrieb setzt den Schwerpunkt auf den Ausbau trockener Rotweine, die in Holzfässern gelagert werden

Weinbau Roland Paul, Steinigweg 3 ☏ 0 93 71 / 26 32

▲ Weinbezogene Gastronomie und Übernachtungsmöglichkeiten

[G] [***] *Hotel-Restaurant »Altes Bannhaus«, Hauptstraße 211, 63897 Miltenberg*
☏ 0 93 71 / 30 61

[G] [**] *Gasthof »Fränkische Weinstube«, Hauptstraße 111, 63897 Miltenberg*
☏ 0 93 71 / 21 66

[G] [***] *Jagdhotel Rose, Hauptstraße 280, 63897 Miltenberg*
☏ 0 93 71 / 40 06 - 0

[G] [**] *Flair-Hotel »Hopfengarden«, Ankergasse 16, 63897 Miltenberg*
☏ 0 93 71 / 31 31

[G] [**] *Hotel »Brauerei Keller«, Hauptstraße 66, 63897 Miltenberg*
☏ 0 93 71 / 24 48 / 30 77

[G] [**] *Hotel(Garni)-Restaurant »Riesen«, Hauptstraße 97–99, 63897 Miltenberg*
☏ Hotel 0 93 71 / 36 44, Restaurant 0 93 71 / 6 72 38

[G] [**] *Weinhaus am Alten Markt, Marktplatz 185, 63897 Miltenberg*
☏ 0 93 71 / 55 00

Eichenbühl

5 km südlich von Miltenberg, schmiegt sich der Ort Eichenbühl anmutig ins Tal der Erfa. Der Weinbau war früher in Eichenbühl weit mehr verbreitet, viele alte Weinberg-Lagennamen zeugen davon. Die meisten Weinberge sind heute aufgelassen, nur vereinzelte Parzellen werden noch gepflegt.
Sehenswert im Ort: die neugotische Pfarrkirche und

die romanische Valentinuskapelle, sie birgt einen originellen Barockaltar und kostbare alte Holzfiguren (14. Jahrhundert)

■ Eichenbühler Hoher Berg

Die Weinberge werden in Terrassenanlagen gebaut, der Berg ist insgesamt 390 m hoch.

- ☐ 0,7 ha
- [↑] Südwest
- [/] 45 %
- [∵] Portugieser, Spätburgunder
- [B] sandiger Lehm
- [C] erdig, nachhaltend
- [L] großlagenfrei

● Weinerzeuger

Weinbau Werner Dumert, Hauptstraße 63, 63928 Eichenbühl
[☎] *0 93 71 / 71 52*
☐ *0,7 ha Nebenerwerb mit Heckenwirtschaft*

▲ Weinbezogene Gastronomie

[G] *Gasthaus Zum Stern, Hauptstraße, 63928 Eichenbühl*
[☎] *0 93 71 / 32 44*

Im Süden des Mainvierecks

Durch 10 Schleifen schlängelt sich der Main im Süden seines Vierecks zwischen Miltenberg, Eichenbühl und Bürgstadt bis nach Marktheidenfeld.
Welch eine Geschichte haben die Weinorte mit klingenden Namen:
Dorfprozelten (nachgewiesen um 1000); *Kreuzwertheim* (Marktrechte um 1009 – in südlicher Richtung erwartet uns hier *Böttigheim* (Neubrunn) mit der kleinen Lage Wurmberg); *Homburg am Main* (von Pippin dem Kleinen, 714–768, dem hl. Burkard geschenkt); *Lengfurt* (nachgewiesen für das 9. Jahrhundert) und schließlich die bayerische Kreisstadt *Marktheidenfeld* (nachgewiesen als »Hattenfelt« für das 9. Jahrhundert), von der aus wir in einem Seitental die Weinorte *Erlenbach bei Marktheidenfeld, Remlingen* und *Uettingen* erreichen können.

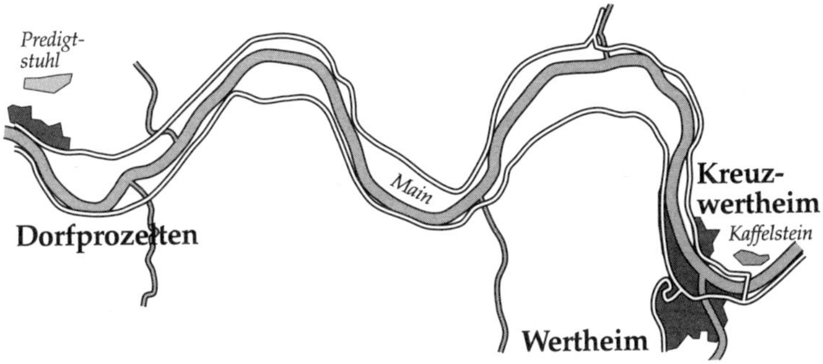

Dorfprozelten

Dorfprozelten liegt am rechten Ufer des Mains in der Mitte der Strecke zwischen den romantischen Städten Wertheim und Miltenberg. Es ist vom Ursprung her eine altbekannte Mainschiffersiedlung. Die Bistümer Würzburg und Mainz stritten sich lange um dieses Dorf. Ab dem 15. Jahrhundert gehörte Dorfprozelten schließlich den Mainzern.
Das Mainzer Rad und ein schwarzes Kreuz im Orts-

wappen erinnern an die Dorfherrschaft. Ein Mainzer Kurfürst war es auch, der 1619 ein Jagdschlößchen mitten im Dorf errichten ließ; heute das Rathaus des Ortes.

■ Dorfprozeltener Predigtstuhl

Dieser Weinberg »Predigtstuhl« diente mit seinem Ertrag der Besoldung des Predigers (Prädikaten) der Ortskirche.

☐ 12 ha

[↑] Süd

[/] 10–30 %

[∵] Früh- und Spätburgunder, Riesling

[B] Buntsandstein, lehmiger Sand

[C] artiges Bukett, edelherb

[L] großlagenfrei

● Weinerzeuger

Weinbau Edmund Prechtl, Höhbergstraße 10, 97904 Dorfprozelten
☎ 0 93 92 / 63 92
☐ 1 ha Kleiner Selbstmarkterbetrieb, Flaschenverkauf seit den 80er Jahren, Spezialität Spätburgunder

▲ Weinbezogene Gastronomie und Übernachtungsmöglichkeit

[G] [*] *Gasthof Goldene Krone,*
Hauptstraße 61, 97904 Dorfprozelten
☎ 0 93 92 / 72 47

[G] *Gasthaus Goldener Stern,*
Maingasse, 97904 Dorfprozelten
☎ 0 93 92 / 72 95

Kreuzwertheim

Kreuzwertheim ist der südlichste Main-Spessart-Weinort an der Grenze zu Baden-Württemberg, das auf dem gegenüberliegenden Mainufer mit dem badischen

Die Wahrzeichen von Kreuzwertheim,
die dem Weinort seinen Namen gaben.

Wertheim beginnt. 1009 bereits verlieh König Heinrich II. dem Ort das Marktrecht. Wertheim entstand wesentlich später, gewann dann aber zusehends an Bedeutung.
Sehenswert: das 1736 erbaute Schloß; die ev. Pfarrkirche mit einem spätgotischen Schrein auf dem Hochaltar

■ Kreuzwertheimer Kaffelstein

Dieser Lagenname wird auf folgendes zurückgeführt: Der Fels steigt in Stufen, in einer »Staffel« an.

☐ 6 ha
[↑] Süd – Südwest
[/] 30–40 %
[∵] Spätburgunder, Rieslauer
[B] Buntsandstein
[C] artiges Bukett, rassig
[L] großlagenfrei

● Weinerzeuger

Weingut Fürst Löwenstein, Rathausgasse 5, 97892 Kreuzwertheim
[☎] 0 93 42 / 65 05
☐ 25 ha [W] 15 Traditionsbewußter Weinanbau, vielfältiges einangebot, Spezialität: Rotwein, im Mittelpunkt steht der Ausbau trockener Silvaner-Weine im Holzfaß

▲ Weinbezogene Gastronomie und Übernachtungsmöglichkeiten

[**] *Hotel In der Herrnwiese,*
In der Herrnwiese 2–4, 97892 Kreuzwertheim
[☎] 0 93 42 / 3 70 31

[G] [**] *Gasthof Lindenhof, Lindenstraße 41, 97892 Kreuzwertheim*
[☎] 0 93 42 / 13 53

[G] [*] *Landgasthof Müller, Hauptstraße 18, 97892 Kreuzwertheim*
[☎] 0 93 42 / 66 00

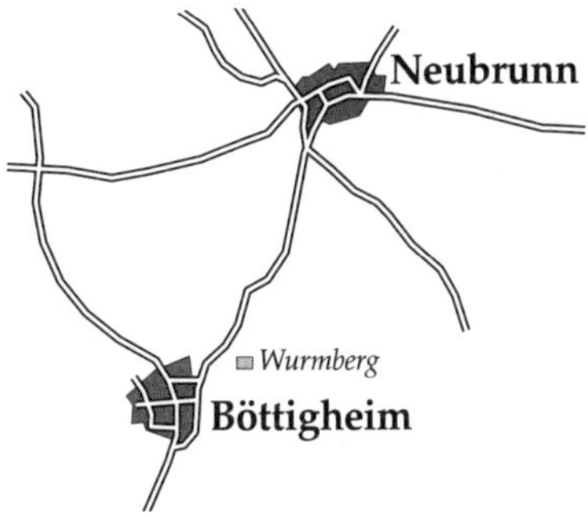

Böttigheim (Ortsteil von Neubrunn)

Fast in der Mitte eines Dreiecks zwischen Kreuzwertheim (Wertheim) im Westen, Würzburg im Osten und Tauberbischofsheim im Süden liegt Böttigheim, ein Ortsteil von Neubrunn an der bayerisch-baden-württembergischen Grenze. Es ist ein kleiner Weinbauort – ganz kurz vor der Tauber mit vielfältigen Beziehungen auch zu den badischen Tauberweinen.
Der Weinbau, seit alters her gepflegt, ging um die Jahrhundertwende stark zurück. Erst 1959 legte ein Gastwirt hier wieder Weinberge an.

■ Böttigheimer Wurmberg

Der gewundene oder huckelige (narbige) Berg ist mit diesem Namen gemeint.

□ 1 ha

[↑] Südost

[/] 15 %

[∵] Müller-Thurgau

[B] Muschelkalk

[C] kräftig duftend, ausgeprägte Art, kernig

[L] großlagenfrei

▲ Weinbezogene Gastronomie und Übernachtungsmöglichkeit

[G] *Restaurant-Hotel Berghof,*

[**] *Neubrunner Weg 15, Böttigheim, 97277 Neubrunn*

[☎] *0 93 49 / 12 48*

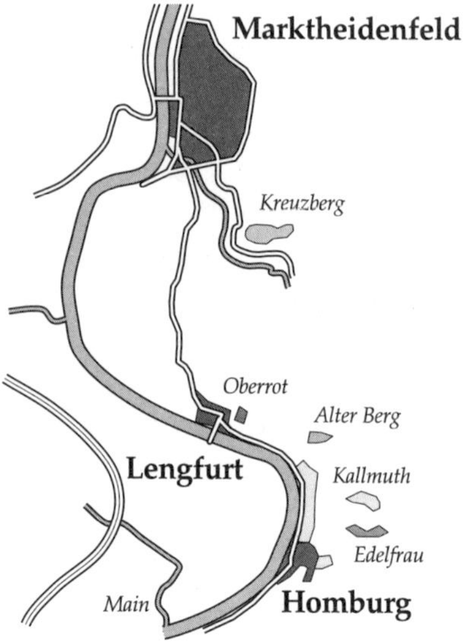

Homburg am Main

Homburg, von einigen die Perle am Untermain genannt, kann auf eine über 1200 Jahre lange, wechselvolle Geschichte zurückblicken. Bereits der erste Würzburger Bischof, der hl. Burkard, ließ von seinen Mönchen auf dem Homburger Kallmuth schon Reben pflanzen. 1332 wurden Homburg die Stadtrechte verliehen. Heute hat der Homburger Wein, den schon Goethe als »flüssiges Gold von Kallmuth« bezeichnete, eine besondere Stellung unter den Frankenweinen.

Sehenswert in Homburg: die von Fürstbischof Julius Echter erbaute Zehntscheuer, in der sich heute ein Probierkeller der Winzergenossenschaft befindet; das Schloß über einer Tropfsteinhöhle neben vielen alten Winzerhäusern aus dem 16. Jahrhundert, die zur Zeit restauriert werden

Weinbergwanderungen im Mai und im Juni

■ Homburger Kallmuth

Urkundlich wurde der Kallmuth 1102 zum erstenmal erwähnt. Calemunt, die lateinischen Ableitungen sind:

»calvus mons« oder »calidus mons« (kahler bzw. heißer Berg).

☐ 50 ha

⃞↑ Südwest

⃞/ 35–70 %

⃞∵ Silvaner, Müller-Thurgau, Rieslaner, Bacchus

[B] Muschelkalk und Buntsandstein (in Schichten überlagernd)

[C] Müller-Thurgau: duftig, kernig, ausdrucksvoll
Silvaner: intensive Farbe, unverwechselbares, kräftiges Bukett, markanter, stoffiger, nachhaltiger Körper
Rieslaner: sehr fruchtig, pikant, stoffig

[L] großlagenfrei

■ Homburger Edelfrau

Die Lage erinnert an die Ritterzeit, als bis zu 20 Burgmänner und Edelfrauen mit ihren Familien die Burg Homburg als Vasallen und Amtsleute der Würzburger Fürstbischöfe bewohnten.

☐ 60 ha

⃞↑ Süd – Südwest

⃞/ 50–60 %

⃞∵ Silvaner, Müller-Thurgau, Riesling, Spätburgunder

[B] Muschelkalk

[C] Müller-Thurgau: duftig, kernig, ausdrucksvoll
Silvaner: artiges Bukett, markig, ausdrucksvoll

[L] großlagenfrei

● Weinerzeuger

Weingut Hartwig Martin, Gartenstraße 4,
Homburg, 97855 Triefenstein ☎ *0 93 95 / 10 25*
☐ *6 ha* [W] *50 Junger, moderner Familienbetrieb, meist trocken ausgebaute Weine; Besonderes: Heckenwirtschaft*

»Weinkrug« Fam. Huller, Maintalstraße 19,
Homburg, 97855 Triefenstein ☎ *0 93 95 / 10 29*
☐ *1 ha* [W] *35 Weinprobe, Weinstube*

Weinverkauf für Weingut Deppisch, Marktheidenfeld, Erista Zöller, Hofgasse 1, Homburg, 97855 Triefenstein ☎ *0 93 95 / 5 90*

GWF – Weinverkaufsstelle Homburg
Fam. Dornbusch, Gartenstraße 2, Homburg, 97855 Triefenstein
[☎] *0 93 95 / 10 92*
[W] *100*

▲ Weinbezogene Gastronomie und Übernachtungsmöglichkeiten

[G] [**] *Weinhaus »Zum Ritter«, Rittergasse 2, Homburg, 97855 Triefenstein* [☎] *0 93 95 / 15 06*

[G] [**] *Güldenes Rößlein, Burkardusplatz 1, Homburg, 97855 Triefenstein* [☎] *0 93 95 / 2 05*

[G] *Gasthaus »Krone«, Maintalstraße 12, Homburg, 97855 Triefenstein* [☎] *0 93 95 / 2 21*

Lengfurt

Lengfurt ist am linken Mainufer einer Mainschleife zwischen Homburg und Marktheidenfeld gelegen. Seine Geschichte reicht bis in die Karolingerzeit zurück, aus der auch (777, Karl der Große) die älteste Erwähnung des fränkischen Weinbaus stammt.
Den Weinbau brachten die Chorherren des Stiftes Triefenstein in früher Zeit nach Lengfurt. Sehenswert ist die Dreifaltigkeitssäule des Würzburger Bildhauers Jakob von der Auvera auf dem Marktplatz, die 1962 restauriert wurde.

■ Lengfurter Alter Berg

In Franken häufige Unterscheidung zwischen alten und neuen Weinberglagen.

[□] 2 ha
[↑] Südwest
[/] 30 %
[∵] Silvaner
[B] Muschelkalk
[C] artiges Bukett, markant, voll
[L] großlagenfrei

■ Lengfurter Oberrot

Der Lagenname Oberrot wird von »Roth« = Rodung oberhalb älterer Anlagen hergeleitet.

□ 2,35 ha

[↑] Südost

[/] 30 %

[∵] Spätburgunder, Silvaner

[B] Muschelkalk

[C] gute Farbe, artiges Bukett, stoffig, fränkischer Spitzenrotwein

[L] großlagenfrei

● Weinerzeuger

Weinbau – Weinhandlung Franz Frank,
Julius-Leber-Straße 3, Lengfurt, 97855 Triefenstein
[☎] *0 93 95 / 2 66*
□ *0,75 ha* [W] *40 Eigenbauwein und Weinzukauf;*
Weinlokal »Küferstube«, Do. bis So. geöffnet

Marktheidenfeld

Marktheidenfeld, das auch das Tor zum Spessart genannt wird, erwarb sich im Mittelalter durch den Weinhandel und die Schiffahrt einen guten Namen. Das historische Stadtbild und der kleinstädtische Charakter der Stadt lassen noch an diese Blütezeit erinnern. In Marktheidenfeld ist eine große Versuchsanlage der Landesanstalt für Wein- und Gartenbau in Veitshöchheim.

Sehenswert: hübsche alte Schiffer- und Fischerhäuser am Main, historisches Fischerstechen

■ Marktheidenfelder Kreuzberg

Kreuzberg heißt diese Lage nach einem alten Flurkreuz.

□ 14 ha

[↑] Süd

[/] 30 %

[::] Müller-Thurgau, Neuzüchtungen
[B] Muschelkalk, lehmiger Ton
[C] duftig, kernig, ausgeprägt
[L] großlagenfrei

● Weinerzeuger

Weingut – Privatkellerei Josef Deppisch, Inh. Theo Deppisch, Obertorstraße 6, 97828 Marktheidenfeld
[☎] 0 93 91 / 21 21
[ ] 25 ha [W] 50 Qualitäts- und traditionsbewußter Betrieb, 400 Jahre alter Holzfaßkeller

▲ Weinbezogene Gastronomie und Übernachtungsmöglichkeiten

[G] [***] *Weinhaus Anker und Hotel, Obertorstraße 13, 97828 Marktheidenfeld*
[☎] 0 93 91 / 40 41

[G] [**] *Baumhof-Tenne, Baumhofstraße 147, 97828 Marktheidenfeld*
[☎] 0 93 91 / 35 49

[G] [**] *Gasthaus »Zum Löwen«, Marktplatz 3, 97828 Marktheidenfeld*
[☎] 0 93 91 / 15 71

[G] [**] *Zur Schönen Aussicht, Brückenstraße 8, 97828, Marktheidenfeld*
[☎] 0 93 91 / 34 55

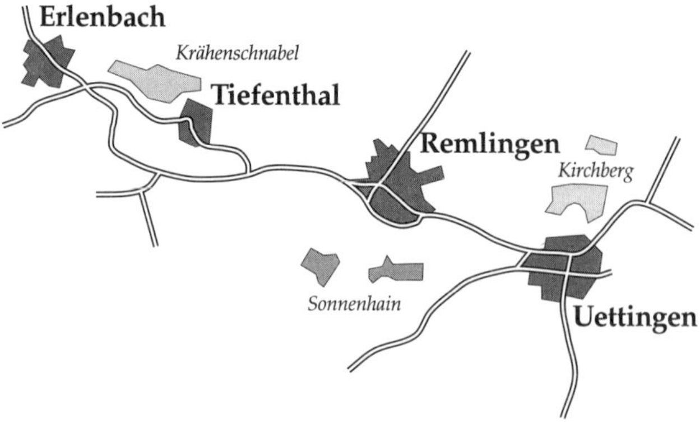

Erlenbach bei Marktheidenfeld (mit Ortsteil Tiefenthal)

Erlenbach bei Marktheidenfeld liegt in einem Seitental des Mains. Von weitem ist der hoch in den Himmel ragende, spitze Turm der Kirche, der sogenannte Juliusturm, zu erkennen.

Urkundlich wurde Erlenbach 815 erstmals erwähnt. In der Winzergemeinde wurden, als erster Gemeinde in Franken, die Weinbergfluren bereinigt. Diese dauerte 20 Jahre, von 1954 bis 1974. Als Dank für das gute Gelingen wurde die Skulptur des hl. Urban in den Weinbergen aufgestellt.

Weinfest: Anfang Juli

■ Erlenbacher Krähenschnabel

Die ursprüngliche Lage hatte die Form eines Krähenschnabels.

34 ha

Südsüdwest

30 %

Müller-Thurgau, Silvaner, Bacchus

Muschelkalk

kräftig, erdig, vollmundig

großlagenfrei

● Weinerzeuger

Weinhaus Lothar Wirsching, Ketteltorstraße 3, 97837 Erlenbach
09391 / 6192
6 ha W 60 Neuer Selbstmarkterbetrieb mit Heckenwirtschaft, die im Frühjahr und Herbst geöffnet ist

Weinbau Neubauer, Brückentor 28, 97837 Erlenbach
09391 / 2130
Heckenwirtschaft

GWF-Weinverkaufsstellen Erlenbach,
Fam. Flohr, Untertorstraße 15, 97837 Erlenbach
09391 / 3609

Remlingen

Die Gemeinde Remlingen, südöstlich des Spessarts am Mittelmain gelegen, mit langer Tradition im Weinanbau, beansprucht für sich, einen der ältesten Weinberge gehabt zu haben. Sie beruft sich dabei auf eine Eintragung in einer Übergabeurkunde aus dem Jahr 775.
Der ehemalige Königshof von Remlingen ging im 9. Jahrhundert an die Abtei Fulda, wurde als Zehnt genutzt und ging dann an die Wertheimer. Nach dem Aussterben des Geschlechts im 16. Jahrhundert wurde der Besitz zwischen den Grafen von Löwenstein und Castell aufgeteilt.

■ Remlinger Sonnenhain

Der Lagenname entstand aus der früheren Lagenbezeichnung »Am Hain«.

□ 4 ha

[↑] Süd

[/] 27 %

[∵] Müller-Thurgau, Bacchus

[B] Muschelkalk

[C] kernig, fest

[L] großlagenfrei

● Weinerzeuger

Weinbau Georg Bauer, Marktheidenfelder Straße, 97280 Remlingen
[☎] 0 93 69 / 88 15
□ 3 ha [W] 35 Heckenwirtschaft

▲ Weinbezogene Gastronomie und Übernachtungsmöglichkeit

[G] *Zum Goldenen Löwen, Marktplatz 8, 97280 Remlingen*
[*] *[☎] 0 93 69 / 4 81*

Uettingen

Uettingen liegt südöstlich von Remlingen an der Bocksbeutelstraße auf Würzburg zu. Ganz in der Nähe liegt das im 8. Jahrhundert gegründete Benediktiner-

kloster Holzkirchen, dessen Mönche vor 1000 Jahren in Uettingen die ersten Reben gepflanzt haben.
Bei Uettingen standen sich im deutsch-deutschen Bruderkrieg 1866 preußische und bayerische Truppen gegenüber. Mehrere Denkmäler im Ort erinnern daran.

■ Uettinger Kirchberg

Kirchberg ist ein alter Lagenname, der mit der Wiederbepflanzung der aufgelassenen Weinberge wieder eingeführt wurde.

- □ 17 ha
- [↑] Süd
- [/] 30 %
- [∵] Müller-Thurgau, Bacchus, Kerner
- [B] Muschelkalk, Lehm
- [C] gutes Bukett, kernig, pikante Säure
- [L] großlagenfrei

● Weinerzeuger

Weingut Hermann Baumann, Remlinger Straße 23, 97292 Uettingen
[☎] *0 93 69 / 87 39*
□ *4 ha* [W] *40* *Junger Selbstmarkterbetrieb, Heckenwirtschaft*

▲ Weinbezogene Gastronomie und Übernachtungsmöglichkeiten

[G] [**] *Fränkischer Landgasthof,*
Würzburger Straße 8, 97292 Uettingen
[☎] *0 93 69 / 82 89*

[G] [*] *Zur Alten Brauerei, Kirchplatz 2, 97292 Uettingen*
[☎] *0 93 69 / 82 21*

Im Maindreieck
an der Fränkischen Saale und im Werntal

Vom Spessart zur Fränkischen Saale

Im Land der Kelten und Römer, links und rechts des Maines, von Marktheidenfeld bis hinauf nach Lorch, wo uns ein Museum tiefe Einblicke in die Geschichte des Spessarts vermitteln kann. Fahren wir ab Marktheidenfeld links des Maines, damit wir den Zauber des Spessarts, des größten geschlossenen Laubwaldgebietes Deutschlands, mit seinen unendlich scheinenden Ausmaßen, nur zuweilen von sanften Tälern unterbrochen, auch richtig genießen können.
Auf den Spuren des Weines erreichen wir von Lohr aus *Gemünden* mit der Lage Scherenberg und *Gemünden-Adelsberg* mit der Lage Adelsberg. Hier vereinigt sich die Fränkische Saale mit dem Main: Gemünden ist damit das Eingangstor zum Weinbaugebiet Fränkische Saale, das wir in *Hammelburg* mit Ortsteil *Saaleck* endgültig erreicht haben.
Von Hammelburg aus flußabwärts in nordwestlicher Richtung am rechten Saaleufer entlang nach *Fuchsstadt, Westheim* über *Feuerthal* nach *Euerdorf:* im Norden der Blick auf die hellen Muschelkalkfelsen mit einem »Alpengarten« inklusive alpiner Flora, im Süden die mächtige Ruine Trimburg, der wir noch näher kommen werden. Von Euerdorf über *Wirmsthal* (Euerdorf) und *Ramsthal,* die beiden östlichsten Weinorte im Saaletal, nach *Sulzthal.* Und dann weiter auf dem nunmehr linken Saaleufer durch *Engenthal* (Elfershausen), *Trimberg* (Elfershausen) nach *Machtilshausen* (Elfershausen).
Seit Engenthal befinden wir uns bereits auf der Bocksbeutelstraße, auf der wir hinter Hammelburg in südlicher Richtung nach *Gössenheim* fahren können. Dort erwartet uns im Tal der Wern ein weiteres Weinbaugebiet Mainfrankens.

Gemünden mit Adelsberg

Überragt von der Ruine Scherenberg liegt Gemünden-Adelsberg an der Mündung von Fränkischer Saale und Sinn in den Main. Die Gemeinde Adelsberg wurde 1008 erstmals urkundlich erwähnt. Die Burgruine Adolphsbühl weist auf eine frühe Besiedlung hin. Der Weinbau hat seit Jahrhunderten in Adelsberg Tradition.

Sehenswert: Burgruine Scherenberg, das Huttenschlößchen jenseits der Saale aus dem 18. Jahrhundert und die katholische Pfarrkirche aus dem 15. Jahrhundert

Weinfest: im Oktober

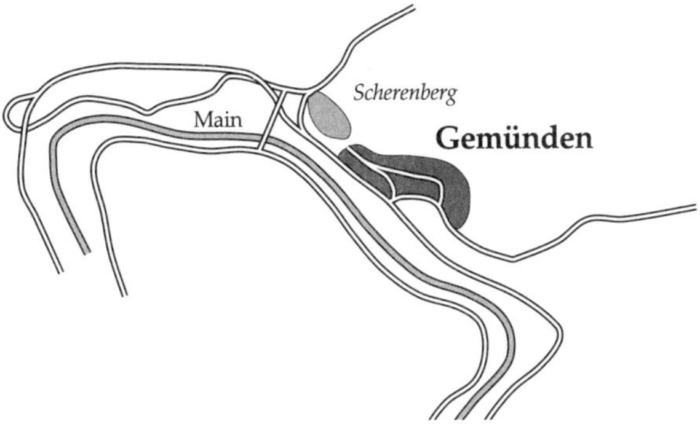

■ Gemündener Scherenberg

Lagebezeichnung erinnert an Fürstbischof Rudolf von Scherenberg (1466–1499), er gilt als Erneuerer des Fürstbistums Würzburg.

- □ 0,25 ha
- ↑ Süd
- / 35 %
- ∵ Müller-Thurgau
- B roter Sandstein
- C kräftig, blumig
- L großlagenfrei

■ Adelsberger Wernleite

Unterhalb der Weinberge fließt im Tal die Wern.

□ 1 ha

[↑] Süd

[/] 30 %

[∵] Müller-Thurgau

[B] sandiger Lehm, roter Sandstein

[C] fruchtig, blumig

[L] großlagenfrei

● Weinerzeuger

Weinbau Winfried Kitzinger,
Auf der Heide 3, Adelsberg, 97737 Gemünden
☎ 09351 / 1793
□ 0,5 ha Im Nebenerwerb, Heckenwirtschaft

▲ Weinbezogene Gastronomie und Übernachtungsmöglichkeit

[G] *Landgasthof Michler,*
Adolphsbühl 86, Adelsberg, 97737 Gemünden
☎ 09351 / 1242

[G] [**] *Fränkischer Gasthof – Hotel Zum Koppen,*
Obertorstraße 22, 97737 Gemünden
☎ 09351 / 3312

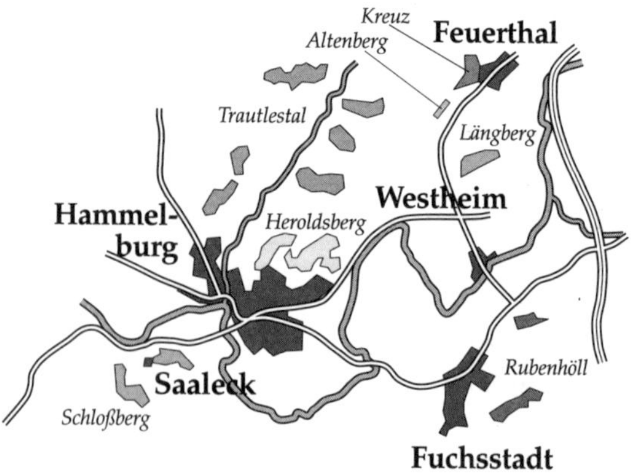

Hammelburg mit Ortsteil Saaleck – ältester fränkischer Weinbauort

Hammelburg, im Tal der Fränkischen Saale gelegen, wurde urkundlich erstmals 716 – und was den Weinbau betrifft – 777 erwähnt. Es ist damit der älteste – noch von Karl dem Großen – beurkundete Weinbauort Frankens. Die Schenkungsurkunde über Hammelburger Wein an das Kloster Fulda ist zugleich die erste schriftliche Bestätigung Karls des Großen über Weinbau in Bayern.

Die Stadtrechte erhielt Hammelburg 1303. Im 12. Jahrhundert ließen die Fürstäbte von Fulda inmitten Hammelburgs das »Rote Schloß«, Schloß Saaleck, als ihre Sommerresidenz errichten.

Sehenswert die drei Wehrtürme der alten Stadtmauer; im Kloster Altstadt eine wertvolle Bibliothek der Franziskaner

Weinfest: 1. September-Wochenende

■ Saalecker Schloßberg

Schloßberg heißt die Lage nach dem Schloß (Burg) der Fürstäbte, seit 1752 Fürstbischöfe von Fulda, auf einem Bergsporn über dem Saaletal.

□ 15 ha

[↑] Südwest

[/] 20–30 %

[∵] Müller-Thurgau, Silvaner

[B] Muschelkalk

[C] duftig, kernig, ausgeprägt

[L] Hammelburger Burg

■ Hammelburger Heroldsberg

Diese Lage ist nach einer Familie Herold benannt, die im hohen Mittelalter hier Besitz hatte.

□ 15 ha

[↑] Ost – West – Süd

[/] 25–40 %

[∵] Müller-Thurgau, Silvaner

[B] Muschelkalk

[C] Müller-Thurgau: duftig, kernig, ausgeprägt
Silvaner: artiges Bukett, markig, voll

[L] Hammelburger Burg

■ Hammelburger Trautlestal

Trautlestal wurde zumeist mit »traut, liebenswert, treu« in Zusammenhang gebracht, dürfte aber wie bei Trautberg (s. Castell) aus Traubental hergeleitet worden sein.

[ ] 15 ha

[↑] Süd – Südwest

[/] 15–30 ha

[∵] Müller-Thurgau, Perle

[B] Muschelkalk

[C] Müller-Thurgau: duftig, kernig, ausgeprägt
Perle: blumig, mild, vollmundig

[L] Hammelburger Burg

■ Großlage Hammelburger Burg	ca. 90 ha
Saalecker Schloßberg	15
Hammelburger Heroldsberg	15
Hammelburger Trautlestal	15
Feuerthaler Kreuz	5
Ramsthaler St. Klausen	35
Wirmsthaler Scheinberg	8

● Weinerzeuger

Städtische Weinkellerei Schloß Saaleck,
Marktplatz 1, 97762 Hammelburg
☎ 09732/80228
[ ] 25 ha [W] 10 Weinproben im historischen Rathauskeller nach Absprache; der Wein wird in Edelstahlfässern ausgebaut, moderne Kellerwirtschaft

Winzergenossenschaft Hammelburg,
Kirchgasse 6, 97762 Hammelburg
☎ 09732/3570
[ ] 23 ha [W] 40 Die Weine werden hauptsächlich trocken ausgebaut; die Winzergenossenschaft wurde 1904 gegründet; ein sehenswerter alter Keller mit vielen Holzfässern

Weinbau Thomas Müller, Winzergasse 6, 97762 Hammelburg
☎ *0 97 32 / 38 16*

Weinbau Josef Eilingsfeld,
Kissinger Straße 31, 97762 Hammelburg
☎ *0 97 32 / 50 63*

Weinbau Christiane Ruppert,
Obere Stadtmauer 12, 97762 Hammelburg
☎ *0 97 32 / 41 23*

▲ Weinbezogene Gastronomie und Übernachtungsmöglichkeit

G *Hotel-Restaurant Schloß Saaleck,*
⁂ *Saaleckstraße 1, 97762 Hammelburg*
☎ *0 97 32 / 20 20*

Fuchsstadt

In Zusammenhang mit Stift Fulda wurde Fuchsstadt bereits im 10. Jahrhundert erstmals erwähnt. 1282 wurde hier der Frieden zwischen dem Hochstift Würzburg und der Abtei Fulda geschlossen. Die katholische Pfarrkirche geht in ihrem Turmuntergeschoß bis auf das 13. Jahrhundert zurück. Langhaus und Chor wurden 1766 nach Plänen des Neumannschülers J. M. Fischer erbaut.
Der Weinbau in Fuchsstadt ist so alt wie die Gemeinde.

■ Fuchsstädter Rubenhöll

Alter Flurname, wahrscheinlich der Name einer Familie mit größeren Besitzungen.

□ 2,5 ha

↑ Südost

/ 30–40 %

∵ Müller-Thurgau, Bacchus

B Muschelkalk

C erdig, fruchtsäurebetont

L Hammelburger Burg

● **Weinerzeuger**
Weine werden vermarktet durch
Weinbau Thomas Müller, Hammelburg (siehe Hammelburg)

▲ **Weinbezogene Gastronomie**
[G] *Gasthaus Vollmuth-Köhler, 97727 Fuchsstadt*
☎ 09732/2629

Westheim

Nur wenige Kilometer östlich von Hammelburg, direkt an der Saale, liegt diese kleine Gemeinde. Da Westheim früher im Besitz des Klosters von Fulda war, wurde der Weinanbau von seiten des Klosters sehr groß angelegt.

■ **Westheimer Längberg**
Name von der Form des Hanges abgeleitet; auch schon früher eine alte Flurbezeichnung.
□ 3,5 ha
[↑] Süd
[/] 35 %
[∵] Müller-Thurgau, Bacchus
[B] Muschelkalk
[C] erdig, pikant
[L] Hammelburger Burg

■ **Westheimer Altenberg**
Alte Flurbezeichnung und Katastername.
□ 0,5 ha
[↑] Südost
[/] 40–50 %
[∵] Müller-Thurgau, Domina
[B] Muschelkalk
[C] kernig, rassig
[L] Hammelburger Burg

▲ Weinbezogene Gastronomie

G *Gasthaus Zum Storchen, Westheimer Straße 11, Westheim, 97762 Hammelburg* ☎ *09732/2860*

G *Gasthaus Streit, Petergasse 1, Westheim, 97762 Hammelburg* ☎ *09732/2494*

G *Gasthaus Westheimer Mühle, Langendorf, Westheim, 97762 Hammelburg* ☎ *09732/4710*

Feuerthal

Sechs Kilometer nördlich von Hammelburg entfernt liegt der kleine Ort Feuerthal in einem Seitental der Fränkischen Saale. Auch hier verfügt der Weinbau über eine jahrhundertealte Geschichte. Auffällig ist mitten in den Weinbergen ein 2,7 m hohes Denkmal, das »Feuerthaler Kreuz«. Dieses monumentale Flurdenkmal wurde 1975 nach Abschluß der Rebflurbereinigung aufgestellt.
Weinfest: 1. Wochenende im September

■ Feuerthaler Kreuz

Lagenname nach einem alten Flurkreuz, auch in Anlehnung an das Kreuz im Wappen des Fürstbistums Fulda, zu dem das Amt Hammelburg bis 1803 gehörte.

□ 5 ha

↑ Südost

/ 30–35 %

⁙ Müller-Thurgau

B Muschelkalk

C duftig, kernig, ausgeprägt

L Hammelburger Burg

● Weinerzeuger

Weinbau Eduard Schumm,
Feuerthaler Straße 28, Feuerthal, 97762 Hammelburg
☎ *09732/1045*
□ *0,5 ha Weinbau im Nebenerwerb*

Weinbau Erich Beck, Feuerthaler Straße 8, 97762 Hammelburg
☎ *0 97 32 / 48 29*
☐ *0,4 ha Weinbau im Nebenerwerb*

▲ Weinbezogene Gastronomie und Übernachtungsmöglichkeit

G *Gasthof Schultheis,*
* *Zum Riedbrunnen 30, Feuerthal, 97762 Hammelburg*
☎ *0 97 32 / 23 05*

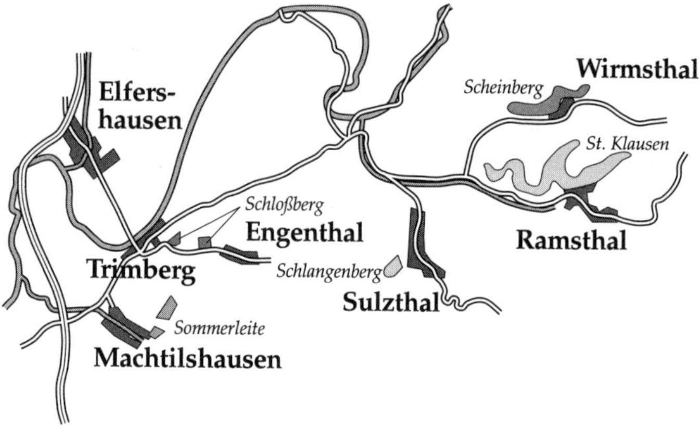

Wirmsthal (Ortsteil von Euerdorf)
In einem Seitental der Fränkischen Saale unweit von Kissingen liegt Wirmsthal. Wirmsthal trägt im Ortswappen einen Rebstock. Tatsächlich war der Weinbau über Jahrhunderte für den Ort bestimmend. Auch in Wirmsthal – wie in anderen Saaletal-Winzerorten – war das Kloster Aura der größte Förderer des Weinbaus im Mittelalter.

■ Wirmsthaler Scheinberg

Der Scheinberg bedeutet die größere freie Fläche, wie sie bei Kultivierung für Reben freigelegt wird.

☐ 8 ha
↑ Süd
⁄ 30–40 %

- Silvaner, Müller-Thurgau
- B Muschelkalk
- C artiges Bukett, kernig, ausgeprägt
- L Hammelburger Burg

● **Weinerzeuger**

Weine werden vermarktet durch
Winzergenossenschaft Hammelburg (siehe Hammelburg),
Weingut der Stadt Hammelburg

▲ **Weinbezogene Gastronomie**

G *Gasthaus Zum Hirschen,*
Hauptstraße 11, Wirmsthal, 97717 Euerdorf
☎ *0 97 04 / 55 16*

Ramsthal

Ramsthal liegt 6 km südwestlich der Kurstadt Bad Kissingen in einem Seitental der Fränkischen Saale. Die Hügel der Vorrhön reichen an das Dorf heran. Die waldbekrönten Höhen sind teilweise an den Südhängen mit Weinreben bestockt. Ramsthal war seit jeher als Winzerort bekannt. Erstmals wird der Weinbau in Zusammenhang mit dem Kloster Aura im Jahr 1122 erwähnt. In der katholischen Pfarrkirche sind die Kreuzigungsgruppe an der Altarwand und die Madonna des Seitenaltars gute Riemenschneiderkopien.

■ **Ramsthaler St. Klausen**

Nach dem Patron St. Nikolaus; die Parzelle war früher zum Unterhalt der Pfarrkirche bestimmt.

- □ 35 ha
- ↑ Südost – Süd – Südwest
- / 30–45 %
- Silvaner, Müller-Thurgau
- B Muschelkalk
- C artiges Bukett, kernig, ausgeprägt
- L Hammelburger Burg

● Weinerzeuger

Weingut Adolf Keller, Hauptstraße 6, 97729 Ramsthal
☎ *0 97 04 / 18 51*
☐ *6 ha* [W] *50 Familienbetrieb, typische Saaletalweine, Rotwein*

Weinbau Ewald Neder, Am Siegberg 15, 97729 Ramsthal
☎ *0 97 04 / 12 54*
☐ *4 ha* [W] *30 Jüngerer Selbstmarkterbetrieb, vorzugsweise trockene Weine, prämierte Weine*

Weinbau K.-H. Baldauf, Hauptstraße 42, 97729 Ramsthal
☎ *0 97 04 / 15 95*
☐ *3,5 ha* [W] *40 Familienbetrieb mit Heckenwirtschaft*

Weinbau Elmar Grau, Hauptstraße 43 ☎ *0 97 04 / 4 60*

Weinbau Edgar Fuchs, Hauptstraße 8 ☎ *0 97 04 / 13 87*

▲ Weinbezogene Gastronomie und Übernachtungsmöglichkeit

[G] *Gasthaus Zur Krone, Hauptstraße 28, 97729 Ramsthal*
[*] ☎ *0 97 04 / 15 50*

Sulzthal

Sulzthal liegt in einem romantischen Seitental der Saale. Urkundlich wird Sulzthal in Zusammenhang mit dem Kloster Theres im späten 11. Jahrhundert genannt. Auch Sulzthal wurde, wie die anderen »thal«-Gemeinden an der Saale, durch seinen Weinbau berühmt.

Sehenswert ist die Kreuzkapelle (1711) auf einer Höhe zwei Kilometer südöstlich des Ortes; nach der Volkssage soll hier der hl. Kilian an einer Quelle gerastet haben; seit den 50er Jahren treffen sich hier alljährlich im Mai die Reiter zum Feldgottesdienst und zur Pferdesegnung

■ Sulzthaler Schlangenberg

Benannt nach einem Weg, Schlangenweg, der vom Dorf zu den Weinbergen führte.

☐ 2 ha

- Süd
- 30–40 %
- Müller-Thurgau
- B Muschelkalk
- C kernig, rassig
- L Hammelburger Burg

▲ Weinbezogene Gastronomie und Übernachtungsmöglichkeit

G *Gasthaus Zum Hirschen, 97717 Sulzthal*
09704/1341

G *Gasthaus Schmidt, Hauptstraße 8, 97717 Sulzthal*
09704/1821

Engenthal (Ortsteil von Elfershausen)
Kleine Winzergemeinde, am südlichen Fuß des Trimbergs gelegen. Auch Engenthal kann auf eine jahrhundertealte Weinbautradition hinweisen. Im 17. Jahrhundert mußten die Engenthaler Grundweinzoll an die Fürstbischöfe von Würzburg zahlen, deren Untertanen sie waren. Noch im 19. Jahrhundert waren knapp 20 ha Weinberge vorhanden. Heute verfügt Engenthal nur noch über wenige Parzellen.

■ Engenthaler Schloßberg

Weinberge sind auch unterhalb der Trimburg, im Anschluß an den Trimburger Schloßberg. Daher der Lagenname.

- 3 ha
- Südwest
- 45 %
- Silvaner, Müller-Thurgau
- B Muschelkalk
- C fruchtig, artig
- L Hammelburger Burg

▲ Weinbezogene Gastronomie

G *Gasthaus Zur Linde, Hs.-Nr. 36,*
Engenthal, 97725 Elfershausen ☎ *09704/331*

Trimberg (Ortsteil von Elfershausen)

Dieses kleine romantische Dörfchen im Saaletal schmiegt sich acht Kilometer nordöstlich von Hammelburg an den Hang eines Berges. Auf steiler Bergzunge überragt weithin sichtbar die stattliche Ruine Trimberg das Tal. Sie ist schon im 11. Jahrhundert als Stammsitz des gleichnamigen Rittergeschlechts nachweisbar. Später gehörte sie den Würzburger Fürstbischöfen und war Sitz bischöflicher Amtmänner. Heute ist nur noch eine Ruine erhalten.

Vom Weinbau in Trimberg wird schon im frühen 14. Jahrhundert berichtet.

■ Trimberger Schloßberg

Die Weinberge sind unterhalb des ehemaligen Schlosses gelegen.

□ 2 ha

↑ Süd

/ 40 %

∵ Silvaner, Bacchus

B Muschelkalk

C erdig, kräftig

L Hammelburger Burg

● Weinerzeuger

Weinbau Rudi Webert, Hugo-v.-Trimberg-Straße 7,
Trimberg, 97725 Elfershausen ☎ *09704/5294*
□ *1 ha Seit 15 Jahren Selbstvermarktung, gepflegte Weine*

▲ Weinbezogene Gastronomie
und Übernachtungsmöglichkeiten

G *Gasthaus Zum Strauß, Bergstraße 1,*
* *Trimberg, 97725 Elfershausen* ☎ *09704/1725*

[G] *Gästehaus Ullrich Hotel,*
[*] *August-Ullrich-Straße 42, 97725 Elfershausen*
[☎] *09704/281*

Machtilshausen (Ortsteil von Elfershausen)
Machtilshausen, ein ehemals großer und beliebter Weinbauort, liegt etwas erhöht über der Saale in einem Seitental. An steilen Südwesthängen weisen nur noch ein paar Weinberge auf die einstmals großen Weinberg-Lagen vergangener Zeiten. Heute ist der Weinbau eher unbedeutend.
Die verbliebenen Weinberge stehen seit 1983 unter Denkmalschutz.

■ Machtilshäuser Sommerleite
Aufgrund der geographischen Lage eigenständige südländische Flora.

□ 3 ha
[↑] Südwest
[/] 30–40 %
[∴] Silvaner, Bacchus
[B] Muschelkalk
[C] fruchtig, pikant
[L] Hammelburger Burg

● Weinerzeuger
Weinbau Herbert Schmelz,
Wasserloser Straße 5, Machtilshausen, 97725 Elfershausen
[☎] *09704/5286*
□ *0,5 ha Im Nebenerwerb, typische Saaletal-Weine*

▲ Weinbezogene Gastronomie
[G] *Gasthaus zur Traube,*
Kapellenstraße 34, Machtilshausen, 97725 Elfershausen
[☎] *09704/316*

Weinorte im Tal der Wern

Unweit westlich von Gössenheim, zwischen Wernfeld und Gemünden-Adelsberg, vereinigt sich das Flüßchen Wern mit dem Main. Anmutig schmiegt sich Gössenheim mit seiner Lage Homburg etwa 8 Kilometer südöstlich von Gemünden ins Tal der Wern. Südwestlich von Gössenheim begegnen wir Gambach auf der Hochebene zwischen Main und Wern, südöstlich davon, wieder angelehnt an den Lauf der Wern, dem Weinort Eußenheim. Karlstadt (die drittgrößte Stadt Unterfrankens) ist die Metropole dieses rechtsmainischen Weingebietes mit der Wern und ihren Nebenflüssen. Was Karlstadt für den Westen des Werntals ist, bedeutet wiederum Arnstein, ehemals Sitz der Edlen von Hutten, für seinen Osten. Von Gambach bis Arnstein durch das Werntal besuchen wir die Weinorte also in folgender Reihenfolge: *Gössenheim, Gambach* (Karlstadt), *Eußenheim, Karlstadt, Wiesenfeld* (Karlstadt), *Stetten* (Karlstadt), *Halsheim* (Arnstein), *Müdesheim* (Arnstein), *Reuchelheim* (Arnstein), *Heugrumbach* (Arnstein) und schließlich die Metropole des östlichen Werntals, das um 839 erstmals urkundlich erwähnte *Arnstein.*

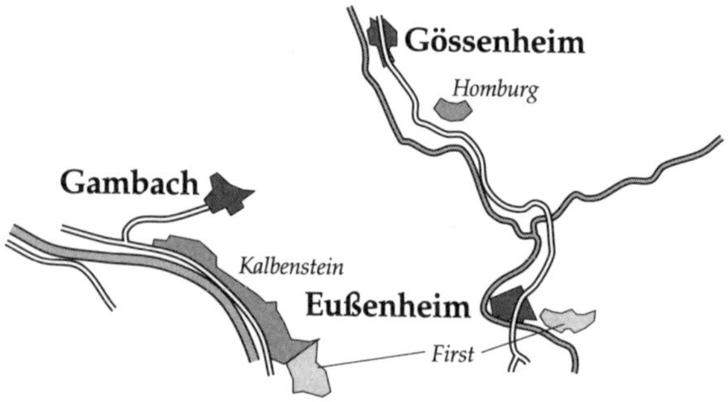

Gössenheim

Anmutig im Werntal liegt Gössenheim acht Kilometer südöstlich von Gemünden. 788 wird dieser Ort erstmals genannt.
Die »Homburg«, eine der imposantesten Burgruinen Frankens, liegt ein paar Kilometer nordöstlich von Gössenheim. Sie wurde von den Herren von Hohenberg im 11. Jahrhundert erbaut.
Großräumige und wuchtige Weinkeller sind heute noch zu bewundern und zeugen gleichzeitig von der jahrhundertealten Weinbaugeschichte Gössenheims.

■ Gössenheimer Homburg

Die Lage wurde nach der über dem Ort gelegenen Burgruine »Homburg« benannt.

☐ 18 ha
[↑] Süd
[/] 25–45 %
[∵] Müller-Thurgau
[B] Muschelkalk
[C] kräftig
[L] Karlstädter Roßtal

● Weinerzeuger

Weinbau Kurt Feser, Ringstraße 17, 97780 Gössenheim
[☎] 0 93 58 / 4 22
☐ 1,2 ha Weinbau und -verkauf seit 30 Jahren, Nebenerwerb

Weinbau Gebr. Hack, Hauptstraße 38, 97780 Gössenheim
[☎] 0 93 58 / 5 73
☐ 1 ha Weinbau im Nebenerwerb, Landwirtschaft

Weingut Bürgerspital zum hl. Geist, Würzburg (siehe Würzburg)

Gambach (Ortsteil von Karlstadt)

Ganz in der Nähe von Gössenheim, nicht weit von Karlstadt, liegt Gambach auf einer Anhöhe, zu der von einem Tal aus die Rebenhänge hinaufführen.

Sehenswert die katholische Pfarrkirche aus der Mitte des 18. Jahrhunderts mit beeindruckenden Bildtafeln eines unbekannten niederländischen Meisters sowie der Friedhof mit einem Kreuzweg aus 14 gußeisernen Platten

■ Gambacher Kalbenstein

Der Lagenname stammt von Stein = Fels; Kalb ist entweder eine »grüne« = junge Anlage oder ein Gestein, das sich leicht löst.

□ 20 ha

[↑] Südwest

[/] 20–60 %

[∵] Silvaner, Müller-Thurgau

[B] Muschelkalk und Buntsandstein

[C] artiges Bukett, markig, voller Körper

[L] Karlstädter Roßtal

● Weinerzeuger

Weinbau Werner Baus,
Obere Löhleinstraße 10, Gambach, 97753 Karlstadt
[☎] 0 93 53 / 36 82
□ 0,5 ha Weinbau im Nebenerwerb

Weinbau Philipp Pfaff, Löhleinstraße 26, Gambach, 97753 Karlstadt
[☎] 0 93 53 / 84 34
□ 0,5 ha Im Nebenerwerb

▲ Weinbezogene Gastronomie

[G] *Gasthaus Zum weißen Lamm,*
Löhleinstraße 1, Gambach, 97753 Karlstadt
[☎] 0 93 53 / 75 31

Eußenheim

Eußenheim ist eine anmutig im Tal der Wern gelegene fränkische Weinbaugemeinde mit großer Tradition: Schon im 12. Jahrhundert bezeugen Urkunden den Weinbau in dieser Gemeinde. Auch viele alte Flurnamen in den Weinbergen beweisen den Weinbau in

Eußenheim über die Jahrhunderte hinweg. Auch heute noch besitzt Eußenheim eine ganze Reihe geräumiger Weinkeller und Winzerhöfe.
Weinfest: im August

■ Eußenheimer First

Die Lagebezeichnung First bedeutet die oberste Lage am Hang (siehe Dachfirst), den obersten Kamm des Hügels.

- ☐ 22 ha
- [↑] Süd
- [/] 20–40 %
- [∵] Müller-Thurgau, Kerner
- [B] Muschelkalk
- [C] duftig, kernig, ausgeprägt
- [L] Karlstädter Roßtal

● Weinerzeuger

Weinbau Werner Höflich, Kellereigasse 14, 97776 Eußenheim
[☎] *0 93 53 / 76 32*
☐ *2,5 ha* [W] *60* *Junger Selbstmarkterbetrieb mit Landwirtschaft*

▲ Weinbezogene Gastronomie und Übernachtungsmöglichkeiten

[G] *Gasthaus zur Linde, Hauptstraße 10, 97776 Eußenheim*
[**] [☎] *0 93 53 / 35 50*

[G] *Gasthaus Krone, Hauptstraße 2, 97776 Eußenheim*
[*] [☎] *0 93 53 / 71 14*

[G] *Gasthaus Adler, Hauptstraße 4, 97776 Eußenheim*
[☎] *0 93 53 / 75 97*

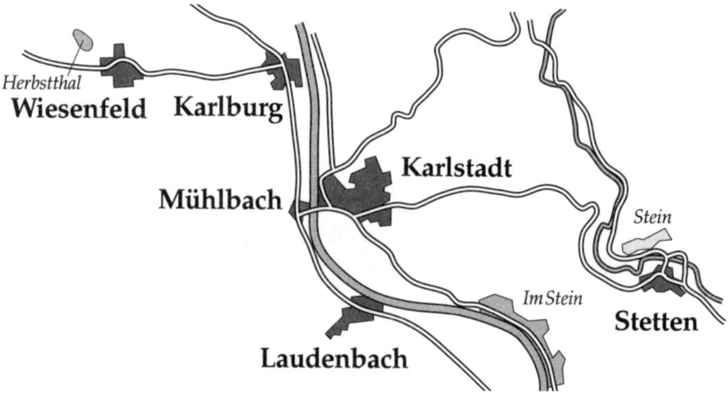

Karlstadt

Karlstadt, eine sorgfältig geplante Städtegründung (1200), eine der ältesten fränkischen Landstädte, ist eine aufstrebende Kleinstadt. Imposant ist Karlstadt wegen des in der Altstadt fast unberührt erhaltenen mittelalterlichen Stadtbildes mit vielen malerischen Winkeln und nicht zuletzt wegen seiner bezaubernden Lage auf dem rechten Ufer des Mains, gegenüber der auf hohen Felsen stehenden Ruine Karlsburg. Die Spuren der ersten Siedlung reichen in die karolingische Zeit zurück.
Werke von Tilman Riemenschneider oder aus der Werkstatt des Meisters sind in der Stadtpfarrkirche, einer gotischen Hallenkirche, zu bewundern.
Sehenswert das Rathaus von 1422 und die Befestigung, die in ihrer Anlage bis ins 13. Jahrhundert zurückgeht
Naturlehrpfad in der Weinberglage

■ Karlstädter Im Stein
Die Weinberge liegen in den Muschelkalkfelsen.
□ 8 ha
[↑] Südwest
[/] 20–30 %
[∵] Silvaner, Müller-Thurgau
[B] Muschelkalk

C	artiges Bukett, markig, kräftiger Körper
L	Karlstädter Roßtal

■	Großlage Karlstädter Roßtal	ca. 240 ha
	Gössenheimer Homburg	18
	Gambacher Kalbenstein	20
	Eußenheimer First	22
	Stettener Stein	45
	Karlstädter Im Stein	8
	Himmelstädter Kelter	34
	Retzstädter Langenberg	70
	Laudenbacher Schloß	7
	Arnsteiner Bischofsberg	4
	Halsheimer Bischofsberg	0,3
	Heugrumbacher Bischofsberg	4,5
	Müdesheimer Bischofsberg	2,5
	Reuchelheimer Bischofsberg	4,5

● Weinerzeuger

Weinbau Bernhard Tölle, Färbergasse 11–13, 97753 Karlstadt
☎ *0 93 53 / 85 70*
□ *2,5 ha Spezialitäten: Traminer-Weine und Rotweine*

▲ Weinbezogene Gastronomie und Übernachtungsmöglichkeiten

G *Restaurant-Hotel Alte Brauerei,*
*** *Hauptstraße 58, 97753 Karlstadt* ☎ *0 93 53 / 5 69*

G *Gasthaus Zum Fehmelbauer,*
** *Hauptstraße 22, 97753 Karlstadt* ☎ *0 93 53 / 33 20*

G *Gasthaus Oberes Tor,*
** *Hauptstraße 79, 97753 Karlstadt* ☎ *0 93 53 / 23 25*

G *Weinstube Zum Batzennärrle,*
Hauptstraße 6, 97753 Karlstadt ☎ *0 93 53 / 30 98*

Wiesenfeld (Ortsteil von Karlstadt)

Links des Mains, wenige Kilometer nordwestlich von Karlstadt, liegt die kleine Gemeinde Wiesenfeld. Noch im 19. Jahrhundert wurden hier über 30 ha Weinberge bewirtschaftet. Die Vermarktung der Weine erfolgte damals durch Heckenwirtschaften, auch von einem hohen Eigenverbrauch erzählt die Geschichte. Heute nur noch geringer Weinbau.

■ Wiesenfelder Herbstthal

Eine schon alte Bezeichnung. Im linken Seitental des Mains, an Südhängen, stehen die Reben.

☐ 2,5 ha

[↑] Süd

[/] 30 %

[∵] Müller-Thurgau, Spätburgunder

[B] Muschelkalk

[C] kräftig, erdig

[L] großlagenfrei

● Weinerzeuger

Weinbau Karl Marschall,
Hallgartenstraße 2, Wiesenfeld, 97753 Karlstadt
[☎] 0 93 59 / 3 74
☐ 1,8 ha Weinbau im Nebenerwerb, Heckenwirtschaft

Weinbau Hubert Amend,
Außerm Pfarrgarten 11, Wiesenfeld, 97753 Karlstadt
[☎] 0 93 59 / 2 79
☐ 1 ha Weinbau im Nebenerwerb

▲ Weinbezogene Gastronomie und Übernachtungsmöglichkeit

[G] [*] *Gasthaus Stern,*
Karlstadter Straße 29, Wiesenfeld, 97753 Karlstadt
[☎] 0 93 59 / 3 66

[G] *Gasthaus Schaub,*
Karlstadter Straße 18, Wiesenfeld, 97753 Karlstadt
[☎] 0 93 59 / 3 24

Stetten (Ortsteil von Karlstadt)

Stetten, östlich von Karlstadt hoch über dem Main an der Wern gelegen, ist ein Weinbauort mit langer Tradition. 788 wurde Stetten in einer Schenkungsurkunde zum ersten Mal erwähnt. Das Kloster Fulda ließ in Stetten die ersten Weinberge anlegen. Das Ortsbild ist geprägt durch alte Fachwerkhäuser, und in den Fluren stehen zahlreiche Bildstöcke. Vom 9. Jahrhundert bis zur Säkularisation 1803 gehörte das Dorf dem Fürstbistum Würzburg. Im Mittelalter gehörte Stetten zu den reichsten Winzerorten des Bistums.

■ Stettener Stein

Stein bedeutet hier die Felswand, den anstehenden Muschelkalk, auf dem die Rebhänge liegen.

- ☐ 45 ha
- [↑] Süd
- [/] 10–40 %
- [∵] Müller-Thurgau 60 %, Silvaner 25 %
- [B] Muschelkalk
- [C] gehaltvolle, zarte, feine Weine
- [L] Karlstädter Roßtal

● Weinerzeuger

Weinbau – Weinkellerei Gerhard,
Weinbergstraße 13, Stetten, 97753 Karlstadt
☎ 0 93 60 / 2 85
☐ 10 ha [W] 50 Konservativer Ausbau der Weine, Rotweine

GWF-Weinverkaufsstelle Stetten, Fam. Gerhard,
Urbanusstraße 29, Stetten, 97753 Karlstadt
☎ 0 93 60 / 2 91

▲ Weinbezogene Gastronomie

[G] *Gasthaus Bergstuben,*
Pointstraße 2, Stetten, 97753 Karlstadt
☎ 0 93 60 / 2 81

[G] *Gasthaus Werntalklause,*
Gaststätte an der Mehrzweckhalle, Stetten, 97753 Karlstadt
☎ 0 93 60 / 7 70

Halsheim (Ortsteil von Arnstein)

Von Stetten aus im Tal der Wern in nordöstlicher Richtung auf Arnstein zu finden wir Halsheim. Erste urkundliche Erwähnung der Benediktinerabtei Fulda in den Aufzeichnungen um 770. In diesem Zusammenhang wird der Weinort Halsheim genannt. Noch bis Mitte des 19. Jahrhunderts war der Weinbau eine Haupterwerbsquelle. Heute sind nur einzelne Weinberge bewirtschaftet.

■ Vermarktung unter Arnsteiner Bischofsberg

□ 0,3 ha

[↑] Südwest

[/] 20–30 %

[∵] Müller-Thurgau

[B] Muschelkalk

[C] kernig, kräftig

[L] großlagenfrei

● Weinerzeuger

Weinerzeugung ist nur für den Eigenverbrauch

▲ Weinbezogene Gastronomie

[G] *Gasthaus Schömig,*
Sebastianstraße 30, Halsheim, 97450 Arnstein
[☎] *0 93 60 / 8 04*

Müdesheim (Ortsteil von Arnstein)
Weiter östlich auf Arnstein zu liegt hinter Halsheim der Arnsberger Ortsteil Müdesheim. Am rechten Ufer der Wern gelegen, verfügt der Ort über eine reiche Weinbautradition. Müdesheim besaß bereits 1319 eine eigene Kirche. 1613 entstand eine neue Kirche mit dem schon weithin sichtbaren Juliusturm.
Um die Jahrhundertwende ging der Weinbau stark zurück.

■ Vermarktung unter Arnsteiner Bischofsberg

□ 2,5 ha
[↑] Süd
[/] 35 %
[∵] Bacchus, Müller-Thurgau
[B] Muschelkalk
[C] kräftig
[L] Karlstädter Roßtal

● Weinerzeuger

Weinbau Ernst Willert,
Werntalstraße 16, Müdesheim, 97450 Arnstein
[☎] *0 93 63 / 2 17*
□ *1,5 ha Weinbau im Nebenerwerb*

Reuchelheim (Ortsteil von Arnstein)
Reuchelheim, unweit von Arnstein, auch dessen Ortsteil, verfügt wie die Nachbarorte über eine lange Weinbautradition. Bereits im 8. Jahrhundert wird die Gemeinde erstmals in Verbindung mit dem Weinbau erwähnt. Viele alte Weinflurbezeichnungen unterstreichen die Bedeutung des Weinbaus bis zu Beginn dieses Jahrhunderts.

■ Vermarktung unter Arnsteiner Bischofsberg

□ 4,5 ha
[↑] Süd

[/] 35 %
[∵] Müller-Thurgau, Silvaner
[B] Muschelkalk
[C] kräftig, fruchtig
[L] Karlstädter Roßtal

● Weinerzeuger

Bundesforschungsanstalt für Rebenzüchtung »Gut Erlasee«, Reuchelheim, 97450 Arnstein
[☎] 0 93 63 / 2 23
[W] 24

▲ Weinbezogene Gastronomie

[G] *Gasthof Krone,*
Freihofstraße 6, Reuchelheim, 97450 Arnstein
[☎] 0 93 63 / 18 10

Heugrumbach (Ortsteil von Arnstein)

Heugrumbach ist heute ein nördlicher Ortsteil von Arnstein. 848 wird Heugrumbach erstmals erwähnt. Auch hier war über Jahrhunderte der Weinbau heimisch. Es werden nur noch einzelne kleinere Weinberge vorwiegend für den privaten Verbrauch gepflegt.

■ Vermarktung unter Arnsteiner Bischofsberg

[ ] 0,4 ha
[↑] 10 %
[/] Süd
[∵] Müller-Thurgau, Silvaner
[B] Muschelkalk
[C] erdig, kräftig
[L] Karlstädter Roßtal

● Weinerzeuger

Die geernteten Trauben werden von der Gebietswinzergenossenschaft erfaßt. Die Weine sind zu erhalten bei der GWF-Verkaufsstelle in Stetten (siehe Stetten).

▲ Weinbezogene Gastronomie

G *Gasthaus Zum Goldenen Stern,*
Julius-Echter-Straße 19, Heugrumbach, 97450 Arnstein
☎ *0 93 63 / 2 96*

Arnstein

Der alte Weinbauort Arnstein liegt auf halbem Weg zwischen Karlstadt und Schweinfurt an der Wern. 839 wird dieses alte Landstädtchen erstmals erwähnt.
Im frühen 14. Jahrhundert besaß Arnstein bereits Stadtrechte. Sehenswert ist die Burg auf einem Höhenrücken. Sie diente den Würzburger Fürstbischöfen als Jagdschloß. Gleich unterhalb der Burg steht die aus dem frühen 17. Jahrhundert stammende Pfarrkirche. Die alte Wallfahrtskirche war schon im 13. Jahrhundert Mutterkirche der Gemeinden in der Umgebung.

■ Arnsteiner Bischofsberg

Die Lagebezeichnung erinnert an die Zahlung des Weinzehnts an das Fürstbistum Würzburg.

☐ 4 ha
↑ Süd
/ 30–45 %
∵ Müller-Thurgau, Silvaner
B Muschelkalk
C vollmundig, kräftig
L Karlstädter Roßtal

● Weinerzeuger

Weinbau Werner Manger, Schweinfurter Straße 12, 97450 Arnstein
☎ *0 93 63 / 3 95*
☐ *0,3 ha Weinbau im Nebenerwerb mit Heckenwirtschaft*

Weinbau Ludwig Bauer, Ölmühlweg 14, 97450 Arnstein
☎ *0 93 63 / 62 73*
☐ *0,3 ha Weinanbau im Nebenerwerb*

▲ Weinbezogene Gastronomie und Übernachtungsmöglichkeit

[G] [**] *Gasthof Goldener Engel, Marktstraße 2, 97450 Arnstein*
[☎] *0 93 63 / 3 05*

[G] *Weinstube – Restaurant Korkenzieher,*
Marktstraße 11, 97450 Arnstein
[☎] *0 93 63 / 50 21*

[G] *Bender Bräustübl, Schweinfurter Straße 10, 97450 Arnstein*
[☎] *0 93 63 / 3 50*

Vom Werntal auf Würzburg zu

Von *Karlstadt* aus führen uns eine Reihe alter Weinorte auf Würzburg zu.

Gegenüber von Karlstadt, auf dem linken Mainufer, nicht weit vom Ufer des Flusses, steht die alte Merowingerburg Karlsburg auf einem hohen Felsen. Unterhalb dieser historischen Stätte liegt der Weinort *Mühlbach,* von dem aus weiter südlich am linken Mainufer *Laudenbach* und *Himmelstadt* erreichbar sind.

Himmelstadt liegt auf beiden Seiten des Maines. So führt unser Weg durch Himmelstadt hindurch nach *Retzbach* und *Retzstadt* an die Quelle der Retz, die bei Retzbach in den Main mündet. Von hier aus zu der großen Weinbaugemeinde *Thüngersheim.* Von Thüngersheim aus hinauf nach *Güntersleben* und danach in südöstlicher Richtung nach *Rimpar,* dem alten Edelsitz der Herren zu Rieneck.

Gegenüber von Retzbach, durch eine Mainbrücke mit ihm verbunden, führt von *Zellingen* aus eine Perlenkette von Weinorten auf Würzburg zu: *Unter-* und

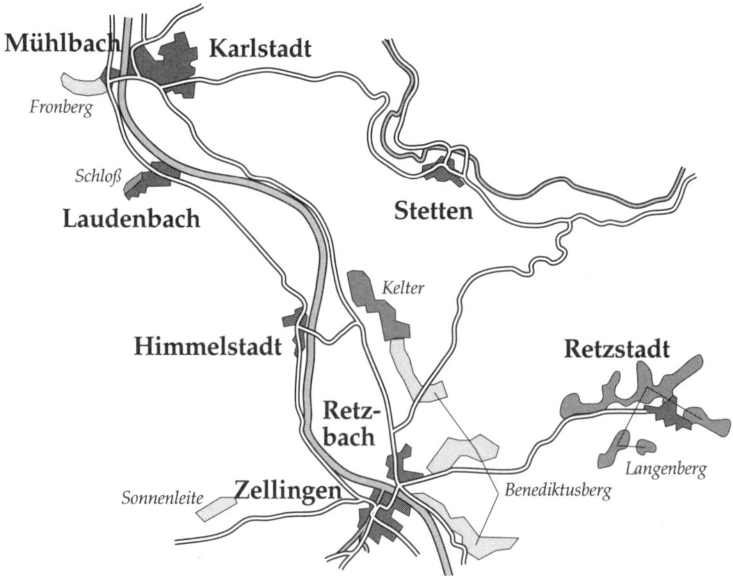

Oberleinach, Erlabrunn, Margetshöchheim und ihm gegenüber, am anderen Ufer, *Veitshöchheim.*
In *Würzburg* mit *Heidingsfeld* und *Rottendorf* aber, der »sonntäglichen Stadt, in der die Madonnen lächeln« (Karl Treutwein), sollten Sie länger verweilen.

Mühlbach

Gegenüber von Karlstadt am linken Mainufer, am Fuße der Karlburg, liegt der kleine Ort Mühlbach. Die Dorfkirche, auf einer Anhöhe gelegen, stammt aus dem frühen 17. Jahrhundert. In einer der drei alten Mühlen, die dem Dorf den Namen gaben, soll der Überlieferung nach Karl Martell (Hausmeier der Merowinger) gezeugt worden sein. Der Weinbau, urkundlich schon sehr früh erwähnt, wurde hier erst in den siebziger Jahren wieder intensiviert.

■ Mühlbacher Fronberg

Überlieferte Flurbezeichnung; Frondienste waren kostenlose Dienste der Bürger in Gemeinden und gegenüber Herrschaften; dieser Weinberg steht im Programm »Alte Weinberge« der Regierung von Mainfranken, d. h. es gibt Auflagen hinsichtlich Düngung, Schädlingsbekämpfung und Kulturmaßnahmen.

☐ 5 ha

[↑] Süd – Südost

[/] 25–35 %

[∵] Müller-Thurgau, Silvaner

[B] Muschelkalk

[C] erdig, nachhaltig

[L] Karlstädter Roßtal

● Weinerzeuger

Weinbau Alfons Kraft,
Karlburger Straße 3, Mühlbach, 97753 Karlstadt
[☎] 09353 / 7061
☐ 1 ha Junger Nebenerwerbsbetrieb ab der Ernte 1991

▲ Weinbezogene Gastronomie und Übernachtungsmöglichkeit

G *Gasthaus Zur Karlsburg,*
* *Martellstraße 4, Mühlbach, 97753 Karlstadt*
☎ *0 93 53 / 24 21*

Laudenbach

Am linken Mainufer – etwa auf der Höhe von Karlstadt – schmiegt sich Laudenbach idyllisch an den Fuß eines Bergvorsprungs, auf dem sich hoch über den Bürgerhäusern die kath. Pfarrkirche erhebt. Eine alte Burg, von der nur noch karge Mauerreste erhalten sind, erblicken wir gleich hinter dem Gotteshaus. 1525 wurde dieses Wahrzeichen Laudenbachs von aufständischen Bauern zerstört.

■ Laudenbacher Schloß

Das neue Schloß stammt aus der Zeit nach den Bauernkriegen. Der zweistöckige Renaissancebau ist heute noch gut erhalten und in Privatbesitz.

□ 7 ha
↑ Südost
/ 15–40 %
∵ Müller-Thurgau, Faberrebe
B Muschelkalk
C sortentypisch; pikant
L Karlstädter Roßtal

● Weinerzeuger

Die Weine sind bei der Winzergenossenschaft Thüngersheim (siehe unter Thüngersheim) zu erhalten

▲ Weinbezogene Gastronomie und Übernachtungsmöglichkeit

G *Gasthaus Zum Adler,*
* *Rathausstraße 19, Laudenbach, 97753 Karlstadt*
☎ *0 93 53 / 75 76*

Himmelstadt

Himmelstadt liegt 4 km südlich von Karlstadt auf dem linken Ufer des Mains. In einer Schenkungsurkunde des Klosters Fulda wird dieser historische Ort erstmals bereits 820 erwähnt. Später war Himmelstadt dem Kloster Himmelspforten unterstellt, an das die Winzer über Jahrhunderte hinweg ihren Weinzehnten abliefern mußten.

Dort, wo in frühchristlicher Zeit das Kloster der seligen Immina stand, bauten die Himmelstädter 1965 ein modernes Gotteshaus. Die alte Dorfkirche aber mit dem weithin sichtbaren Juliusturm wird zur Zeit restauriert und bald eine Sehenswürdigkeit für alle Besucher sein.

■ Himmelstadter Kelter

Die mächtigen hölzernen Weinpressen hießen durchweg Kelter; der Ersatz durch »e« ist eine Anpassung an das Publikum.

□ 34 ha

[↑] Südwest – West

[/] 20–30 %

[∵] Silvaner, Müller-Thurgau

[B] Muschelkalk

[C] artiges Bukett, markig, stoffig

[L] Karlstädter Roßtal

● Weinerzeuger

Weine werden vermarktet durch Winzergenossenschaft Thüngersheim (siehe unter Thüngersheim); Weingut Reis (siehe unter Würzburg)

▲ Weinbezogene Gastronomie

[G] *Gasthaus »Zum Himmelskeller«,*
Friedhofsweg 1, 97267 Himmelstadt
[☎] *0 93 64 / 59 11*

Retzbach

Nördlich von Thüngersheim, am rechten Mainufer, liegt Retzbach. In der Nähe liegt ein mächtiger Muschelkalkfelsen, der Benediktusberg. Von ihm aus hat man eine herrliche Aussicht auf den Main, den munter dahinfließenden Retzbach und die älteste Wallfahrtskirche der Diözese Würzburg, »Maria im grünen Tal«, die von Wald und Weinbergen umgeben ist.
Weinlehrpfad in der Lage »Benediktusberg«
Weinfest: Ende Juli

■ Retzbacher Benediktusberg

Der Name rührt her von der Benediktushöhe, einem steilen Muschelkalkfelsen am Eingang des Tales auf Retzstadt zu.

☐ 70 ha
[↑] West – Süd
[/] 20–70 %
[∵] Müller-Thurgau, Silvaner, Kerner
[B] Muschelkalk
[C] fruchtige, elegante Weine
[L] Thüngersheimer Ravensburg

● Weinerzeuger

Weinbau Alfred Pfister,
Untere Hauptstraße 6, Retzbach, 97225 Zellingen
[☎] 09364/1043
☐ 1 ha [W] 25 Junger Selbstmarkterbetrieb im Nebenerwerb, mit Heckenwirtschaft

Weinbau Alfred Krieger,
Oberdorfstraße 16, Retzbach, 97225 Zellingen
[☎] 09364/2736

Weinbau Manfred Kuhn, Bergstraße 11, Retzbach, 97225 Zellingen
[☎] 09364/3691

▲ Weinbezogene Gastronomie und Übernachtungsmöglichkeit

[G] *Gasthaus – Hotel »Löwen«,*
[**] *Untere Hauptstraße 9, Retzbach, 97225 Zellingen*
[☎] 09364/9917/3185

G *Winzerkeller im alten Rathaus,*
Rathaus, Retzbach, 97225 Zellingen
☎ *0 93 64 / 40 97*

Retzstadt

Trotz des »städtischen« Namens ist dieser 1200 Einwohner zählende Ort auch heute noch überwiegend durch Landwirtschaft und Weinbau geprägt.
Bereits 840 ist Retzstadt nachgewiesen als Königsgut und Eigentum der Abtei Fulda. Die überragende Bedeutung des Weinbaus für die Geschichte von Retzstadt wird auch im Ortswappen sichtbar: Über dem Andreaskreuz ist eine silberne Weinkelter abgebildet.

■ Retzstädter Langenberg

Entlang des Bachlaufes, der Retz, erstreckt sich die Weinberglage, daher der Name Langenberg.

☐ 70 ha

↑ Süd – Ost – West

/ 20–60 %

∵ Müller-Thurgau, Silvaner, Bacchus, Kerner, Riesling, Spätburgunder

B unterer Muschelkalk

C sortentypisch, kernig, unkompliziert

L Karlstadter Roßtal

● Weinerzeuger

Weinbau Rudolf May, Wethstraße 20, 97282 Retzstadt
☎ *0 93 64 / 17 24*
☐ *1,5 ha* W *20 Neuer Selbstmarkterbetrieb, auch Rotweine*

Weinbau Martin Müller, Hauptstraße 17, 97282 Retzstadt
☎ *0 93 64 / 91 17*
☐ *1,5 ha* W *20 Junger Selbstmarkterbetrieb mit Bocksbeutel- und Literflaschenweine*

GWF-Weinverkaufsstelle Retzstadt, Fa. Schmitt,
Goldbrunnenstraße 14, 97282 Retzstadt
☎ *0 93 64 / 20 33*

▲ Weinbezogene Gastronomie
und Übernachtungsmöglichkeit

[G] *Gasthaus »Zum Stern«, Hauptstraße, 97282 Retzstadt*
[*] ☎ *0 93 64 / 13 72*

[G] *Ratskeller – Weinlokal im Rathaus, 97282 Retzstadt*
☎ *0 93 64 / 12 49*

Thüngersheim

12 km nordwestlich von Würzburg auf dem rechten Mainufer gelegen. Große Winzergemeinde – ca. 250 ha – auf neubereinigten Weinbergen. Das Ortsbild gewinnt durch eine Vielzahl stattlicher, alter Häuser ein behäbig-wohlhabendes Aussehen. Von der mittelalterlichen Befestigung sind noch einige Torhäuser erhalten. Viele Bürgerhäuser stehen heute unter Denkmalschutz. Auffällig sind die hohen Prämierungserfolge der Thüngersheimer Weinbaubetriebe.
Weinlagenwanderung: Mitte Juni

■ Thüngersheimer Scharlachberg (Karte S. 149)

Vom roten Buntsandstein leitete der Volksmund das Wort »Scharlach« her. Dieser rote Buntsandstein ist umgeben von Muschelkalkboden.

☐ 130 ha
[↑] Südwest
[/] 15–40 %
[∵] Silvaner, Müller-Thurgau
[B] Muschelkalk, Buntsandstein
[C] elegant, feinnervig, duftend
[L] Ravensburg

■ Thüngersheimer Johannisberg

Benannt nach dem Kirchenpatron St. Johannis, stellvertretend für die zahlreichen Lagen, die vor 1803 im geistlichen Besitz waren.

☐ 110 ha
[↑] Südwest

◸	25–45 %
⁖	Silvaner, Scheurebe, Riesling, Müller-Thurgau
B	Muschelkalk
C	zart bis herzhaft, fruchtig
L	Ravensburg

■ Großlage Ravensburg 474,5 ha

Für die Großlage hat man den Namen jener Burg gewählt, von der aus die Ravensburger Raubritter ihr Unwesen trieben. Das Raubritternest wurde zerstört, die Steine der Burg haben die Häcker zum Bau von Weinbergsmauern verwendet.

In dieser Großlage sind folgende Einzellagen zusammengefaßt:

Erlabrunner Weinsteig	55
Retzbacher Benediktusberg	70
Thüngersheimer Johannisberg	110
Thüngersheimer Scharlachberg	130
Günterslebener Sommerstuhl	15
Veitshöchheimer Wölflein	8
Veitshöchheimer Sonnenschein	25
Margetshöchheimer Bärental	1,5
Leinacher Himmelberg	60

● Weinerzeuger

Weingut Gebr. Geiger jun. Richard und Rudi Geiger, Veitshöchheimer Straße 16, 97291 Thüngersheim
☎ 0 93 64 / 96 26
☐ 12 ha W 50 Im Mittelpunkt des traditionellen Betriebs stehen naturnaher Weinbau und der Ausbau trockener Weine, Weinprobierstube im historischen Thüngersheimer Weintor

Weingut Gregor Schwab, Bühlstraße 17, 97291 Thüngersheim
☎ 0 93 64 / 96 15
☐ 9 ha W 60 Qualitätsbewußter Familienbetrieb, breites Sortenangebot

Winzergenossenschaft Thüngersheim e. G., Untere Hauptstraße 1, 97291 Thüngersheim
☎ 0 93 64 / 5 00 90
☐ 250 ha W 150 Modern eingerichteter Betrieb, gegründet 1930, bietet Kunden Weindepot-Lagerung an; hohe Prämierungserfolge

Weinbau Erwin Bauer, Schrannstraße 3, 97291 Thüngersheim
☎ *0 93 64 / 24 45*
☐ *4 ha Die individuell behandelten Weine werden arteigen, sorten- und jahrgangsbetont ausgebaut*

Weingut Familie Urlaub, Friedhofstraße 4 ☎ *0 93 64 / 96 68*

Weinbau Eugen Urlaub, Bühlstraße 4 ☎ *0 93 64 / 24 48*

Weingut Hermann Bauer, Veitshöchheimer Straße 46
☎ *0 93 64 / 93 63*

Weingut Michael Klüpfel, Plangasse 4 ☎ *0 93 64 / 98 37*

Weingut Karl-Josef Lauk, Steigstraße 14 ☎ *0 93 64 / 96 12*

Weingut Roland Dietrich, Untere Hauptstraße 13
☎ *0 93 64 / 90 00*

▲ Weinbezogene Gastronomie und Übernachtungsmöglichkeit

[G] [*] *Hotel Winzerhof Thüngersheim mit Weingut, Weinstube mit Gästezimmer, Veitshöchheimer Straße 29, 97291 Thüngersheim*
☎ *0 93 64 / 58 38*

[G] *Gasthof Zum Ankerwirt, Ankerwirtsgasse, 97291 Thüngersheim*
☎ *0 93 64 / 96 41*

Güntersleben

Hoch über Thüngersheim, in östlicher Richtung, liegt Güntersleben mit der Lage Sommerstuhl. Der Weinbau verfügt zwar über eine gewisse Tradition, große Bedeutung hatte die Rebpflanzung aber hier nie. Die wenigen Hektar Weinberge bewirtschaften einige Nebenerwerbs- und begeisterte Hobbywinzer.

■ Günterslebener Sommerstuhl

Die nach Osten/Südosten gerichteten Weinberglagen wurden mit dem Wort »Sommer« ausgezeichnet; Stuhl steht häufig für die einmalige Abtreppung eines Hanges.

☐ 15 ha

[↑] Süd – Südwest

- ☐ 25–35 %
- ☐ Müller-Thurgau
- B Muschelkalk
- C duftig, kernig
- L Großlage Ravensburg

● Weinerzeuger

Weinbau Rudi Will, Thüngersheimer Straße 96, 97261 Güntersleben
☎ 0 93 65 / 15 28
☐ 1 ha Breiter Sortenspiegel; Heckenwirtschaft

Weinbau Alfred Issnig,
Thüngersheimer Straße 67, 97261 Güntersleben
☎ 0 93 65 / 15 25
☐ 0,5 ha Nebenerwerbsbetrieb, Rotweine

▲ Weinbezogene Gastronomie und Übernachtungsmöglichkeit

G *Gasthof »Zum Alten Berg«,*
** *Schulstraße 9, 97261 Güntersleben*
☎ 0 93 65 / 93 79

Rimpar

Von Arnstein aus führt die Straßenverbindung in südlicher Richtung mitten durch den Gramschatzer Wald nach Rimpar. Es liegt idyllisch im Pleichachtal in der Nähe von Thüngersheim und Würzburg. Ende des 16. Jahrhunderts kaufte Fürstbischof Julius Echter das Rimparer Schloß, das früher den Herren von Grumbach gehört hatte, und ließ es als Sommerresidenz umbauen. Julius Echter veranlaßte auch den Bau des Rathauses von Rimpar. Der Weinbau, um die Jahrhundertwende stark zurückgegangen, hat für Rimpar nur noch eine geringe Bedeutung.
Sehenswert: das Grabmal des Eberhard von Grumbach von Tilman Riemenschneider in der Pfarrkirche und seine »Beweinung Christi« im benachbarten Maidbronn

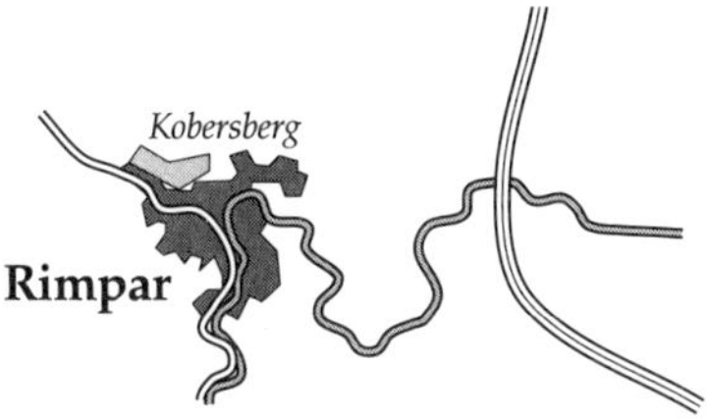

■ Rimparer Kobersberg

Die Kober (Koberer) waren eine alte Besitzerfamilie. Bei der Neuanlage vorgeschlagener, da im Kataster eingetragener Name.

☐ 8 ha
[↑] Süd
[/] 20–25 %
[∵] Müller-Thurgau, Silvaner
[B] Muschelkalk
[C] erdig, körperreich
[L] großlagenfrei

● Weinerzeuger

Weingut Veitsmühle, Fam. Schäfer,
Zur Veitsmühle 40, 97222 Rimpar
[☎] *0 93 65 / 91 80*
☐ *5 ha* [W] *30 Junger Selbstmarkterbetrieb, modern eingerichtet*

▲ Weinbezogene Gastronomie und Übernachtungsmöglichkeit

[G] *Gasthaus am Markt, Marktplatz 2, 97222 Rimpar*
[☎] *0 93 65 / 44 82*

[G] *Schloßgaststätte, Schloßberg 1, 97222 Rimpar*
[☎] *0 93 65 /38 44*

[G] *Gasthof »Zum Lamm«, Austraße 2, 97222 Rimpar*
[*] [☎] *0 93 65 / 97 43*

[G] *Weinstube »Kellertreppchen«, Franz Brandmann, Marktplatz 3, 97222 Rimpar*
[☎] *0 93 65 / 93 51*

Zellingen

Bis ins 8. Jahrhundert ist die Geschichte von Zellingen zurückzuverfolgen. Viele historische Gebäude sind gut erhalten. Ein Torturm aus dem 16. Jahrhundert ist Wahrzeichen der Gemeinde. Die Wallfahrtskapelle »Maria Hilf« und viele Bildstöcke in den Fluren sind Zeugnisse einer jahrhundertealten Volksfrömmigkeit. *Herbstmarkt* mit Zwiebelkuchen Ende Oktober

■ Zellinger Sonnleite

»Sonnleite« ist von dem alten Katasternamen Sundleite abgeleitet worden.

☐ 9 ha

[↑] Süd

[/] 20 %

[∵] Müller-Thurgau, Bacchus

[B] Muschelkalk

[C] fruchtig, kernig, nachhaltig

[L] Großlage Ravensburg

● Weinerzeuger

Weinbau Otmar Völker, Mähderweg 20, 97225 Zellingen
[☎] 0 93 64 / 59 78
☐ 1,5 ha [W] 25 Literflaschen- und Bocksbeutelweine, auch Rotweine, Heckenwirtschaft

Leinach mit Unter- und Oberleinach

Nordwestlich am linken Mainufer gelangen wir von Margetshöchheim aus nach Leinach. Im 8. Jahrhundert bereits erstmals urkundlich genannt, ist dieses fränkische Dorf, bestehend aus Ober- und Unterleinach, über 1200 Jahre alt. 12 Kilometer nordwestlich von Würzburg an der Leinach, die bei Zellingen in den Main mündet, gelegen, wurde hier in früher Zeit schon von Weinbau berichtet.

Heute – nach Bereinigung der Weinberghanglagen – wird hier wieder ein stattlicher Weinbau betrieben.

■ Leinacher Himmelberg

Wurde als Lagenbezeichnung 1979 aus einigen Weinbergflurnamen ausgesucht. Es ist eine Weinbergsüdlagebezeichnung aus alter Zeit.

- ☐ 60 ha
- ⇡ Süd – Südwest
- ⧄ 10–30 %
- ⁘ Müller-Thurgau, Silvaner, Schwarzriesling
- B Muschelkalk

[C] fruchtig, markant
[L] Thüngersheimer Ravensburg

● Weinerzeuger

Verkaufsstelle der Winzergenossenschaft Thüngersheim
Fam. Günter Preißinger, Friedenstraße 20, 97274 Leinach
☎ 0 93 64 / 23 46

▲ Weinbezogene Gastronomie und Übernachtungsmöglichkeiten

[G] *Gasthaus Zum Lamm, Goldstraße 18, 97274 Leinach*
[**] *☎ 0 93 64 / 39 31*
[G] *Gasthaus Zum Adler, Raiffeisenstraße 7, 97274 Leinach*
[*] *☎ 0 93 64 / 14 65*

Erlabrunn

20 Kilometer mainabwärts von Würzburg, auf dem linken Ufer des Flusses, liegt Erlabrunn, oft auch »das liebliche Dorf« genannt. Im 12. Jahrhundert findet Erlabrunn Erwähnung in Zusammenhang mit dem Weinbergbesitz, den das Kloster Neumünster hier hatte. Der Juliusturm der Pfarrkirche ist ein Hinweis darauf, daß Julius Echter auch hier großen Einfluß ausgeübt hat.

Sehenswert: die malerisch engen Gassen und Winkel, die mittelalterlichen Fachwerkhäuser und Höfe; das Kloster Oberzell in der Nähe von Erlabrunn

■ Erlabrunner Weinsteig

Trotz des werbewirksamen Namens ein alter Lagenname. Steig kommt von »steigen«, denn die steilen fränkischen Lagen sind nur über Treppen zugänglich.

[ ] 55 ha
[↑] Süd – Südost – Ost
[/] 20–65 %
[∵] Müller-Thurgau, Silvaner
[B] Muschelkalk, Rotletten

[C] duftig, kernig, ausgeprägt
[L] Thüngersheimer Ravensburg

● Weinerzeuger

Weingut Franz Zehner, Neubergstraße 10, 97250 Erlabrunn
[☎] 0 93 64 / 30 82
[ ] 4 ha [W] 40 Vollerwerbsbetrieb, Spezialität Rotweine, Heckenwirtschaft

Weinbau Hans Hausknecht, Würzburger Straße 59, 97250 Erlabrunn
[☎] 0 93 64 / 25 33
[ ] 4 ha [W] 40 Gute Prämierungsergebnisse, Heckenwirtschaft

GWF-Verkaufsstelle Rosina Staubach, Julius-Echter-Straße 9, 97250 Erlabrunn
[☎] 0 93 64 / 15 35
[W] 20

Weinbau Erwin Blaß, Zellinger Straße [☎] 0 93 64 / 26 12

Weingut Otto Körber, Würzburger Straße 34 [☎] 0 93 64 / 17 19

▲ Weinbezogene Gastronomie und Übernachtungsmöglichkeiten

[G] [***] *Hotel-Restaurant Weinhaus Flach, Würzburger Straße 14, 97274 Leinach*
[☎] 0 93 64 / 13 19

[G] [**] *Gasthaus Zum Löwen, Würzburger Straße 5, 97274 Leinach*
[☎] 0 93 64 / 13 27

[G] [**] *Café-Restaurant Gisela, Würzburger Straße 4, 97274 Leinach*
[☎] 0 93 64 / 93 84

Margetshöchheim

Nur wenige Kilometer mainabwärts von Würzburg, am linken Mainufer gegenüber von Veitshöchheim, liegt Margetshöchheim. Um 1330 wird das hoch gelegene »Heim« um die Kirche St. Margaretha erstmals urkundlich erwähnt. Neben dem Wein-, der nur vereinzelt gepflegt wurde, entwickelte sich ab 1830 besonders der Obstbau. Heute wird der Obst- und Weinbau nur noch im Nebenerwerb betrieben.

■ Margetshöchheimer Bärental

Alte Flurbezeichnung; wurde 1982 als Weinberglagenname übernommen.

☐ 1,5 ha

[↑] Süd

[/] 35 %

[∵] Müller, Silvaner, Bacchus

[B] Muschelkalk

[C] erdig, kräftig

[L] Ravensburg

● Weinerzeuger

Weinbau Kurt Scheuring, Lutzgasse 6, 97276 Margetshöchheim

[☎] 09 31 / 46 36 33

☐ 5 ha [W] 40 Heckenwirtschaft; junger Selbstmarkterbetrieb

▲ Weinbezogene Gastronomie und Übernachtungsmöglichkeit

[G] *Zur Heckenwirtschaft,*

[**] *Erlabrunner Straße 22, 97276 Margetshöchheim*

[☎] 09 31 / 46 31 90

[G] *Restaurant Sudpfanne,*

Erlabrunner Straße 47, 97276 Margetshöchheim

[☎] 09 31 / 46 20 99

[G] *Gasthaus »Zum Alten Schulzen«, Weinstube,*

Mainstraße 12, 97276 Margetshöchheim

[☎] 09 31 / 46 33 79

Veitshöchheim

Die Geschichte Veitshöchheims kann bis ins 6. Jahrhundert zurückverfolgt werden. In einer Urkunde um 779, in der die Markungsgrenzen festgelegt wurden, wurde Veitshöchheim zum ersten Mal in Verbindung

mit dem Weinbau erwähnt. Seinen heutigen Namen verdankt Veitshöchheim, das früher Hochheim hieß, seinem Ortspatron, dem hl. Veit.
Sehenswert in Veitshöchheim: die frühere Fürstbischöfliche Sommerresidenz und der figurenreiche, wohl schönste Rokoko-Park Europas, mit über 300 Skulpturen und Putten; Sitz der Bayerischen Landesanstalt für Wein- und Gartenbau
Weinfest: letztes Wochenende im Juni

■ Veitshöchheimer Sonnenschein

Dieser Lagenname einer Parzelle weist hin auf die nach Süden (Sonne) ziehende freie Fläche.

☐ 25 ha
[↑] Süd – Südwest – West
[/] 20–50 %
[∵] Müller-Thurgau, Silvaner
[B] Muschelkalk
[C] kräftig, nachhaltig
[L] großlagenfrei

■ Veitshöchheimer Wölflein

Wölflein, benannt nach einer Familie Wolf (Wolf – Verkleinerungsform); im Flurkataster eingetragen.

☐ 8 ha
[↑] Südwest
[/] 15–20 %
[∵] Müller-Thurgau
[B] Muschelkalk
[C] kernig, ausgeprägte Art
[L] Großlage Ravensburg

● Weinerzeuger

Weingut Günther Göttler,
Sendelbachstraße 47, 97209 Veitshöchheim
☎ *09 31 / 9 35 79*
☐ *7,4 ha* [W] *25* *Großes Angebot, Weine aus mehreren Lagen*

Weingut Gustel Hessler, Wolfstalstraße 1, 97209 Veitshöchheim
☎ *0931/91637*
☐ *4 ha* W *25 Gepflegte Weine, Rotweinspezialitäten*

▲ Weinbezogene Gastronomie und Übernachtungsmöglichkeiten

*** *Hotel Am Main, Hotel garni,*
Untere Maingasse 35, 97209 Veitshöchheim
☎ *0931/98040*

G *Ratskeller, Erwin-Vornberger-Platz, 97209 Veitshöchheim*
*** ☎ *0931/91149*
Fischspezialitäten

G *Neue Anlage, Würzburger Straße 65, 97209 Veitshöchheim*
** ☎ *0931/91208*

G *Spundloch, Kirchstraße 19, 97209 Veitshöchheim*
** ☎ *0931/91213*

G *Gasthaus »Zur Blauen Traube«,*
* *Herrnstraße 19, 97209 Veitshöchheim*
☎ *0931/92117*

G *Fischer-Bärbel, Mainlände 5, 97209 Veitshöchheim*
☎ *0931/91251*
Regionale und internationale Fischgerichte, Terrasse

Würzburg

Würzburg verfügt über eine 1200 Jahre alte Weinbautradition. Geschichte und Kultur sind hier eng mit der Landschaft verbunden. Die Stadt liegt einmalig schön in dem breiten Talkessel des Mains, eingeschlossen von rebenbekränzten Berghängen, auf denen berühmte Weine wachsen. Bereits 741 Bischofssitz, blieb sie bis zur Säkularisation im Jahre 1803 Hauptstadt des gleichnamigen Fürstbistums. Die fränkischen Herzöge ließen die Festung Marienberg erbauen, die heute das *Mainfränkische Museum* mit seinen wertvollen Kunstschätzen beherbergt. Von der Festung aus hat man eine herrliche Aussicht auf die Stadt, die alte Mainbrücke mit den Heiligenfiguren, das Rathaus, den Dom, die vielen Kirchtürme, die prachtvolle Barock-

*Blick auf das Haus des Frankenweins
hinter dem Alten Kranen und vor der vieltürmigen Silhouette
der Würzburger Innenstadt*

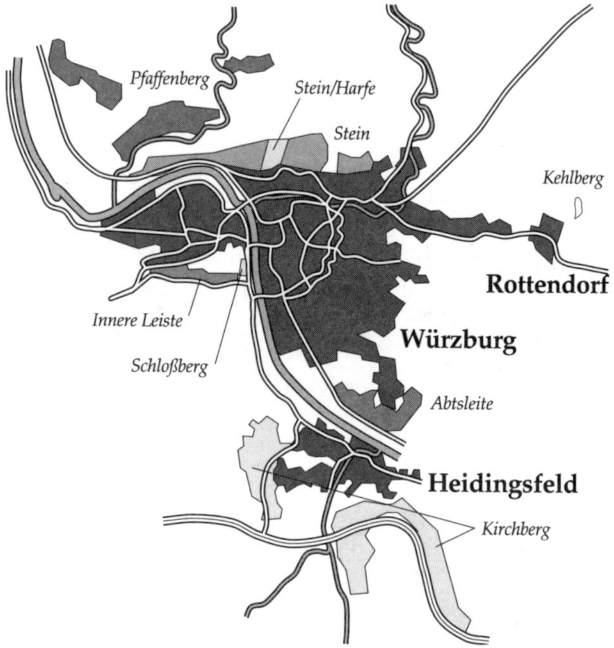

residenz der Fürstbischöfe, auf Gäßchen und Straßen, malerische Winkel, Plätze und Grünanlagen.
Als Bischofssitz und Universitätsstadt ist Würzburg geistiger und kultureller Mittelpunkt. Unvergeßliche Persönlichkeiten aus allen Bereichen der Kultur, der Künste und der Wissenschaften haben diese Stadt geprägt, so Walther von der Vogelweide, Tilman Riemenschneider, Matthias Grünewald, Balthasar Neumann, Tiepolo, Tietz, Günter Wagner, um nur einige zu nennen.
Würzburg ist zum Schwärmen und Träumen geschaffen! Die Beschwingtheit vermittelt vor allem der Wein, der in den historischen Weinkellern der drei größten Weingüter Frankens, des Juliusspitals, des Bürgerspitals zum Heiligen Geist, des Staatsweingutes mit dem Hofkeller unter der Residenz, und in den zahlreichen privaten Weinkellern lagert. Ein Besuch im *Weinhaus »Stachel«*, einem der ältesten Gasthäuser Deutsch-

lands, mit seinem wunderschönen Innenhof darf ebensowenig fehlen wie ein Verweilen in den charakteristischen Weinstuben, den »Bäcks«.
Die Weinberge ringsum – sie werden bereits seit dem 8. Jahrhundert bepflanzt – haben Weltruf! Der »Stein«, dieser gewaltige Steinrücken, trägt den ältesten Lagennamen in den deutschen Weinbaugebieten und war durch alle Jahrhunderte hindurch Mittelpunkt des fränkischen Weinbaues. Ihm ebenbürtig ist die »Innere Leiste« an der Südflanke der Festung.
Weinfest: Mitte bis Ende September
Weinlehrpfade: Wanderweg »Schloßberg und Leiste« an der Festung Marienberg (siehe Seite 154); Steinweinpfad durch die Lage Würzburger Stein (siehe Seite 158)

■ Würzburger Pfaffenberg

Unter diesem Namen wurden zahlreiche Einzellagen wie Roßberg, Lerchenberg, Hofleiten, Ölberg u. a. vereinigt. Er steht für den bis 1803 existierenden Besitz der Klöster Ebrach im Steigerwald, Unterzell, Himmelspforten und der Dominikaner in Würzburg.

□ 60 ha
↑ Süd – Südost
⁄ 25–40 %
∵ Silvaner, Müller-Thurgau
B Muschelkalk
C artiges Bukett, markant, vollmundig
L Würzburger Marienberg

■ Würzburger Innere Leiste

Der Südabhang des Marienbergs unterhalb der Festung zu Leistengrund (Kühbachtal). Leiste und Leite bedeuteten die am Hang entlangziehende Lage.

□ 10 ha
↑ Süd
⁄ 20–45 %
∵ Riesling, Rieslaner
B Muschelkalk

[C] feinfruchtig, würzig, rassig, füllig, markant, vollmundig
[L] Würzburger Marienberg

■ Würzburger Schloßberg

Der Ostabhang des Marienberges unterhalb der Festung, die bis zum Bau der Residenz 1720–1744 im Osten der Stadt als Schloß Marienberg bezeichnet wurde.

□ 4,5 ha
[↑] Ost
[/] 20–45 %
[∵] Müller-Thurgau, Perle
[B] Muschelkalk
[C] eigenständige Blume, kernig, ganz individuelle Note
[L] Würzburger Marienberg

■ Würzburger Stein

Die berühmteste Lage Würzburgs, benannt nach dem Muschelkalkfelsen, auf dem die Weinberge liegen.

□ 85 ha
[↑] Süd
[/] 25–50 %
[∵] Silvaner, Riesling
[B] Muschelkalk
[C] besonders geprägtes Bukett, wuchtig, vollmundig
[L] Würzburger Marienberg

■ Würzburger Stein/Harfe

Ein 8 ha großer, ganz dem Bürgerspital zum Hl. Geist gehöriger, inmitten der Lage Stein ruhender Weinberg, der nach seiner Form so benannt wurde. Zwei mauerngefaßte Weinbergwege geben die Harfenform ab, die Rebzeilen erscheinen als Saiten.

□ 8 ha
[↑] Süd
[/] 25–45 %
[∵] Silvaner, Riesling

B Muschelkalk
C besonders ausgeprägtes Bukett, füllig, wuchtig, mild
L Würzburger Marienberg

■ Würzburger Abtsleite

Ursprünglich ein schmaler Weinberg am Südosthang des Neubergs zum Alandsgrund, hat er jetzt dem ganzen Neuberg den Namen gegeben.

□ 45 ha
↑ Südost – Süd
/ 20–45 %
∵ Silvaner, Riesling
B Muschelkalk
C lagen- und sortentypisches Bukett, stoffig, vollmundig
L Würzburger Marienberg

■ Großlage Würzburger Marienberg ca. 262,5 ha

Würzburger Pfaffenberg	60
Würzburger Stein	85
Würzburger Stein/Harfe	8
Würzburger Schloßberg	4,5
Würzburger Innere Leiste	10
Würzburger Abtsleite	45
Heidingsfelder Kirchberg	50

● Weinerzeuger

Weingut Bürgerspital zum hl. Geist, Theaterstraße 19, 97070 Würzburg
☎ 0931 / 3 50 30
□ 140 ha W 300 1319 gegründet von einem Würzburger Bürger; hier wurde 1718 erstmals der Bocksbeutel geschützt; besonders Rieslinganbau; Weine aus Würzburg, Randersacker, Veitshöchheim, Thüngersheim, Himmelstadt, Gössenheim, Leinach und Michelau (Steigerwald); historischer Holzfaßkeller mit über 200 Fässern

Weingut Juliusspital, Klinikstraße 5, Pf. 5848, 97070 Würzburg
☎ 0931 / 3084 - 1 47 - 1 48
□ 160 ha W 80 Drittgrößtes Weingut Deutschlands; gegründet

von Fürstbischof Julius Echter 1576; 250 m langer Holzfaßkeller unter dem historischen Fürstenbau; Bundesehrenpreis in Gold von der DLG; Weinbergbesitz in allen fränkischen Bereichen, insbesondere Würzburg, Randersacker, Iphofen, Rödelsee und Escherndorf; Spezialität: Silvaner-Weine

Weingut Staatlicher Hofkeller, Residenzplatz 3, 97070 Würzburg
☎ 09 31 / 30 50 90
☐ 170 ha W 150 Zweitgrößtes Weingut Deutschlands; Gründung des Staatlichen Hofkellers 1128; bis Mitte des 18. Jh. war ein Fürstbischöflicher Weinkeller in den Kellergewölben der Feste Marienberg, danach im schönsten gemauerten Weinkeller der Welt, in der Residenz; Weinbergbesitz in allen Bereichen Frankens; Spezialität: Riesling und Rieslaner-Weine

Haus des Frankenweins, Kranenkai 1, 97070 Würzburg
☎ 09 31 / 57 12 41
W bis 100 Ausgesuchte Frankenweine; stilvoller Verkaufsraum

Weingut Ludwig Knoll, Mittlerer Steinbergweg 5 ☎ 09 31 / 2 58 08

Weingut B. Reiß, Unterdürrbacher Straße 182 ☎ 09 31 / 9 56 00

Weinbau K. u. P. Pohl, Steinbachtal 26 ☎ 09 31 / 7 27 73

Weinbau H.-R. Klenk, Weingartenstraße 43 ☎ 09 31 / 7 24 41

▲ Weinbezogene Gastronomie und Übernachtungsmöglichkeiten

G *Hotel Rebstock, Neubaustraße 7, 97070 Würzburg*
*** *☎ 09 31 / 3 09 30*
Historisches Gasthaus

G *Hotel Maritim, Pleichertorstraße 5, 97070 Würzburg*
*** *☎ 09 31 / 3 05 30*

G *Hotel Amberger, Ludwigstraße 17–21, 97070 Würzburg*
*** *☎ 09 31 / 50 17 90*

G *Hotel Wittelsbacher Höhe,*
*** *Hexenbruchweg 10, 97082 Würzburg*
☎ 09 31 / 4 20 85

G *Zur Stadt Mainz, Semmelstraße 39, 97070 Würzburg*
** *☎ 09 31 / 5 31 55*

G *Hotel Walfisch, Am Pleidenturm 5, 97070 Würzburg*
** *☎ 09 31 / 5 00 55*

G *Wein- und Speisehaus Zum Stachel,*
Gressengasse 1, 97070 Würzburg
☎ *09 31 / 5 27 70*

G *Restaurant Backöfele, Ursulinengasse 2, 97070 Würzburg*
☎ *09 31 / 5 90 59*

G *Bürgerspital-Weinstuben,*
Theaterstraße 19, 97070 Würzburg
☎ *09 31 / 1 38 61*

G *Juliusspital-Weinstuben,*
Juliuspromenade 19, 97070 Würzburg
☎ *09 31 / 5 40 80*

G *Hofkeller-Weinstuben, Residenzplatz 1, 97070 Würzburg*
☎ *09 31 / 5 46 70*

G *Babett's Weinstuben, Franziskanerplatz 1, 97070 Würzburg*
☎ *09 31 / 1 23 22*

G *Weinrestaurant Haus des Frankenweins,*
Kranenkai 1, 97070 Würzburg
☎ *09 31 / 5 70 66*

G *Weinstube Johanniterbäck,*
Johanniterplatz 3, 97070 Würzburg
☎ *09 31 / 5 43 68*

Heidingsfeld (Ortsteil von Würzburg)

Bereits 779 gehörte das am linken Mainufer in alter Siedlungslandschaft gelegene Heidingsfeld zur Würzburger Gemarkung. Der erste Weinbau könnte mit der Klostergründung durch die Kitzinger Äbtissin Hadeloga in Verbindung gebracht werden. Ackerbau und Weinbau waren über Jahrhunderte Haupteinnahmequelle.

1859 gründeten die Heidingsfelder den ersten örtlichen Winzerverein Frankens. In der Pfarrkirche eine Kreuzigungsgruppe aus Riemenschneiders Werkstatt und ein Beweinungsrelief des gleichen Künstlers.

■ Heidingsfelder Kirchberg

Die auf dem Katzenberg und Bloßenberg gelegenen Parzellen wurden unter dem Namen Kirchberg zusammengefaßt, der auf den ehemaligen Besitz der Pfarrkirche St. Laurentius hinweisen soll.

☐ 50 ha

↑ Nordost

/ 20–30 %

∵ Silvaner, Müller-Thurgau

B Muschelkalk

C artiges Bukett, markig, stoffig, ausdrucksstark

L Würzburger Marienberg

● Weinerzeuger

Weingut Anton Fesel, Röthenweg, Heidingsfeld, 97084 Würzburg
☎ 09 31 / 6 35 17
☐ 5 ha W 45 Weinbau wurde vor 15 Jahren auf Selbstvermarktung umgestellt, Heckenwirtschaft

GWF-Verkaufsstelle Fam. Erhard Fuchs,
Hedanstraße 1, Heidingsfeld, 97084 Würzburg
☎ 09 31 / 6 40 08
W 70 im Winzerkeller des historischen Zehnthofes

▲ Weinbezogene Gastronomie und Übernachtungsmöglichkeiten

G *Hotel – Weinstube Brehm,*
** *Stengerstraße 18, Heidingsfeld, 97084 Würzburg*
☎ 09 31 / 6 40 28

G *Gasthaus Fischzucht,*
** *Julius-Echter-Straße 15, Heidingsfeld, 97084 Würzburg*
☎ 09 31 / 6 40 95

G *Altdeutsche Weinstube,*
* *Klingenstraße 3, Heidingsfeld, 97084 Würzburg*
☎ 09 31 / 6 55 05

G *Weinstube Konrad,*
Klosterstraße 6, Heidingsfeld, 97084 Würzburg
☎ 09 31 / 6 41 49

Rottendorf (Ortsteil von Würzburg)

Östlicher Vorort von Würzburg, 4 Kilometer vor der Frankenmetropole. Besuchenswert ist die spätgotische

Pfarrkirche mit klassizistischer Ausstattung, das Dekkengemälde entstand 1955. Rottendorf hat eine alte Weinbautradition, wenn auch heute nur noch eine kleine Rebanlage vorhanden ist.

■ Rottendorfer Kehlberg

Alte Flurbezeichnung, kehle = nach der Form des Tales.

☐ 2 ha
☐ Süd
☐ 40 %
☐ Müller-Thurgau
B Muschelkalk
C markant, duftig
L großlagenfrei

● Weinerzeuger

Weinbau Willi Grimm, Lärchenweg 4, 97228 Rottendorf
☎ *0 93 02 / 6 53*
☐ *0,4 ha Weinbau im Nebenerwerb*

▲ Weinbezogene Gastronomie

G *Restaurant Waldhaus, 97228 Rottendorf*
☎ *0 93 02 / 12 56*
Idyllische Lage etwa 2 km östlich von Rottendorf im Käferholz

An der Südspitze des Maindreiecks

Eine trockene, fast südliche Sonne über dem blauen Band des Maines und fruchtbare Lößlehmböden sorgen hier für eine besondere Würze der Weine.
Von dem »Juwel am Main«, genannt *Randersacker,* durch *Theilheim* mit seinem Wein- und Naturwanderweg nach *Eibelstadt* mit seiner prächtigen Mariensäule vor dem Rathaus. Unterhalb seiner Rebhänge ausgebreitet finden wir *Winterhausen* und ihm gegenüber *Sommerhausen.* Von Ferne schon erkennen wir die mächtigen Türme und Zinnen von *Ochsenfurt-Kleinochsenfurt,* ein Kleinod des Mittelalters. Nur zwei Kilometer östlich davon liegt *Frickenhausen* »mit einem feinen, traulichen Stimmungsreiz« (Ludwig Dehio).

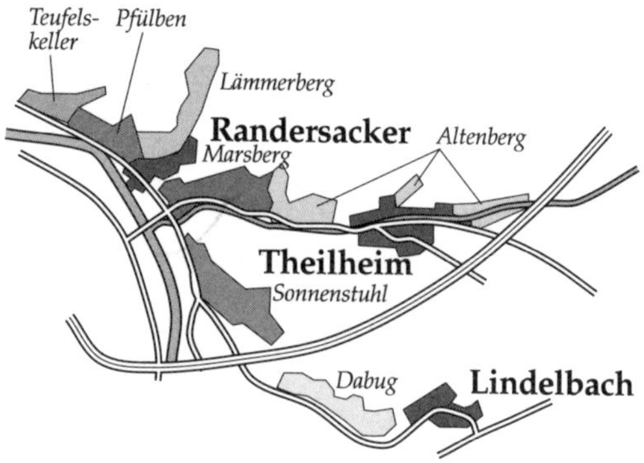

Randersacker mit Lindelbach

Randersacker hineingebaut in »Stein und Wein«. Dieser alte Marktflecken ist ein Juwel am Main. Fachwerkbauten und Natursteinhäuser aus hartem Muschelkalk in winkeligen Gäßchen, stattliche Bürgerhäuser, der markante Kirchturm, Mönchshof, Zehnthof und andere Herrschaftsgebäude sind Zeugen einer reichen Vergangenheit. Der Weinbau wird erstmals 779 erwähnt.
Sehenswert: Weinberg- und Steinmetzmuseum; altfränkischer Weinberg; Gartenpavillon von Balthasar Neumann; Riemenschneiderfigur in der Kirche

Weinlehrpfad mit Tafeln über die Rebsorten und ihre Züchtung durch die Lagen Pfülben und Lämmerberg, vorbei auch an dem Biotop »Altfränkischer Weinberg«
Weinfest: letztes Wochenende im Juli

■ Randersackerer Teufelskeller

Teufelskeller heißt die Schlucht zwischen Hohburg und Pfülben und der Südhang des Hohburg. Im 14. Jahrhundert waren diese Weinberge im Besitz der Würzburger Patrizierfamilie Teufel.

☐ 28 ha

[↑] Südsüdwest

[/] 20–70 %

[∵] Silvaner, Müller-Thurgau, Riesling

[B] Muschelkalk

[C] Silvaner: kräftiges Bukett, füllig, mild, nachhaltig
Müller-Thurgau: kräftig, duftend, mild

[L] Randersackerer Ewig Leben

■ Randersackerer Pfülben

Der Pfülben ist der steil zum Main abfallende Berg zwischen dem Ort Randersacker und dem Teufelskeller. Der Name Pfülben kommt von Pfulwen, Pfuel, eine althochdeutsche Bezeichnung für ein Ehebettkissen. Der Pfülben hat das Aussehen eines breiten Kissens, das am Mainbett liegt. Der Name erscheint schon im 14. Jahrhundert. Er gehört zu den ersten Lagenbezeichnungen Frankens.

☐ 22 ha

[↑] Südsüdost – Südwest

[/] 30–70 %

[∵] Silvaner, Riesling, Rieslaner

[B] Muschelkalk

[C] Silvaner: hervorragend artiges Bukett
Riesling: feinfruchtig, rassig, viel Körper

[L] Randersackerer Ewig Leben

■ Randersackerer Marsberg

Der Marsberg umfaßt seit 1971 eine Vielzahl früherer Lagen. Keineswegs vom römischen Kriegsgott hergeleitet, denn die Römer kamen nur bis Miltenberg. Kommt wohl von »Morsch« (mürbe) nach dem Gesteinsschutt um die Steinbrüche.

□ 42 ha
[↑] Südsüdwest
[/] 20–60 %
[∵] Silvaner, Müller-Thurgau, Riesling
[B] Muschelkalk
[C] Silvaner: nervig, markant und nachhaltig
Müller-Thurgau: zartblumig, kernig und ausdrucksstark
[L] Randersackerer Ewig Leben

■ Randersackerer Sonnenstuhl

Sonnenstuhl heißt die Lage, weil der Berg zur Sonne, nach Süden hin abgetreppt bzw. trassiert war und an einen Stuhl erinnerte.

□ 50 ha
[↑] Südsüdwest
[/] 20–60 %
[∵] Silvaner und Müller-Thurgau
[B] Muschelkalk
[C] ausdrucksstarke, kräftige Weine, nachhaltig und stoffig
[L] Randersackerer Ewig Leben

■ Randersackerer Lämmerberg

Der Lämmerberg ist schon früh urkundlich erwähnt. 1144 als Lemmberg, 1317 Lemmerberc und 1328 als Lemmerberg. Den größten Teil dieser Lage besaßen das Kloster von Heilsbronn, später die Markgrafen von Ansbach.

□ 15 ha
[↑] Südost – Süd
[/] 20–40 %
[∵] Müller-Thurgau
[B] Muschelkalk mit Lehmauflage

C Müller-Thurgau: zartblumige herzhafte Weine
L Randersackerer Ewig Leben

Randersackerer Dabug

Bug ist die Muskelpartie am Schultergelenk, bei Tieren der vordere Oberschenkel, dessen Form hier gemeint ist. Da ältere Schreibweisen Thal haben, das im fränkischen zur Dal wurde, ist das ein charakteristisch geformter, zu Tal ziehender Hang.

☐ 20 ha
↑ Südost
/ 15–45 %
∵ Silvaner, Müller-Thurgau
B Muschelkalk
C Silvaner: füllig, markant
Müller-Thurgau: kräftig, stoffig
L Eibelstadter Teufelstor

Randersackerer Ewig Leben

Großlagenbezeichnung für Randersackerer Pfülben, Marsberg, Sonnenstuhl, Teufelskeller, Lämmerberg.
Der Name Ewig Leben wurde erstmals 1668 in einem Randersackerer Schätzungsprotokoll erwähnt. Es war ein Flurstück, im oberen Marsberg gelegen. Sein Name entstand aus »Zum Ewigen Leben gegeben«.

Weinerzeuger

Winzergenossenschaft Randersacker EG,
Maingasse 33, 97236 Randersacker
☎ 09 31 / 70 90 01
☐ 125 ha W 20–200 1921 Gründung der Winzergenossenschaft; siedelt z. Zt. um; Kelter- und Kellergebäude sind bereits am Fuße des Sonnenstuhls; der Weinverkauf befindet sich noch im Ort

Weingut Wilhelm Arnold, Friedenstraße 6, 97236 Randersacker
☎ 09 31 / 70 83 26
☐ 6,5 ha W 15–40 Der Inhaber Klaus Arnold besitzt Weinberge in Randersacker und Eibelstadt; die Weinprobierstube über dem 300 Jahre alten Weinkeller ist von dem bekannten Würzburger Kunstmaler Wolfgang Lenz ausgestaltet

Weingut Kurt Brand, Am Marsberg 16, 97236 Randersacker
☎ 09 31 / 70 86 73
☐ 12,5 ha W 20–80 1976 siedelte das Weingut vom Ort in die Weinberge im Marsberg um; heute veranstaltet der Inhaber Karl-Heinz Brand im elterlichen alten Betriebshof im Gewölbekeller Weinproben für bis zu 80 Personen

Weingut Martin Göbel, Friedhofstraße 9, 97236 Randersacker
☎ 09 31 / 70 93 80
☐ 7 ha W 15–30 Auf das 17. Jahrhundert geht der Weinbau in dieser Familie zurück; seit Anfang der 50er Jahre wird über Flaschen und Bocksbeutel vermarktet; der Inhaber, Winzermeister Hubert Göbel, erhielt 1991 den bayerischen Staatsehrenpreis für hervorragende Leistungen bei der fränkischen Weinprämierung

Weingut Gebr. König, Herrngasse 29, 97236 Randersacker
☎ 09 31 / 70 81 66
☐ 7,5 ha W bis 30 A 30 Das Weingut ist durch einen hohen Silvaneranteil bekannt; die eigene Weinstube ist am Wochenende geöffnet und bietet fränkische Spezialitäten und Eigenbau-Wein

Weingut Schmitt's Kinder, Am Sonnenstuhl, 97236 Randersacker
☎ 09 31 / 70 83 03
☐ 13 ha W bis 30 Der Inhaber, Winzer- und Kellermeister Karl Schmitt, gibt sich besondere Mühe hinsichtlich der Lehrlingsausbildung und des naturnahen Weinbaues; 1974 siedelte der Betrieb um an den Fuß der Weinberge des Sonnenstuhls

Weingut Richard Schmitt, Friedenstraße 3, 97236 Randersacker
☎ 09 31 / 70 82 17
☐ 10 ha W bis 20 Weinbau in langer Familientradition, seit 1712; guterhaltener Holzfaßkeller

Weingut Robert Schmitt, Maingasse 13, 97236 Randersacker
☎ 09 31 / 70 83 51
☐ 7 ha W bis 15 Der Inhaber, Bruno Schmitt, führt die Tradition des über 200 Jahre alten Weinbauunternehmens fort; Spezialität sind trockene Weine

Weingut Josef Störrlein, Schulstraße 14, 97236 Randersacker
☎ 09 31 / 70 82 81
☐ 7 ha W bis 15 Der Winzermeister Armin Störrlein, Inhaber des Weingutes, setzt seinen Ehrgeiz auf trockene und halbtrockene Weine als Begleiter zum Essen

Heinrich Dietrich, Maingasse 11 ☎ *09 31 / 70 82 65*

Ernst Henneberger, Schulstraße 26 ☎ *09 31 / 70 78 62*

Otto Schenk, Ochsenfurter Straße 21 ☎ *09 31 / 70 76 97*

Fr. Schmachtenberger, Klosterstraße 73 ☎ *09 31 / 70 78 50*

Hubert Schmitt, Wegscheide 26 ☎ *09 31 / 70 80 97*

Paul Schmitt, Flecken 1 ☎ *09 31 / 70 82 06*

▲ Weinbezogene Gastronomie und Übernachtungsmöglichkeiten

G ** *Gasthof Bären, Würzburger Straße 6, 97236 Randersacker*
☎ *09 31 / 70 60 75*

G ** *Gasthof Krone, Würzburger Straße 16, 97236 Randersacker*
☎ *09 31 / 70 83 77*
Fischspezialitäten

G ** *Landgasthof Linde,*
Würzburger Straße 13, 97236 Randersacker
☎ *09 31 / 70 82 32*

G ** *Hotel und Gasthof Löwen,*
Ochsenfurter Straße 4, 97236 Randersacker
☎ *09 31 / 70 83 33*

G ** *Zur Alten Fähre, Ochsenfurter Straße 2, 97236 Randersacker*
☎ *09 31 / 70 82 00*

▲ Weinstuben

Gaststätte Spielberg, Lurzengasse 3, 97236 Randersacker
☎ *09 31 / 70 83 91*

Gasthof Teufelskeller, Teufelskeller 3, 97236 Randersacker
☎ *09 31 / 7 28 52*

Urlaubs-Weinstuben, Wegscheide 5, 97236 Randersacker
☎ *09 31 / 70 83 27*
Wild- und Fischgerichte

Randersackerer Weinstube,
Am Marsberg 4, 97236 Randersacker
☎ *09 31 / 70 91 45*
Eigener Weinbau

Weinstube Weinklause,
Brunnengasse 7, 97236 Randersacker
☎ *09 31 / 70 91 33*

Theilheim

Theilheim bei Randersacker, in einem Seitental zwischen Würzburg und Kitzingen gelegen, wurde 1098 erstmals urkundlich in einer Schenkungsurkunde an das Kloster St. Peter in Würzburg erwähnt.
Die Weinberge sind nicht rebflurbereinigt und wurden als alte Naturlandschaft mit Steinrutschen, Hecken und Stützmauern erhalten. Durch die Rebflur führt heute ein Wein- und Naturwanderweg.

■ Theilheimer Altenberg

Die Lage Altenberg ist enthalten in dem Programm der Regierung zur Förderung alter Weinberge. Hier wird weitgehend naturnah gearbeitet.

- □ 15 ha
- [↑] Süd
- [/] 40 %
- [∵] Müller-Thurgau, Silvaner, Bacchus
- [B] Muschelkalk
- [C] frische, bekömmliche, nicht schwere Vesperweine
- [L] eine kleine Fläche gehört zu Randersackerer Ewig Leben

● Weinerzeuger

Weinbau Reinhold Fuchs, Oberer Altenberg 11, 97288 Theilheim
[☎] 0 93 03 / 6 78
□ 2 ha [W] 40 Heckenwirtschaft

Weinbau Walter Endres, Oberer Altenberg 5, 97288 Theilheim
[☎] 0 93 03 / 4 39

Weinbau Clemens Wallrapp, Altenbergstraße, 97288 Theilheim
[☎] 0 93 03 / 22 48

Weinbau Paul Ernst, Scheckerstraße 28, 97288 Theilheim
[☎] 0 93 03 / 4 29

▲ Weinbezogene Gastronomie und Übernachtungsmöglichkeit

[G] [**] *Weinstube und Café Nussmann,*
Hauptstraße 4, 97288 Theilheim
[☎] 0 93 03 / 22 49

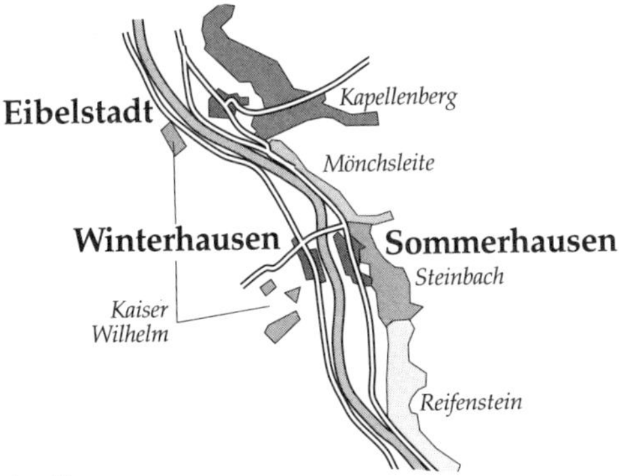

Eibelstadt

Diese kleine fränkische Stadt liegt zwischen Würzburg und Ochsenfurt am rechten Mainufer. Urkundlich erstmals im 11. Jahrhundert genannt, bestand sie als Siedlung aber schon im 8. Jahrhundert. Im Jahr 1424 verlieh Kaiser Sigismund Eibelstadt die Stadtrechte. Grundherr von Eibelstadt war bis 1803 das Domkapitel Würzburg. Viele alte Weinbergflurbezeichnungen, vor allem aus dem 17. Jahrhundert, weisen auf eine lange Weinbautradition hin, die bis heute fortgesetzt wird.
Sehenswert: die alte Wehrmauer (15./16. Jahrhundert), das spätbarocke Rathaus (1706) mit Mariensäule, Kreuzigungsgruppe (Werkstatt Riemenschneider in der spätgotischen Stadtpfarrkirche)
Weinfest: letztes Wochenende im Juni

■ Eibelstädter Kapellenberg

Kapellenberg wurde die vergrößerte Lage nach der vor ihr stehenden Kreuzkapelle genannt. Dem hl. Jakobus gewidmet, wurde sie 1661 eingeweiht.

□ 70 ha

[↑] Südwest

[/] 15–30 %

[∵] Silvaner, Müller-Thurgau

[B] Muschelkalk

[C] ausgeprägtes Sortenbukett, nachhaltig

[L] Eibelstädter Teufelstor

■ Eibelstädter Mönchsleite

Mönchsleite heißen die Weinberge außerhalb des Kapellenberges und Ölspiels nach dem Besitz einiger Klöster Würzburgs bis 1803. Den größten Weinbergbesitz hatte bis 1803 das Domkapitel, das auch Ortsherr war.

□ 15 ha

⍐ Südwest

⊘ 20–60 %

⁖ Silvaner, Müller-Thurgau

B Muschelkalk

C artiges Bukett, mild

L Eibelstädter Teufelstor

■ Großlage Eibelstädter Teufelstor

Großlage Eibelstädter Teufelstor	ca. 105 ha
Eibelstädter Kapellenberg	70
Eibelstädter Mönchsleite	15
Randersackerer Dabug	20

● Weinerzeuger

GWF-Weinverkaufsstelle Eibelstadt, Heinz Koch, Falltorgasse 12, 97246 Eibelstadt
☎ 0 93 03 / 4 80

Weingut Leo Sauer, Würzburger Straße 33, 97246 Eibelstadt
☎ 0 93 03 / 5 96
□ 7,6 ha W 45 Weinbau seit langem in der Familie; gepflegte, hochprämierte Weine

Weingut Englert, Maingasse 6, 97246 Eibelstadt
☎ 0 93 03 / 12 45
□ 3 ha W 20 Seit 1493 Weinbau in der Familie; vorzugsweise Holzfaßausbau

Weingut Thomashof, K.-D. Hures, 97246 Eibelstadt
☎ 0 93 03 / 5 17
□ 9,5 ha W 50 Jüngerer Selbstmarkterbetrieb, Aussiedlerhof; Hofschoppenfest

Weingut Walter Leiniger, Hauptstraße 16, 97246 Eibelstadt
☎ 0 93 03 / 2 09
□ 5 ha W 25 Alteingesessener Weinbaubetrieb mit Selbstvermarktung; Spezialität: Weißer Burgunder

Weinbau Max Markert, Am Zöller 1
☎ *0 93 03 / 15 95*
☐ *1,4 ha Nebenerwerbsbetrieb, erhielt 1992 den Bayerischen Staatsehrenpreis*

Weinbau Willi Dorsch, Maingasse 4 ☎ *0 93 03 / 4 96*

Weinbau Andreas Breunig, Schießmauer 3 ☎ *0 93 03 / 15 60*

▲ Weinbezogene Gastronomie und Übernachtungsmöglichkeiten

G *Zum Roß, Hauptstraße 14, 97246 Eibelstadt*
** ☎ *0 93 03 / 2 14*
Historisches Gasthaus

G *Zum Schwan, Hauptstraße 37, 97246 Eibelstadt*
** ☎ *0 93 03 / 15 16*

G *Krone, Hauptstraße 36, 97246 Eibelstadt*
☎ *0 93 03 / 10 40*

G *Weinhaus Fuchs Am Maintor, Maingasse 30, 97246 Eibelstadt*
☎ *0 93 03 / 2 38*

Winterhausen

Winterhausen liegt links des Maines Sommerhausen gegenüber. Beide Orte gehörten ursprünglich unter dem Namen »Ahausen« zusammen. Welche Bedeutung der Weinbau hier schon immer hatte, wird deutlich an dem Wappen der früheren Gesamtgemeinde Ahausen: eine Traube in ihm symbolisierte die Tätigkeit der Bürger von Ahausen.

Es gibt verschiedene Deutungen für die beiden neuen Ortsnamen. Die überzeugendste von allen: *Sommer*hausen weist auf die mehr südliche Seite, eben auf die Sommerseite hin, *Winter*hausen auf die nördliche, eben die Winterseite.

Wegen der Symbolik: Als Ahausen im 16. Jahrhundert aufgeteilt wurde, hielt man an der Aussage des Wappens fest, nur: Sommerhausen erhielt ein Wappen mit einer Rebe und der Sonne, Winterhausen eines mit der Rebe und dem Mond.

■ Winterhäuser Kaiser Wilhelm

Auf der Ludwigshöhe wurde aus Anlaß des 100jährigen Geburtstages von Kaiser Wilhelm eine Gedächtnisstätte errichtet. Die Weinberglage schließt sich dem Höhenzug dieser Stätte an.

☐ 15 ha
[↑] Südost
[/] 14 %
[∵] Müller-Thurgau
[B] Lößlehm
[C] fruchtige und kräftige Weine
[L] Sommerhäuser Ölspiel

● Weinerzeuger

Weinbau Wilhelm Meyer,
Heidingsfelder Straße 6, 97286 Winterhausen
☎ *0 93 33 / 18 71*
☐ *2 ha* [W] *15 Junger Selbstmarkterbetrieb; Hofschoppenfest*

Weinbau Karl Stöcker, Schönleite 14, 97286 Winterhausen
☎ *0 93 33 / 10 69*

▲ Weinbezogene Gastronomie und Übernachtungsmöglichkeit

[G] *Landgasthof Zum Schiff, Fährweg 14, 97286 Winterhausen*
[**] ☎ *0 93 33 / 17 85*
Direkt am Main gelegen

[G] *Alte Brücke, Fährweg 2, 97286 Winterhausen*
☎ *0 93 33 / 3 95*
Typisches Weinstubenambiente

Sommerhausen

Ein hübscher mittelalterlicher Marktflecken, am rechten Mainufer zwischen Ochsenfurt und Würzburg gelegen. Die Anfänge der Siedlung gehen auf die fränkische Landnahme zurück. Sommerhausen war immer ein Weinbauort gewesen. Heute hat der Obstanbau an Bedeutung gewonnen.

Sehenswert: das Schloß (erbaut 1569/75) und die Pfarrkirche aus dem 18. Jahrhundert; die Marktbefestigung aus dem 16. Jahrhundert ist nahezu erhalten; der nördliche Torturm beherbergt seit 1950 das kleinste Theater Deutschlands
Trachtenumzug: Anfang Oktober

■ Sommerhäuser Steinbach

Steinbach, nach einer alten Flurlage, durch die einst ein Bach floß, der sommers meist versiegte, so daß nur die Steine des Bettes sichtbar waren.

□ 45 ha
[↑] West – Südwest
[/] 60 %
[∵] Silvaner, Riesling, Rieslaner
[B] Oberer Muschelkalk
[C] markante, fruchtige Weine
[L] Sommerhäuser Ölspiel

■ Sommerhäuser Reifenstein

Durch die Zusammenlegung der Einzellagen »Reifental« und »Steinpfad« entstand die Einzellage »Sommerhäuser Reifenstein«.

□ 60 ha
[↑] West – Südwest
[/] 45 %
[∵] Silvaner, Müller-Thurgau, Scheurebe
[B] Muschelkalkverwitterung
[C] fruchtige Weine mit feinem Spiel
[L] Sommerhäuser Ölspiel

● Großlage Sommerhäuser Ölspiel	ca. 120 ha
Sommerhäuser Reifenstein	60
Sommerhäuser Steinbach	45
Winterhäuser Kaiser Wilhelm	15

● Weinerzeuger

Weingut Christoph Steinmann,
Neuenberghof, 97286 Sommerhausen
☎ *0 93 33 / 4 36*
□ *9,8 ha* [W] *50 Idyllische Lage auf dem Berg; Spezialität: Rotweine und Sekte; Edelbranntweine*

Weingut, Privat- und Sektkellerei Ernst Gebhardt,
Hauptstraße 21–23, 97286 Sommerhausen
☎ *0 93 33 / 2 87*
□ *13,5 ha* [W] *30 Alteingesessener Betrieb seit 1723; angeschlossener Weinhandel (60 ha Erfassung); Spezialitäten: Sekte, Aus- und Beerenauslesen*

Weingut Schloß Sommerhausen – Johann Kaspar Steinmann OHG,
Ochsenfurter Straße 17–19, 97286 Sommerhausen
☎ *0 93 33 / 2 60*
□ *25 ha* [W] *25 Gepflegte Weine, hohe Prämierungserfolge; angeschlossene Rebpflanzguterzeugung; Winzersekte*

Weingut Karl Steinmann und Sohn, Plan 4, 97286 Sommerhausen
☎ *0 93 33 / 2 50*
□ *8,5 ha* [W] *55 Betrieb ist in einem historischen, mittelalterlichen Gebäude untergebracht; Spezialität: Rotweine; Hofschoppenfest mit Konzerten*

Weingut am Ölspiel, Konrad Schwarz,
Schleifenweg 13, 97286 Sommerhausen
☎ *0 93 33 / 2 21*
□ *4 ha* [W] *25 Sortentypisch gepflegte Weine; hochprämiert; Edelobstbranntweine*

Weingut Sonnenhof, Richard Wagner und Sohn,
Sonnenhof, 97286 Sommerhausen
☎ *0 93 33 / 4 31*

Weinbau Hans Schmuck, Casparigasse 13, 97286 Sommerhausen
☎ *0 93 33 / 4 19*

Weingut Felshof – Inh. Karl Wenniger, 97286 Sommerhausen
☎ *0 93 33 / 3 31*

▲ Weinbezogene Gastronomie und Übernachtungsmöglichkeiten

[G] [**] *Hotel und Gaststätte Ritter Jörg, Mainstraße 14, 97286 Sommerhausen*
☎ 0 93 33 / 12 21
Historischer Gasthof

[G] [**] *Weinhaus Düll, Maingasse 5, 97286 Sommerhausen*
☎ 0 93 33 / 2 20

[G] [**] *Weinhaus Unkel, Maingasse 6, 97286 Sommerhausen*
☎ 0 93 33 / 2 27

[G] [*] *Zum Goldenen Ochsen, Hauptstraße 24, 97286 Sommerhausen*
☎ 0 93 33 / 2 03

[G] *Weinstube Am Torturm, Katharinengasse 3, 97286 Sommerhausen*
☎ 0 93 33 / 17 68
Kleinkunstbühne »Bockshorn« im Kellergewölbe

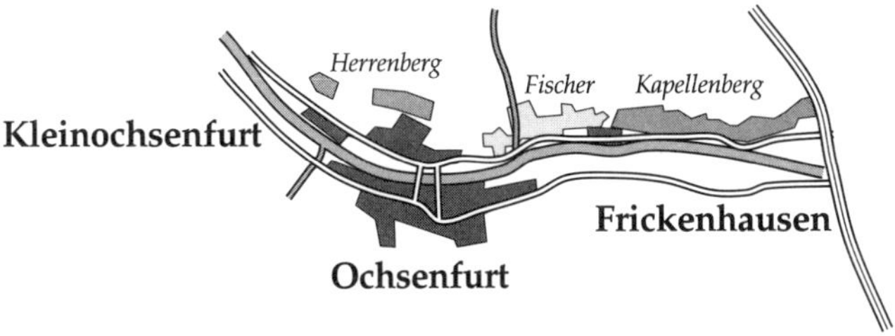

Ochsenfurt – Kleinochsenfurt

Das malerische Städtchen liegt an der Südspitze des Maindreiecks. Ochsenfurts Geschichte wurde durch das Fürstbistum Würzburg stark beeinflußt. Als erste Erwähnung von Ochsenfurt ist die Gründung des Benediktinerinnenkonvents im 8. Jahrhundert zu nennen. Der Weinbau wird in der Geschichte Ochsenfurts immer wieder erwähnt.

Sehenswert in Ochsenfurt: das Rathaus mit alter Uhr, die gotische Stadtpfarrkirche St. Andreas mit Werken von Riemenschneider; Teile der Befestigung (14. Jahrhundert) und im Ortsteil Tückelhausen das Kartäuser-Kloster

■ Kleinochsenfurter Herrenberg

Die Lage Herrenberg führt auf Weinberge der Würzburger Domherren zurück.

☐ 18 ha
[↑] Südwest
[/] 35 %
[∵] Müller-Thurgau, Bacchus, Silvaner, Kerner, Schrebe
[B] Lehm und Letten
[C] kräftig, gehaltvoll
[L] großlagenfrei

● Weinerzeuger

Weingut Mönchshof, Engelbert Roth,
Kleinochsenfurter Straße 62, 97199 Ochsenfurt
[☎] *0 93 31 / 21 31*
☐ *3 ha* [W] *25 Weinbau seit Generationen; seit 10 Jahren Selbstvermarktung; Sekt*

GWF-Verkaufsstelle Winzerhof Alois Grünewald,
Kleinochsenfurter Straße 53, 97199 Ochsenfurt
[☎] *0 93 31 / 35 13*
[W] *50 Weinbergführungen*

▲ Weinbezogene Gastronomie und Übernachtungsmöglichkeiten

[G] [***] *Hotel Zum Schmied von Ochsenfurt,*
Hauptstraße 26, 97199 Ochsenfurt
[☎] *0 93 31 / 24 38*
Altes historisches Haus

[G] [*] *Gasthaus Weißes Lamm,*
Würzburger Straße 70, 97199 Kleinochsenfurt
[☎] *0 93 31 / 35 65*

[G] *Weinstube Fröhlich, Badgasse 5, 97199 Ochsenfurt*
[☎] *0 93 31 / 26 18*

Frickenhausen

Zwischen Main und Weinbergen gelegen, verfügt Frickenhausen über eine vollständig erhaltene Stadtbefestigung und über 4 Wehrtürme. Das Ortsbild ist reich an alten Patriziergebäuden, die sehr gut erhalten sind.
Frickenhausen wurde 819 erstmals urkundlich erwähnt. In dieser Schenkungsurkunde der Grafen von Babenberg an das Hochstift Würzburg wurden ebenfalls Weinberglagen erwähnt: nämlich »daß der Weinberg den Ruhm des reizvollen Winzernestes ausmacht«. In Frickenhausen blieben die Bürger dem Weinbau über die Jahrhunderte hinweg treu.
Weinfest: Mitte Juni

■ Frickenhäuser Kapellenberg

Der Lagenname stammt von der Kapelle, die oberhalb der Steige steht. Die Kapelle ließ der Büttner Valentin Zang im Jahre 1699 in den Weinbergen erbauen, nachdem er von einer schweren, unheilbaren Krankheit genesen war.

□ 70 ha

[↑] Süd – Südsüdwest

[/] 20–45 %

[∵] Silvaner, Riesling

[B] Muschelkalk mit Sand durchsetzt, im Untergrund lehmiger Ton

[C] kräftige, gehaltvolle, vom Boden geprägte Weine (oberer Muschelkalk)

[L] Markgraf Babenberg (nur für Frickenhausen eingetragen)

■ Frickenhäuser Fischer

Fischer ist ein alter Lagenname und weist auf einen Familiennamen von Vorbesitzern hin. Wahrscheinlicher aber auf den Besitz der Fischer.

□ 30 ha

[↑] Süd – Südsüdwest

[/] 20–45 %

[∵] Silvaner, Riesling

[B] Muschelkalk mit Sand durchsetzt, im Untergrund lehmiger Ton

[C] kräftig, gehaltvolle, vom Boden geprägte Weine

[L] Markgraf Babenberg

● Weinerzeuger

Weingut Meintzinger, Am Jahnplatz, 97252 Frickenhausen
[☎] 0 93 31 / 12 47
[ ] 13 ha [W] 40 Traditionsverbundener, moderner Betrieb

Weingut Bickel – Stumpf, Kichgasse 27, 97252 Frickenhausen
[☎] 0 93 31 / 28 47
[ ] 7 ha [W] 50 Meist trocken ausgebaute Qualitäts- und Prädikatsweine, Frankensekte

Weingut Josef Ulsamer, Segnitzer Straße 43, 97252 Frickenhausen
[☎] 0 93 31 / 32 86

GWF-Weinverkaufsstelle Frickenhausen, Raiffeisenbank eG, Hauptstraße 154, 97252 Frickenhausen
[☎] 0 93 31 / 25 50

▲ Weinbezogene Gastronomie und Übernachtungsmöglichkeiten

[G] [***] *Wald- und Sporthotel Polisina,*
Marktbreiter Straße 265, 97252 Frickenhausen
[☎] 0 93 31 / 30 81

[**] *Hotel Meintzinger (garni),*
Jahnstraße 33, 97252 Frickenhausen
[☎] 0 93 31 / 30 77

[G] *Weinstube »Weinkönigin«,*
Hauptstraße, 97252 Frickenhausen
[☎] 0 93 31 / 26 30

[G] *»Fränkische Weinstube«,*
Hauptstraße, 97252 Frickenhausen
[☎] 0 93 31 / 6 51

Von Marktbreit bis zur Volkacher Mainschleife

Von Frickenhausen auf der Bocksbeutelstraße nach *Marktbreit.* Malerische Winkel, alte Türme und Tore laden hier zum Verweilen ein. Ähnliches gilt für *Obernbreit.* In *Martinsheim* blicken wir zum ersten Mal auf den grünen Zauber des Steigerwalds.
Segnitz liegt im untersten Winkel des Maindreiecks Marktbreit gegenüber. *Sulzfeld* mit seinen verwinkelten, alten Gassen und *Sickershausen* (Kitzingen) mit der Lage Storchenbrünnle sind Stationen vor Kitzingen: Von Reben umgeben erkennen wir *Kitzingen* schon von Ferne an der schiefen Haube des Falterturms.
Nördlich von Kitzingen, in *Repperndorf* (Kitzingen), soll Karl der Große die erste Rebe selbst gepflanzt haben. *Buchbrunn* hat sich erst vor kurzem in den Reigen der fränkischen Weinorte eingereiht. Von Buchbrunn führt uns die Bocksbeutelstraße zwischen den alten Weinbauorten *Mainstockheim* und *Albertshofen* hindurch geradewegs nach *Dettelbach* mit seiner guterhaltenen, alten Stadtbefestigung aus dem 15. Jahrhundert und zu den Dettelbacher Ortsteilen *Brück* und *Neusetz.*

Marktbreit

Am südlichsten Punkt des Maindreiecks, unweit von Ochsenfurt, liegt das romantische Städtchen Marktbreit. Ehemals ein Fischer-, Bauern- und Häckerdorf, wurde es 1258 erstmals erwähnt. Nach der Markterhebung 1557 folgte die Errichtung des Mauerrings mit Türmen und Toren. 1819 wurde Marktbreit, jetzt im Königreich Bayern, zur Stadt erhoben.
Marktbreit war über die Zeiten hinweg immer auch eine bedeutende Weinhandelsstadt, nicht zuletzt schrieb Ende des 18. Jahrhunderts hier ein Weinhändler die Grundsätze des Qualitätsweinbaues nieder.
Sehenswert: der Alte Kranen am Main, der, 1773 erbaut, von der Hochblüte des Handels zeugt und das mäch-

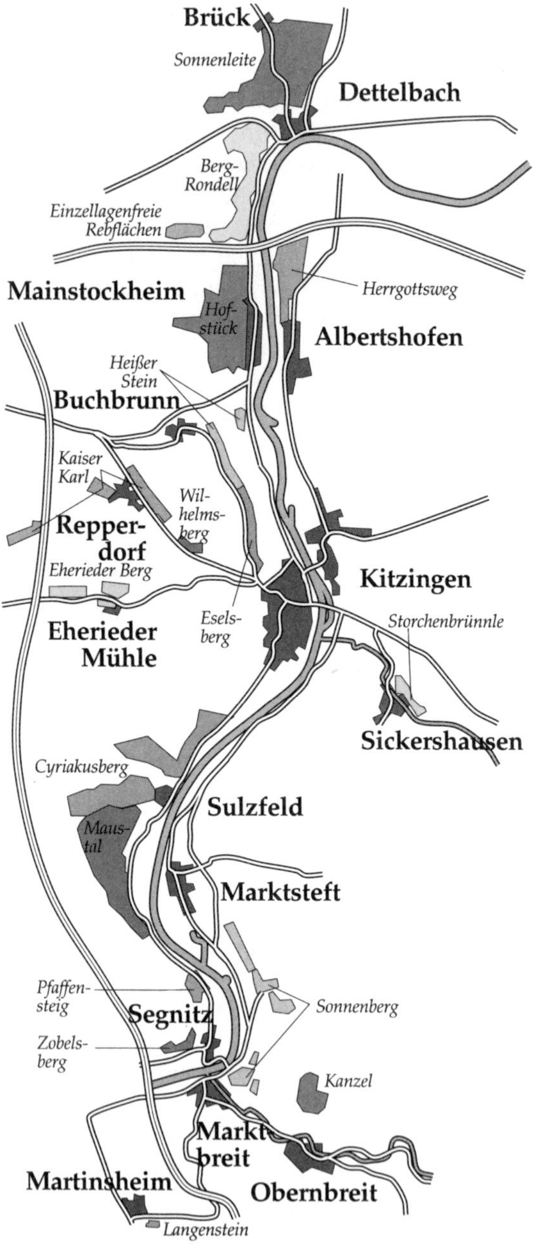
Brück
Sonnenleite
Dettelbach
Berg-Rondell
Einzellagenfreie Rebflächen
Mainstockheim
Herrgottsweg
Hofstück
Albertshofen
Heißer Stein
Buchbrunn
Kaiser Karl
Wilhelmsberg
Repperdorf
Eherieder Berg
Kitzingen
Eherieder Mühle
Eselsberg
Storchenbrünnle
Sickershausen
Cyriakusberg
Sulzfeld
Maustal
Marktsteft
Pfaffensteig
Segnitz
Sonnenberg
Zobelsberg
Kanzel
Marktbreit
Martinsheim
Obernbreit
Langenstein

tige Renaissance-Rathaus (1579); erhalten sind noch viele Tore und Türme der Stadtbefestigung aus dem 14. Jahrhundert; Marktbreit besitzt darüber hinaus eine große Zahl historisch interessanter Bürgerhäuser und Fachwerkhäuser
Weinfest: Ende Juni/Anfang Juli

■ Marktbreiter Sonnenberg

In »Sonnenberg«, aus einer Parzelle gewonnen, sind alle alten Lagennamen wie Mainleite, Engelberg u. a. aufgegangen. Sonne bedeutet hier die Lage nach Süden.

□ 20 ha
[↑] Süd – Südwest
[/] 30–35 %
[∵] Müller-Thurgau
[B] Muschelkalk
[C] kräftig duftend, pikant, feinnervig, gehaltvoll
[L] Kitzinger Hofrat

● Weinerzeuger

GWF-Weinverkaufsstelle Marktbreit, Winzerkeller Schustergasse, Fam. Preeg, 97340 Marktbreit
[☎] *0 93 32 / 12 95*
[W] *70 Weinproben im historischen Gewölbekeller*

▲ Weinbezogene Gastronomie und Übernachtungsmöglichkeiten

[G] *Hotel »Löwen«, Marktstraße 8, 97340 Marktbreit*
[**] [☎] *0 93 32 / 30 85*
Zweitältestes Gasthaus Bayerns

[G] *»Zum Goldenen Stern«, Bahnhofstraße 9, 97340 Marktbreit*
[*] [☎] *0 93 32 / 13 16*

[G] *»Drachenburg«-Weinstuben – Restaurant, Enheimer Straße 1, 97340 Marktbreit*
[☎] *0 93 32 / 14 30*

Obernbreit

Nur 2 Kilometer südöstlich von Marktbreit liegt in einem Seitental der Markt Obernbreit. Funde aus der jüngeren Steinzeit auf Obernbreiter Gemarkung weisen auf eine frühe Besiedelung hin. 1268 wird der Ort erstmals genannt. Lange Zeit war Obernbreit in Besitz der Markgrafen von Brandenburg-Ansbach.
In der Geschichte Obernbreits wird immer wieder vom Weinbau im Ort berichtet. Der Weinbau heute nimmt eher einen bescheidenen Anteil der ehem. bewirtschafteten Flächen ein.
Sehenswert: das Fachwerk-Rathaus aus dem 17. Jahrhundert, das in Ortsmitte den Breitbach überspannt

■ Obernbreiter Kanzel

1977 wurde der herkömmliche Name Kanzel für die Lage genehmigt, deren Form entfernt an eine Kanzel (s. Predigtstuhl/Dorfprozelten) erinnert.

☐ 24 ha

[↑] Süd – Südwest

[/] 10–15 %

[⁝] Müller-Thurgau, Silvaner, Bacchus

[B] Muschelkalk

[C] vom Muschelkalk geprägtes Bukett, pikant

[L] Kitzinger Hofrat

● Weinerzeuger

Weinbau Eduard Krammer, Winterseitenweg 17, 97342 Obernbreit
[☎] 0 93 32 / 8 37
☐ 1,4 ha [W] 20 Moderner Familienbetrieb, 1976 gegründet; prämierte Weine, Sekte

Weinbau Leonhard Löther, Schwarzenberger Straße 7
[☎] 0 93 32 / 96 84

GWF-Verkaufsstelle Fam. Eberhard Stinzinger,
Würzburger Straße 4, 97342 Obernbreit
[☎] 0 93 32 / 16 23
[W] 25

▲ Weinbezogene Gastronomie

G *Gasthaus Schwarzer Adler,*
Enheimer Straße 1, 97342 Obernbreit
☎ *0 93 32 / 745*
Historisches Wirtshaus (1716)

Martinsheim

Auf dem Weg von Ochsenfurt nach Uffenheim, südlich von Segnitz und Marktbreit, liegt Martinsheim am Beginn des südwestlichen Steigerwaldes. Die heutigen Weinberge liegen am Südwesthang des Märzbachgrundes. 1293 erstmalige Erwähnung. Martinsheim war lange Zeit unter der Herrschaft des Markgrafen von Brandenburg, Ansbach.

■ Martinsheimer Langenstein

Langenstein heißt die Lage nach der langgestreckten Form des felsigen Berges. Sie befindet sich im alleinigen Besitz des Winzers Georg Kost.

□ 2,3 ha
↑ Südwest
/ 5 %
∵ Müller-Thurgau, Bacchus
B Keuper, Lehm
C fruchtig, stoffig
L großlagenfrei

● Weinerzeuger

Weinbau – Weinkellerei Georg Kost,
Langgasse 17, 97340 Martinsheim
☎ *0 93 32 / 14 95*
□ *2,3 ha Der Vater des heutigen Besitzers hat 1933 den Weinbau wieder aufgebaut*

Segnitz

Segnitz hat eine lang zurückreichende Geschichte. So wird vermutet, daß hier im 7. Jahrhundert eine slawische Siedlung gewesen ist.
Der Weinbau hatte in Segnitz über Jahrhunderte große Bedeutung. Durch Rebkrankheiten und schlechte Wegführung in den Weinbergen ging er im 19. Jahrhundert jedoch stark zurück.
Den Weintouristen seien die alte Ortskirche und das Rathaus aus dem 16. Jahrhundert zur Beachtung empfohlen; ebenso die malerischen Fachwerkbauten.

■ Segnitzer Pfaffensteig

Der Lagenname erinnert an den Fluchtweg des letzten katholischen Geistlichen aus Segnitz über den späteren Pfaffensteig nach Zeubelried.

□ 12 ha
[↑] Süd
[/] 25–30 %
[∵] Silvaner
[B] Lößlehm auf Muschelkalk
[C] typische und gehaltvolle Silvaner, ausgeprägte Sortenart
[L] Kitzinger Hofrat

■ Segnitzer Zobelsberg

Der Zobelberg bezeichnet die ehemaligen Güter der Ritter von Zobel aus Giebelstadt. Die Herren von Zobel bildeten als Vertreter des Bistums Würzburgs einen Teil der Dorfherrschaft.

□ 12 ha
[↑] Südost
[/] 25–50 %
[∵] Müller-Thurgau
[B] Lößlehm auf Muschelkalk
[C] kräftige und markante Weine
[L] Kitzinger Hofrat

● Weinerzeuger

Weingut A. F. Kreglinger, Rathausstraße 2, 97340 Segnitz
☎ *0 93 32 / 14 22*
☐ *8,5 ha* W *15 Weingut im historischen Fachwerkbau, moderne Kellerwirtschaft*

Weinbau Walther Baumann, Im Furtsand 3, 97340 Segnitz
☎ *0 93 32 / 97 02*

▲ Weinbezogene Gastronomie und Übernachtungsmöglichkeiten

G ** *Gasthaus Zum Goldenen Anker, Ferdinand Bogner, Mainstraße 8, 97340 Segnitz*
☎ *0 93 32 / 2 27*

G ** *Gasthaus Goldenes Schiff, Willi Zink, Hans-Kesenbrod-Straße 10, 97340 Segnitz*
☎ *0 93 32 / 13 09*

Sulzfeld

Zwischen Segnitz und Kitzingen, angeschmiegt an das rechte Ufer des Mains, liegt die alte fränkische Siedlung Sulzfeld. Die heute noch guterhaltene Wehranlage aus dem 15. Jahrhundert, mit 21 Türmen und drei Tortürmen, bildet die Form eines unregelmäßigen Fünfecks.

Sehenswert: das große und mächtige Rathaus (1609) mit seiner Renaissancefassade, verwinkelte Gassen und Fachwerkhäuser

Sulzfelder Weintage: Programm mit Wein und fränkischer Kultur im Juli

Rebsortenwanderweg über die Weinberglage Maustal mit herrlichem Blick über das historische Ortsbild von Sulzfeld

■ Sulzfelder Cyriakusberg

Der hl. Cyriakus ist Namenspatron dieser Weinberglage.

☐ 120 ha

↑ Süd, Südost

/ 10–45 %

[∵] Silvaner, Müller-Thurgau
[B] Lettenkeuper, oberer Muschelkalk
[C] markante, kräftige Weine mit guter Lagerfähigkeit
[L] Kitzinger Hofrat

■ Sulzfelder Maustal

Der Name Maustal ist ein jahrhundertealter Katastername. In diesem Hang soll es in bestimmten Jahren viele Mäuse gegeben haben.

[ ] 60 ha
[↑] Südsüdost
[/] 25–45 %
[∵] Müller-Thurgau, Silvaner
[B] Muschelkalk, Lettenkeuper, Lößlehm
[C] markige, gehaltvolle Weine mit ausgeprägtem Bukett
[L] Kitzinger Hofrat

● Weinerzeuger

Gebietswinzergenossenschaft Franken – Verkaufsstelle, Maingasse 13, 97320 Sulzfeld
[☎] 0 93 21 / 52 01
Familie Beck führt in eigener Probierstube ein umfangreiches Weinangebot Sulzfelder Weine

Weinkellerei Josef Brennfleck, Papiusgasse 7, 97320 Sulzfeld
[☎] 0 93 21 / 2 42 70
[ ] 20 ha [W] 20 Weinhandelshaus mit geschichtlicher Tradition

Weingut Zehnthof, Inh. Theo Luckert, Kettengasse 3, 97320 Sulzfeld
[☎] 0 93 21 / 65 36
[ ] 12 ha [W] 25 Weingut im historischen Zehnthofgebäude (16. Jh.); hoher Anteil Silvaner; eigener Sekt und besonders Auslese-Weine

Weingut Roland Staudt, Am Maustal 3, 97320 Sulzfeld
[☎] 0 93 21 / 68 26
[ ] 4 ha [W] 45 Weingut am Fuße des Maustals, zweimal jährlich Heckenwirtschaft, Frühjahr und Herbst

Weingut Paul Streng, Kitzinger Straße 11, 97320 Sulzfeld
☎ *0 93 21 / 52 91*
☐ *4 ha* W *25 Typischer Familienbetrieb, von der Oma bis zum Enkel; sortentypische Weine prägen das Angebot*

Weingut Winfried Luckert, Maingasse 22, 97320 Sulzfeld
☎ *0 93 21 / 89 16*
☐ *3 ha* W *50 Weingut mit Heckenwirtschaft in rustikaler Scheune, im Frühjahr und Herbst*

Weingut Berthold Augustin, Mathias-Schiestl-Straße 44
☎ *0 93 21 / 56 63*

Weingut Bernhard, Maustal 1 ☎ *0 93 21 / 24 27*

▲ Weinbezogene Gastronomie und Übernachtungsmöglichkeiten

G ** *Hotel – Weinstube Berthold Luckert, Peuntgasse 7, 97320 Sulzfeld*
☎ *0 93 21 / 73 83*

G ** *Gasthaus Zum Stern, Pointgasse 5, 97320 Sulzfeld*
☎ *0 93 21 / 56 38*
Zimmer mit gutem Komfort

G ** *Zur Ratsstube, Langengasse 1, 97320 Sulzfeld*
☎ *0 93 21 / 42 34*

G *Weinstube Michaels-Keller, Langengasse 3, 97320 Sulzfeld*
☎ *0 93 21 / 75 45*

Sickershausen (Ortsteil von Kitzingen)

Sickershausen liegt 2 Kilometer südöstlich von Kitzingen und ist heute Stadtteil von Kitzingen. 1225 wird der kleine Ort erstmals genannt, der sich jahrhundertelang in markgräfisch-ansbachischem Besitz befand.
Die ev. Pfarrkirche besitzt einen frühgotischen Turm aus der Zeit um 1300. Gleich hinter der Kirche steht das schönste profane Bauwerk des Ortes, das ehemalige Rathaus aus dem 16. Jahrhundert. Das Gebäude beherbergt heute das »Frankenstudio«, eine volkskundliche und heimatgeschichtliche Sammlung.
Weinbau und Weinhandel hatten hier ihre Blütezeit ganz besonders im 18. Jahrhundert.

■ Sickershäuser Storchenbrünnle

Storchenbrünnle (die fränkische Verkleinerung »-le« kommt von »lein«) war kein gemauerter tiefer Brunnen, sondern ein Quell, der die Wiesen wässerte, in denen Störche ihre Nahrung fanden.

☐ 7 ha

[↑] Südwest

[/] 20–40 %

[∵] Müller-Thurgau

[B] Muschelkalk, Verwitterung

[C] zartduftend, fruchtig, pikant, markant, nachhaltig

[L] Rödelseer Schloßberg

● Weinerzeuger

Weine werden über die Gebietswinzergenossenschaft Franken (siehe Repperndorf) vermarktet

▲ Weinbezogene Gastronomie

[G] *Gasthaus Zum Goldenen Löwen,*
Markgrafenstraße 38, Sickershausen, 97318 Kitzingen
☎ 0 93 21 / 3 35 80

Kitzingen

Seine Lage im Mittelpunkt des fränkischen Weinlandes zwischen Steigerwald und Maintal sowie im Schnittpunkt uralter Handelsstraßen begründete Kitzingens Bedeutung als Weinhandelsplatz. Die Entstehung Kitzingens ist wohl alemannischen Ursprungs; ihre Weiterentwicklung verdankt die Stadt der Gründung des Frauenklosters durch Bonifatius (vor 748). Die Keller der ehemaligen Benediktinerinnenabtei sind somit über 1000 Jahre alt und gelten als ältester Weinkeller Deutschlands. Von der ehemaligen Befestigung der Stadt blieb das heutige Wahrzeichen, der schiefe Turm, der hohe Falterturm erhalten. Darin ist seit Mitte der 60er Jahre das Deutsche Fastnachtsmuseum untergebracht. Sehenswert sind das Rathaus, ein behäbiger

Renaissancebau, die katholische Stadtpfarrkirche als dreischiffige Hallenkirche und die evangelische Pfarrkirche als letztes nachgewiesenes Werk des Baumeisters Antonio Petrini. Der alte Kitzinger Klosterkeller ist heute im Besitz der Gebietswinzergenossenschaft Franken (GWF). Die GWF hat sich zusätzlich zum Ziel gesetzt, umweltorientierten Weinbau voranzutreiben. 1989 gründeten 80 Winzer der GWF den »Ökologischen Weinbau Franken e. V.«.
Heute sind es in der GWF 138 Winzer, die als Ziel den ökologischen Weinbau anstreben.

■ Kitzinger Wilhelmsberg

Wilhelmsberg heißt die in Richtung Repperndorf (B 8) ziehenden Lage laut Katastereintrag von 1902 nach dem Weingutsbesitzer K. Wilhelm G. Meuschel, der die Neubestockung geleistet hatte.

□ 4,5 ha
↑ Südwest
⁄ 15–25 %
⁘ Silvaner, Müller-Thurgau
B Lehm mit Muschelkalkablagerungen
C duftend, kernig, nachhaltig
L Kitzinger Hofrat

■ Kitzinger Eselsberg

Der alte Flurname deutet auf die bucklige Form des Höhenzuges hin. Der »Eselsrücken« ist als Form für Türstürze auch in die Kunstgeschichte eingegangen.

□ 4,5 ha
↑ Südwest
⁄ 45 %
⁘ Silvaner, Kerner
B Muschelkalk mit Lettenkeuper
C fruchtsäurebetont, markant
L Kitzinger Hofrat

■ Eherieder Berg

Eherieder Berg ist eine wiederbelebte Anlage von der Familie Hassold, die am Fuß des Berges die Eherieder Mühle bewirtschaftet. Wegen der Hanglage wurde der Zusatz Mühle durch »Berg« ersetzt. Ried ist das nasse, sumpfige Gelände, das früher (»ehe«; »ehedem«) den mühletreibenden Bach begleitet hat.

☐ 25 ha
[↑] Süd – West
[/] 10–30 %
[∵] Müller-Thurgau, Silvaner
[B] Ton mit Muschelkalk; Lößlehm
[C] zartduftend, kernig, individuelle Geschmacksnote
[L] großlagenfrei

■ Großlage Kitzinger Hofrat

Großlage Kitzinger Hofrat	ca. 385 ha
Segnitzer Zobelsberg	12
Segnitz Pfaffensteig	12
Marktbreiter Sonnenberg	20
Sulzfelder Maustal	60
Sulzfelder Cyriakusberg	120
Kitzinger Wilhelmsberg	4,5
Repperndorfer Kaiser Karl	33
Buchbrunner Heißer Stein	20
Mainstockheimer Hofstück	60
Kitzinger Eselsberg	4,5
Albertshöfer Herrgottsweg	15
Obernbreiter Kanzel	24

● Weinerzeuger

Weingut und Weinkellerei Wilhelm Meuschel
Christian und Johannes Meuschel,
Innere Sulzfelder Straße 14, 97318 Kitzingen
[☎] *0 93 21 / 43 78*
☐ *3 ha Eigenweinbau, 12 ha Zukauf* [W] *100 Betrieb seit über 400 Jahren im Familienbesitz; alter, schöner, zweistöckiger Weinkeller; Spezialität: Rotweine*

Weingut – Weinkellerei Bernhard Völker,
Güterhallstraße 10–12, 97318 Kitzingen
☎ *0 93 21 / 41 94*
☐ *3 ha Eigenweinbau, 19 ha Zukauf* W *50 Alteingesessene Winzerfamilie (1665); gepflegte prämierte Weine*

Weinbau – Weinkellerei Hans Röser,
Mainstockheimer Straße 19, 97318 Kitzingen
☎ *0 93 21 / 44 34*
☐ *1,5 ha Eigenweinbau, 30 ha Zukauf* W *25 Weinbau seit Generationen in der Familie; Weinhandel wurde 1948 gegründet*

Weinbau – Weinhandel Christof-Hans Herpfer,
Paul-Eber-Straße 5, 97318 Kitzingen
☎ *0 93 21 / 61 01*
☐ *1 ha Eigenweinbau, 35 ha Zukauf* W *25 Weinbau seit über 170 Jahren in der Familie; Weinhandel seit 1899; breites Frankenweinangebot*

GWF-Verkaufsstelle Alter Klosterkeller,
Alte Poststraße 6, 97318 Kitzingen
☎ *0 93 21 / 70 05 89*
W *120 Weinverkostung im historisch gewölbten Klosterkeller*

Weingut Eherieder Mühle, Fam. Haßold,
Kaltensondheimer Straße 115, 97318 Kitzingen
☎ *0 93 21 / 2 44 64*
☐ *9 ha* W *30 Selbstvermarktung 1977; Weinprobierstube und Weinstube mit Weingarten*

▲ Weinbezogene Gastronomie und Übernachtungsmöglichkeiten

G *»Bayrischer Hof«, Herrenstraße 2, 97318 Kitzingen*
** ☎ *0 93 21 / 61 47*

G *»Esbach-Hof«, Repperndorfer Straße 3, 97318 Kitzingen*
** ☎ *0 93 21 / 80 55*

G *»Deutsches Haus«, Bismarckstraße 8–10, 97318 Kitzingen*
* ☎ *0 93 21 / 66 10*

G *»Schützengarten«, Bismarckstraße 1, 97318 Kitzingen*
* ☎ *0 93 21 / 48 96*

G *Schwalbenhof–Weinkeller, Ritterstraße 11, 97318 Kitzingen*
☎ *0 93 21 / 2 25 49*
Neu eingerichtete Weinstube in einem historischen Kellergewölbe; kulturelles Programm

Repperndorf (Ortsteil von Kitzingen)
Nordwestlich von Kitzingen gelegen, kann der Ortsteil Repperndorf auf eine jahrhundertealte Weinbautradition zurückblicken. Kaiser Karl der Große selbst soll hier den ersten Weinstock gepflanzt haben. Wegen seiner zentralen Lage wurde in diesem Ort die Gebietswinzergenossenschaft Franken (GWF), die größte fränkische Erzeugergemeinschaft mit 2850 Mitgliedern, angesiedelt.

■ Repperndorfer Kaiser Karl

Kaiser Karl ist ein angenommener Name, der zuvor nicht im Kataster stand; er wird als herkömmlich bezeichnet, bekannt ist aber nur, daß Kaiser Karl der Große zwischen 776 und 800 mehrfach durch den Ort kam.

☐ 33 ha

[↑] Südwest

[/] 15–25 %

[∵] Silvaner, Müller-Thurgau

[B] Muschelkalk

[C] artiges Bukett, duftend, kernig, markant

[L] Kitzinger Hofrat

● Weinerzeuger

Gebiets-Winzergenossenschaft Franken eG,
Am Fuchsgraben 118, 97318 Repperndorf
☎ 0 93 21 / 70 05 - 0
☐ 1300 ha [W] 150 Von über 2500 Klein- und Kleinst-Weinbaubetrieben bekommt die Genossenschaft ihre Trauben aus allen Bereichen des fränkischen Weinbaugebietes; die Philosophie des Betriebes ist heute konsequent umweltschonender Weinan- und -ausbau; großes Weinangebot, etwa 700 verschiedene Weine

▲ Weinbezogene Gastronomie und Übernachtungsmöglichkeit

[G] *»Schwarzer Adler«,*
[*] *Alte Reichsstraße 8, Repperndorf, 97318 Kitzingen*
☎ 0 93 21 / 45 59

Buchbrunn

Nordwestlich von Kitzingen, zwischen Repperndorf und Mainstockheim liegt Buchbrunn auf dem rechten Ufer des Mains. Über Jahrhunderte war die Geschichte Buchbrunns, erstmals 1244 genannt, mit der nahen Stadt Kitzingen verbunden. So heißt es, die Äbtissin und Gründerin des Benediktinerinnenklosters in Kitzingen, die hl. Hadeloga, soll den Weinbau in dieser Gegend schon 745 sehr gefördert haben. Nach nahezu völligem Erliegen des Weinbaus um die Jahrhundertwende, legten die Bürger von Buchbrunn in den 70er Jahren hier wieder Weinberge an.

■ Buchbrunner Heißer Stein

Heißer Stein ist ein alter, im Kataster eingetragener Lagenname, der auf die Hitze hinweist, die den sonnendurchwärmten Muschelkalkstein durchströmt.

□ 20 ha

[↑] Süd – Südwest

[/] 15–25 %

[∵] Silvaner, Müller-Thurgau

[B] Lehm mit Muschelkalk

[C] duftig, kernig, nachhaltig

[L] Kitzinger Hofrat

● Weinerzeuger

Weinbau Christian Geißendörfer, Hofstraße 8, 97320 Buchbrunn
[☎] *0 93 21 / 75 40*
□ *5 ha Weinbau und Verkauf; Landwirtschaft*

Weinbau Hans Gernet, Kitzinger Straße 7, 97320 Buchbrunn
[☎] *0 93 21 / 44 63*
□ *1 ha Weinbau und Bürgermeister*

▲ Weinbezogene Gastronomie

[G] *Gasthaus Goldener Stern, Hauptstraße 2, 97320 Buchbrunn*
[☎] *0 93 21 / 40 49*

Mainstockheim

Mainstockheim liegt auf dem rechten Mainufer zwischen Kitzingen und Dettelbach. Schon im 12. Jahrhundert besaß das Kloster Ebrach Weinberge in Mainstockheim und unterhielt hier einen Gutshof. Der ehemalige Ebracher Klosterhof erhebt sich nordwestlich vom Dorf als schloßartiges Gebäude. Der historische Renaissancebau beherbergt heute ein Altenwohnheim. Symbolfigur des Mainstockheimer Weines war und ist heute Sankt Gumbertus (ein fränkischer Adeliger aus dem 8. Jahrhundert).
Weinfest: Mitte Juli

■ Mainstockheimer Hofstück

Der Weinbergbesitz des Zisterzienserklosters »Ebracher Hof« in Mainstockheim trug die Bezeichnung »Hofstück«. Diese Bezeichnung wurde 1970/71 als Mainstockheimer Weinberglagenbezeichnung auf alle Flächen übertragen.

- ☐ 60 ha
- [↑] Südost
- [/] 10–30 %
- [∵] Müller-Thurgau
- [B] Muschelkalk mit Keuperauflage
- [C] artiges Bukett, nachhaltig
- [L] Kitzinger Hofrat

● Weinerzeuger

Winzerhof Karl Burrlein, Schloßstraße 20, 97320 Mainstockheim
[☎] 09321/5378
☐ 10 ha inkl. Zukauf [W] 25 Alteingesessener Weinbau- und Weinhandelsbetrieb, neuerdings hat sich der junge Betriebsleiter dem ökologischen Weinbau verschrieben

▲ Weinbezogene Gastronomie und Übernachtungsmöglichkeit

[G] [**] *Gasthof Goldener Löwe, Familie Hülbig, Hauptstraße, 97320 Mainstockheim*
[☎] 09321/5559

[G] *Weinkellerei und Weinstube Spiegel, Hauptstraße, 97320 Mainstockheim*
[☎] *0 93 21 / 67 98*

Albertshofen

Auf dem linken Mainufer, Mainstockheim gegenüber und mit diesem durch eine Fähre verbunden, liegt Albertshofen. Albertshofen, 1317 erstmals urkundlich erwähnt, war bis zum Beginn des 19. Jahrhunderts eine reine Weinbaugemeinde. Viele alte Weinbergflurbezeichnungen zeugen u. a. davon. Heute ist Albertshofen, auch Gärtnerdorf genannt, mit die größte bayerische Gemüseanbaugemeinde.
Mainfähre nach Mainstockheim

■ Albertshöfer Herrgottsweg
Wurde nach langen Diskussionen unter den Winzern von einer uralten Weinbergflurbezeichnung übernommen.

□ 15 ha
[↑] Südwest
[/] 10–15 %
[∵] Müller-Thurgau, Silvaner, Bacchus
[B] Muschelkalk mit Sand durchsetzt
[C] duftig, kräftig
[L] Kitzinger Hofrat

● Weinerzeuger

Weingut Theo Heilmann, Haidter Weg 4, 97320 Albertshofen
[☎] *0 93 21 / 3 12 18*
□ *5 ha* [W] *50 Heckenwirtschaft; Selbstvermarktung seit 15 Jahren; auch Gemüseanbau und Spargelanbau*

Weingut Am Herrgottsweg, Inh. Eduard Ringelmann, Mainsondheimer Straße 17, 97320 Albertshofen
[☎] *0 93 21 / 3 16 92*
□ *3,5 ha* [W] *40 Selbstvermarktung mit Probierstube und Heckenwirtschaft*

▲ Weinbezogene Gastronomie und Übernachtungsmöglichkeit

[G] *»Goldener Stern«, Hindenburgstraße 5, 97320 Albertshofen*
[*] *☎ 0 93 21 / 3 16 14*
[G] *Gasthof Heilmann, Spinnenberg 2, 97320 Albertshofen*
☎ 0 93 21 / 3 18 00

Dettelbach

Eine guterhaltene Stadtmauer aus dem 15. Jahrhundert mit 36 Wehrtürmen und zwei Stadttoren umgibt den Stadtkern. Das spätgotische Rathaus mit der doppelläufigen Freitreppe und dem hübschen Erker, Fachwerkhäuser, romantische Gassen, verträumte Winkel und die Pfarrkirche mit ihren ungleichen Türmen geben dem Städtchen ein unverwechselbares Flair. Vor dem Osttor liegt die berühmte Wallfahrtskirche »Maria im Sand« (17. Jahrhundert).
Weinwanderpfad: schattiger Wanderweg zur »Josefshöhe«, Denkmal mitten in den Weinbergen, mit herrlichem Blick weit über das Maintal bis zum Steigerwald
Altstadtweinfest: Mitte Juni

■ Berg-Rondell

Einige alte Lagen wurden 1971 zusammengefaßt – und wegen der Bergform, einem Rondell, wurde diese Lagebezeichnung eingeführt.

□ 80 ha
[↑] Südost
[/] 25–50 %
[∵] Silvaner, Müller-Thurgau
[B] Muschelkalk
[C] kräftig, vollmundige Frankenweine
[L] Honigberg

■ Sonnenleite

Diese Lage ist zu fast 100 % zum Süden ausgerichtet,

daher die Bezeichnung Sonne. »Leite« wurden früher viele Weinberghänge genannt.

- ☐ 75 ha
- [↑] Süd
- [/] 20–25 %
- [∵] Müller-Thurgau
- [B] Muschelkalk
- [C] kräftige und elegante Weine
- [L] Honigberg

■ Honigberg

Honigberg ist eine Großlagebezeichnung und umfaßt die Einzellagen Dettelbacher Berg-Rondell und Sonnenleite.

● Weinerzeuger

Weingut Georg Apfelbacher, Burggraben 2, 97337 Dettelbach
☎ 0 93 24 / 8 69
☐ 25 ha [W] 50 Das Weingut mit angeschlossener Weinkellerei befindet sich im ehemaligen Zehntkeller (16. Jh.) mit großem Gewölbekeller

Weinbau Martin Gehlen, Schweinfurter Straße 26, 97337 Dettelbach
☎ 0 93 24 / 5 77
☐ 2,3 ha [W] 20 Der Weinausbau erfolgt im alten Gewölbekeller großenteils im Holzfaß; 80 % der Weine gehen an Privatkunden

Weinbau Hans Himmelstoß, Bamberger Straße 3, 97337 Dettelbach
☎ 0 93 24 / 23 05
☐ 4 ha [W] 15 Arbeitet nach den Richtlinien des »naturnahen Weinbaus«, gibt sich Mühe mit schonendem Weinausbau

Weinbau E. Apfelbacher, Weingartenstraße 17 ☎ 0 93 24 / 10 45

Weinbau Herbert Lachmann, Mainstockheimer Straße
☎ 0 93 24 / 21 66

Weinbau Eduard Ringelmann, Kolpingstraße 7 ☎ 0 93 24 / 5 07

Weinbau Alfons Knauer, Kühngasse 1 ☎ 0 93 24 / 12 77

▲ Weinbezogene Gastronomie und Übernachtungsmöglichkeiten

G ** *Gasthof »Grüner Baum«, Falterstraße 2, 97337 Dettelbach*
☎ *0 93 24 / 14 93*
Original altfränkischer Gasthof, separates Gästehaus

G ** *Weinstube – Café Achtmann,*
Falterstraße 24, 97337 Dettelbach
☎ *0 93 24 / 14 98*
Hier entstand vor über 100 Jahren die Gebäckspezialität Muskatzinen

G ** *Weinstube – Café Kehl mit Hotel am Bach,*
Eichgasse 5, 97337 Dettelbach
☎ *0 93 24 / 14 80*

G ** *Hotel Franziskaner, Wallfahrtsweg 14, 97337 Dettelbach*
☎ *0 93 81 / 41 91*

G ** *Gasthaus Zum Engel, Erbsengasse 1, 97337 Dettelbach*
☎ *0 93 24 / 24 52*

G *Gasthof Steigmühle,*
Nachtigallenstraße 31, 97337 Dettelbach
☎ *0 93 24 / 21 18*

Brück (Ortsteil von Dettelbach)

Nördlich von Dettelbach, in einem höher gelegenen Seitental, liegt dieser kleine Weinort. Brück hat seine Ursprünge schon um 700 zur Zeit der fränkischen Landnahme. Später fiel es unter die Herrschaft des Hochstiftes Würzburg. Der Weinbau, früher sehr intensiv betrieben, ging hier inzwischen stark zurück.

■ Die Weine werden unter Dettelbacher Sonnenleite vermarktet.

□ 5 ha

↑ Süd

/ 30 %

∵ Müller-Thurgau

B Muschelkalk, Lettenkeuper

[C] pikant, nachhaltig

[L] Dettelbacher Honigberg

● Weinerzeuger

Weinbau Gerald Rappert, Kirchberg, Brück, 97337 Dettelbach

☎ *0 93 24 / 41 42*

☐ *1 ha Weinbau im Nebenerwerb; seit über 120 Jahren Weinbau in der Familie*

Neusetz (Ortsteil von Dettelbach)

Neusetz (Ortsteil von Dettelbach) liegt zwischen Dettelbach und Prosselsheim. Bis 1803 gehörte Neusetz (Amt Prosselsheim) den Würzburger Fürstbischöfen. 1165 wurde der Weinort als »Neues im Grund« erstmals urkundlich erwähnt. In Neusetz wurde der Weinbau über Jahrhunderte hinweg eifrig gepflegt. Nach seinem völligen Erliegen wurden hier in den letzten 20 Jahren erneut Reben gepflanzt. In der Pfarrkirche: ein Altar mit Rebschmuck.

Nachbarorte: Escherndorf, Neuses am Berg

■ Die Weine von Neusetz werden unter Escherndorfer Fürstenberg vermarktet.

● Weinerzeuger

Weinbau Otto Kraft,
Prosselsheimer Straße 10, Neusetz, 97337 Dettelbach

☎ *0 93 24 / 34 78*

☐ *1 ha Weinbau im Nebenerwerb*

Weinbau Edgar Dorsch, 97337 Neusetz ☎ *0 93 24 / 29 98*

Die Volkacher Mainschleife

Mitten im Herzen von Mainfranken, auf halber Strecke zwischen Kitzingen und Schweinfurt, bildet der Main eine seiner eigenwilligen Schleifen. Da wir mainaufwärts fahren, wird von unserem Blickpunkt aus die Linksschleife des Mains auf der rechten Seite durch den Main-Donau-Kanal begrenzt. Zwischen Main und Donau-Kanal liegen daher Sommerach im Süden und Nordheim im Norden wie auf einer Insel.

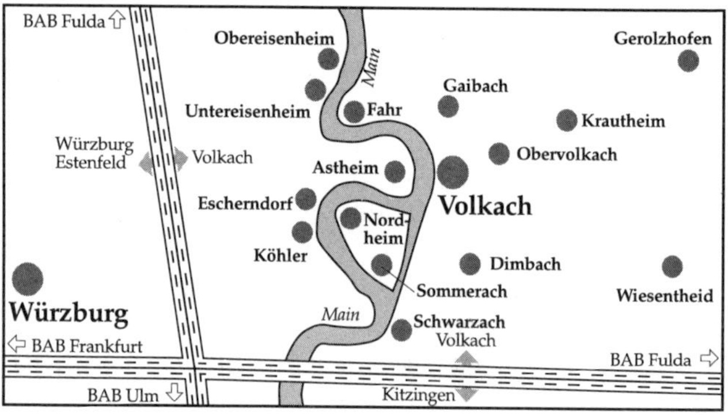

Wir erreichen die *»Volkacher Mainschleife«* über die Bundesautobahn Würzburg–Nürnberg, Ausfahrt Kitzingen/Volkach, 10 km; über die Bundesautobahn Würzburg–Fulda, Ausfahrt Würzburg/Estenfeld/Volkach, 15 km; auf Bundesstraßen: von Würzburg 25 km (B 19), von Schweinfurt 22 km (B 286), von Kitzingen 18 km; mit der Bundesbahn Strecke Nr. 810 (Würzburg–Schweinfurt) bis Seligenstadt bei Würzburg, ab Seligenstadt Bahnbuslinie 8105 (Würzburg–Seligenstadt–Volkach); mit der Bahnbuslinie 8163 (Ebrach–Volkach–Würzburg); mit Postbuslinie 8110 (Kitzingen–Dettelbach–Volkach); mit Postbuslinie 8131 (Schweinfurt–Gaibach–Volkach); mit Postbuslinie 8137 (Schweinfurt–Fahr–Volkach).
Ausführliches Prospektmaterial ist zu erhalten beim Verkehrsamt Volkach, 97332 Volkach, Rathaus, Tel. 09381/40112.

Von Dettelbach aus sehen wir bald *Neuses am Berg* (Dettelbach) mit seinen Zwiebeltürmen und das durch einen steilen Stufenweg mit ihm verbundene kleine fränkische Häckerdorf *Köhler* (Volkach).

So eng ist es eingezwängt zwischen Main und Rebhänge, daß nur eine einzige Häuserzeile Platz hat neben der Straße. Wer Sinn für Romantik hat, sollte in Escherndorf mit einer alten Fähre hinüber und danach wieder zurücksetzen, um den Main zu überqueren, hinüber auf die Maininsel mit Sommerach, der Hallburg und Nordheim:

- *Sommerach,* das romantische Weindorf am linken Mainufer;
- *die Hallburg,* die frühe Wehrburg am Weg der Heereszüge von Würzburg nach Castell, ein Unterpfand für den Aufstieg Nordheims;
- *Nordheim,* heute die größte Weinbaugemeinde an der Mainschleife.

Hoch über der Mainschleife grüßt uns bald die Vogelsburg, eine alte keltische Fliehburg – und zu ihren Füßen *Escherndorf* mit den berühmten Steillagen »Lump« und »Fürstenberg«. Von der *Vogelsburg* aber hat man eine herrliche Aussicht hinunter auf die Weinorte in und bei der Mainschleife und auf weitgestreckte Weinberge, in alle Himmelsrichtungen – auf ein Gebiet, in dem eine Laune der Natur ein weinklimatisches Paradies geschaffen hat. Ein Ortsteil von Volkach, *Astheim,* ist – ähnlich wie Escherndorf durch einen Steilweg – durch eine Straße mit der Vogelsburg verbunden.

Am Scheitel der Mainschleife aber ist *Volkach,* das Zentrum einer Vielzahl eingemeindeter Ortsteile mit einer eigenständigen Weinkultur: neben Astheim die Volkacher Ortsteile *Obervolkach* und *Krautheim.* Von Krautheim, ganz in der Nähe von *Frankenwinheim,* gelangen wir über *Zeilitzheim* (Kolitzheim) und *Gaibach* bei Fahr zurück zum Verlauf des Mains hinter der Volkacher Mainschleife.

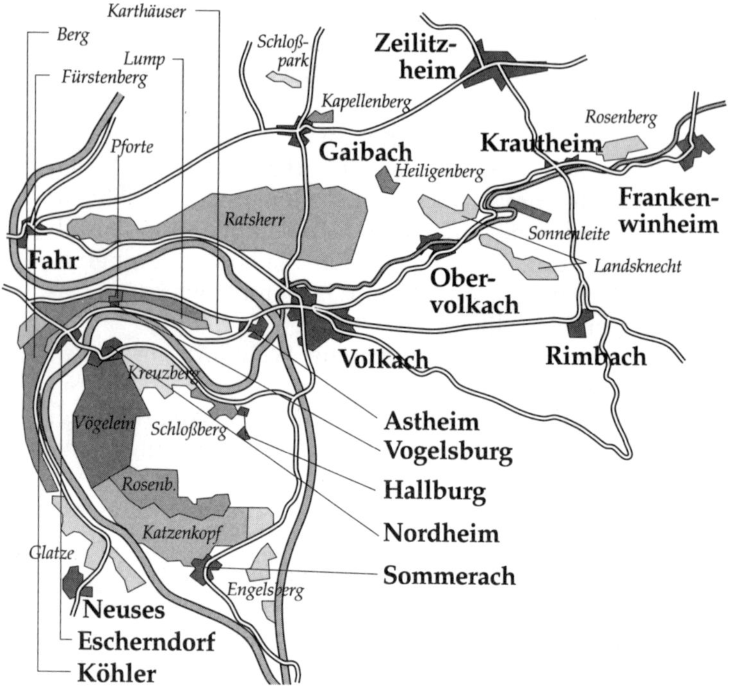

Neuses am Berg (Ortsteil von Dettelbach)

Unweit von Sommerach, an der südlichen Mainschleife zwischen Escherndorf und Dettelbach, liegt das kleine Winzerdorf Neuses am Berg. Schon von Ferne erkennt man die zwei Zwiebeltürme der barocken evangelischen und katholischen Kirchen: Friedlich leben hier seit 1520 die protestantischen Untertanen des Hauses Ansbach-Bayreuth und die Katholiken des Fürstbistums Würzburg nebeneinander.

Jährlich findet hier (für Glatzenträger) das stimmungsvolle Glatzenfest statt.

■ Neuseser »Glatze«

»Neuseser Glatze« ist ein alter Flurlagenname. Er wurde 1971 für die ganzen Lagen der Neuseser Weinberge akzeptiert, weil er originell erschien. Einige bei der

Namenssuche anwesende Weinhändler und auch der Neuseser Bürgermeister hatten eine wunderschöne Glatze. Mittlerweile wurde Neuses am Berg von vielen Besuchern zum »Mekka der Glatzen« ernannt.

☐ 70 ha

[↑] Ost

[/] 40 %

[∵] Müller-Thurgau

[B] Muschelkalk

[C] herzhaft, kräftig

[L] Volkacher Kirchberg

● Weinerzeuger

Weingut Ottmar Reinhardt,
Dorfstraße 28, Neuses am Berg, 97337 Dettelbach
[☎] 0 93 24 / 24 25
☐ 2 ha [W] 20 Junger Selbstmarkterbetrieb, Literflaschen- und Bocksbeutelweine, neu auch Rotweine

Weingut Georg Landwehr, Kreuzgasse 11 [☎] 0 93 24 / 33 98

Weinbau Georg Mangold, Köhlerstraße 12 [☎] 0 93 24 / 18 76

Weinbau Theo Düll, Köhlerstraße 5 [☎] 0 93 24 / 8 40

▲ Weinbezogene Gastronomie

[G] *Gasthaus Zum Hirschen,*
Dorfstraße, Neuses am Berg, 97337 Dettelbach
[☎] 0 93 24 / 24 68

Köhler (Ortsteil von Volkach)

Das kleine, romantische Straßendorf liegt südlich von Escherndorf und Nordheim am Ufer des Mains. So schmal ist der Ort, daß die Häuser nur auf der Hangseite der Straße Platz gefunden haben. Der Ortsname, 1253 erstmals genannt, hat trotz des Weinbaus nichts mit dem Keller zum Einlagern des Weines zu tun. Er bedeutet vielmehr eine enge, schattige Schlucht.
Der Weinbau wird seit Jahrhunderten ununterbrochen in den steilen Hängen betrieben. Die Weinberge der

Köhler Winzer gehören zur Lage Escherndorfer Fürstenberg.
Sehenswert: in der Pfarrkirche die Skulpturen aus der Schule von Tilman Riemenschneider
Nachbarorte: Escherndorf, Neuses am Sand

■ Die Weinberge gehören zur Lage Escherndorfer Fürstenberg.

● Weinerzeuger

Weinbau Hans Pfister, Köhler 21, Köhler, 97332 Volkach
☎ *0 93 81 / 92 33*
☐ *3 ha Alteingesessene Winzerfamilie, seit über 30 Jahren Weinvermarktung*

Weinbau Peter Höhn, Köhler 31, Köhler, 97332 Volkach
☎ *0 93 81 / 95 23*

Weinbau Norbert Schneider, Köhler 24, Köhler, 97332 Volkach
☎ *0 93 81 / 33 26*

▲ Weinbezogene Gastronomie

G *Gasthaus Zum Schiff, Inh. Gebr. Sauer,*
Köhler, 97332 Volkach
☎ *0 93 81 / 23 95*
Bürgerliche Küche, Fischgerichte, Gartenterrasse

Sommerach

Am linken Mainufer, links begrenzt durch den Main und östlich durch den Main-Donau-Kanal, liegen die beiden berühmten Weinorte Sommerach und Nordheim idyllisch wie auf einer Insel.
Das »schönstgebaute Weindorf Frankens« wird Sommerach genannt. Malerische Tor- und Wehrtürme in der auch heute noch erhaltenen Wehrmauer, hübsche barocke Bürgerhäuser mit schönen Portalen sowie kostbare alte Fachwerk-Winzerhäuser und berühmte Bildstöcke an den Wegen zwischen Sommerach und seinen Weinlagen laden hier neben gemütlichen Weinstuben zum Verweilen ein. Neben dem seit dem

11. Jahrhundert nachgewiesenen Weinbau hat auch der Obstbau und der Spargelanbau große Bedeutung.
Besonderheiten: im Maintor das Turmmuseum des Künstlers Theo Steinbrenner mit Kleinplastiken und Atelier; Rebsortenlehrpfad von 2 Kilometer Länge
Weinfest: Juni

■ Sommeracher Katzenkopf

Die Herkunft dieser Lagenbezeichnung ist nicht gesichert. Ein immer durstiger Häckersmann soll im 16. Jahrhundert durch den Anblick einer ausgestopften Katze, die seine Frau auf das Faß ihres besten Weines setzte, von seiner Trunksucht geheilt worden sein.

☐ 180 ha

[↑] Südsüdost – Südwest

[/] 15–35 %

[∵] Silvaner, Müller-Thurgau

[B] Muschelkalk mit lehmigem Sand

[C] typischer Silvanerwein, zurückhaltend im Bukett, aber kräftig und nachhaltig im Geschmack

[L] Volkacher Kirchberg

■ Sommeracher Rosenberg

Auch heute begegnet man Heckenröschen entlang der Weinbergsraine und Gräben. Aber der Name kommt von »rasen«. Nach starken Regenfällen kommt die Erdschicht in den Weinberghängen in Bewegung.

☐ 60 ha

[↑] Ost – Südwest

[/] 10–15 %

[∵] Müller-Thurgau, Silvaner

[B] Muschelkalk, Lettenkeuper

[C] typischer Müller-Thurgau, stoffig, duftend, gehaltvoll

[L] Volkacher Kirchberg

■ Sommeracher Engelsberg

Eine alte Weinlagenbezeichnung, die mit der Weinernte 1989 wieder in die Weinbergrolle eingetragen wurde. Es sind Teilflächen der Lagen »Rosenberg« und »Katzenkopf«. Eine neugeschaffene Bronzeplastik steht am Wegrand dieser Lage und macht auf die altüberlieferte Lagenbezeichnung aufmerksam.

☐ 30 ha

[↑] Südost

[/] 15–35 %

[∵] Silvaner, Müller-Thurgau

[B] Muschelkalk, lehmiger Sand

[C] ausgeprägte, kräftige Silvanerweine

[L] frei

● Weinerzeuger

Winzerkeller Sommerach eG,
Zum Katzenkopf 1, 97334 Sommerach
☎ 09381/3066
☐ 170 ha [W] 90 Frankens erste Winzergenossenschaft (gegr. 1901), modern eingerichteter Betrieb, Weineinkauf in herrlichem Ambiente, noble Bocksbeutelausstattung, seit 1978 Lieferant der Deutschen Lufthansa; Spezialitäten: Rotweine und eigene Sekte

Weingut Johann Streng, Inh. Karl und Josef Streng,
Weinstraße 1, 97334 Sommerach
☎ 09381/2823
☐ 12 ha [W] 50 Für die beiden Inhaber steht der moderne, aber auch naturnahe Weinbau im Mittelpunkt; Spezialität im Haus ist der eigen hergestellte Winzersekt und Rotweinausbau

Weingut Am Schwarzacher Tor, Inh. Alfred Mäuser,
Hauptstraße 20, 97334 Sommerach
☎ 09381/2430
☐ 8 ha [W] 50 Das Weingut ist im ehem. »Schultheißenhaus« (17. Jh.) untergebracht; anläßlich seiner Betriebsvergrößerung wurde das Weingut für »Ländliches Bauen« ausgezeichnet; Heckenwirtschaft im Frühjahr

Weingut Otmar Zang, Zum Katzenkopf 2, 97334 Sommerach
☎ 09381/9278
☐ 5 ha [W] 20 Seit 1985 praktiziert das Weingut den naturnahen Weinbau; der Ausbau der Weine erfolgt größtenteils noch im Holzfaß; im Angebot stehen durchgegorene, trockene Weine

Weingut Franz Weisensee, Inh. Siegfried Weisensee, Winzerstraße 11, 97334 Sommerach
☎ 0 93 81 / 92 76
☐ 3,5 ha W 20 Typisch fränkischer Familienbetrieb, eigener Sekt, reiche Rebsortenpalette

Weingut Anton Strobel, Schwarzacher Straße 17, 97334 Sommerach
☎ 0 93 81 / 93 57
☐ 4,5 ha W 15 Saubere, reintönige Weine stehen im Mittelpunkt beim Weinausbau, gute Erfolge bei Teilnahme an Prämierungen; Edelobstbranntweine

Weingut Karlheinz Then, Maintorstraße 4, 97334 Sommerach
☎ 0 93 81 / 7 91
☐ 4 ha W 20 Das Weingut befindet sich im ehem. »Freihof« (18. Jh.), früher im Besitz des Hochstifts Würzburg

Weingut Hilmar Östreicher, Zum Katzenkopf 5, 97334 Sommerach
☎ 0 93 81 / 7 45
☐ 5 ha W 25 Gute Erfolge bei Prämierungen, vor allem bei den Spezialitäten Traminer und Faberrebe

Weingut Zehnthof, Inh. Betty Weickert, Hauptstraße 17, 97334 Sommerach
☎ 0 93 81 / 28 30
☐ 2,2 ha Der Zehnthof (16. Jh.), früher im Besitz des Benediktinerklosters Schwarzach; prächtiges Gebäude mit Bartholomäuskapelle; alte Sorten wie Traminer, Riesling und Silaner sind im Anbau

Weingut Edmund Weickert, Zum Engelsberg 6, 97334 Sommerach
☎ 0 93 81 / 92 41
☐ 4,5 ha W 15 Modern geführter Betrieb, arbeitet nach den Grundlagen des naturnahen Weinbaus, Spezialität sind Rotweine

Weingut Heinrich Baumann, Zum Katzenkopf 6 ☎ 0 93 81 / 15 85

Weinbau Werner Engert, Bacchusstraße 3 ☎ 0 93 81 / 99 06

Weingut Gertrud Galena, Turmstraße 1 ☎ 0 93 81 / 93 68

Weingut Graber Alfons, Untere Maintorgasse 9 ☎ 0 93 81 / 15 69

Weinbau Joseph Hegler, Jägergasse 12 ☎ 0 93 81 / 91 07

Weingut Klaus Henke, Winzerstraße 1 ☎ 0 93 81 / 5 50

Weingut Hans Jakob, Raiffeisenstraße 1 ☎ 0 93 81 / 23 27

Weinbau Peter Leicht, Am Leitersberg 10 ☎ *0 93 81 / 14 87*

Weingut Peter Mäuser, Am Leitersberg 20 ☎ *0 93 81 / 46 23*

Weingut Norbert Molitor, Nordheimer Straße 3 ☎ *0 93 81 / 23 25*

Weingut Hugo Muth, Winzerstraße 14 ☎ *0 93 81 / 28 15*

Weinbau Alfons Östreicher, Hauptstraße 15 ☎ *0 93 81 / 16 98*

Weinbau Oswald Schlereth, Zum Engelsberg 4 ☎ *0 93 81 / 46 10*

Weinbau Michael Straßberger, Frankenstraße 2 ☎ *0 93 81 / 28 42*

Weingut Valentin Streng, Untere Maintorgasse ☎ *0 93 81 / 12 27*

Weingut Arthur Then, Hauptstraße 1 ☎ *0 93 81 / 92 68*

Weinbau Gerhard Wolfahrt, Bayernstraße 4 ☎ *0 93 81 / 46 85*

Weingut Franz Zang, Nordheimer Straße 8 ☎ *0 93 81 / 28 88*

Weingut Peter Zang, Weinstraße 29 ☎ *0 93 81 / 91 10*

Weinbau Rolf Zobel, Winzerstraße 18 ☎ *0 93 81 / 91 61*

▲ Weinbezogene Gastronomie und Übernachtungsmöglichkeiten

[G] [**] *Gasthof Zum Weißen Lamm, Inh. Edmund Strobel,*
Hauptstraße 2, 97334 Sommerach
☎ *0 93 81 / 93 77*

[G] [**] *Streng's Weinstube, Kirchplatz 1, 97334 Sommerach*
☎ *0 93 81 / 17 29*

[G] [**] *Gasthaus Winzerhof,*
Volkacher Straße 11, 97334 Sommerach
☎ *0 93 81 / 95 60*

[G] [**] *Bocksbeutelherberge, Hotel – Weinstube, Fam. Henke,*
Weinstraße 22, 97334 Sommerach
☎ *0 93 81 / 14 65*

[G] *Pfaff's Weinstube, Inh. Josef Pfaff,*
Maintorstraße 23, 97334 Sommerach
☎ *0 93 81 / 23 61*

[G] *Häckerstub'n – Weinstube, Inh. G. Zang,*
Häckergasse 3, 97334 Sommerach
☎ *0 93 81 / 98 76*

[G] *Gasthaus Zum Schwan, Inh. Geschw. Schmitt,*
Hauptstraße 10, 97334 Sommerach
☎ *0 93 81 / 23 47*
Historisches Gasthaus

Hallburg

Die Hallburg, ein vierkantig massiver Bergfried aus dem 13. Jahrhundert, ist südlich von Volkach auf der sogenannten Maininsel gelegen. Sie erinnert an eine alte Wehrburg. Zur Zeit ihrer ersten urkundlichen Erwähnung befand sie sich schon im Besitz der Grafen zu Castell. 1806 erwarben die Grafen von Schönborn-Wiesentheid die Burg samt aller Ländereien. Heute ist das gesamte Anwesen ein bekanntes Weingut und beliebtes Ausflugsziel in romantischer Umgebung.

■ Hallburger Schloßberg

Die Lage Schloßberg hat ihren Namen nach der Burg der Grafen Castell. Die alte Schreibweise Halburg wird als Hehlburg, die verborgene Burg, gedeutet, was sie heute noch ist.

□ 20 ha

[↑] Süd

[/] 20–40 %

[∵] Silvaner, Müller-Thurgau

[B] Keuper mit Sand

[C] stoffig, kernig, nachhaltig

[L] großlagenfrei

● Weinerzeuger

Weingut Graf von Schönborn Hallburg, 97332 Volkach

[☎] *0 93 81 / 24 15*

□ *30 ha* [W] *30 Traditionelles Weingut; naturnaher Weinbau, durchgegorene Weine, Weinberge auf der Hallburg und in Gaibach*

▲ Weinbezogene Gastronomie

[G] *Schloßweinstuben Hallburg, 97332 Volkach*

[☎] *0 93 81 / 23 40*

Kultur- und Musikprogramm jeden Sonntag im Sommer

Nordheim/Main

Diese flächenmäßig größte und anerkannt gastfreundliche Winzergemeinde Frankens mit über 400 Hektar

Reben liegt wie Sommerach auf der sogenannten Wein- und Maininsel.
Im Mainvorland sind ideale Wachstumsbedingungen für Obst- und Spargelanbau.
Sehenswert in diesem gepflegten Weinort sind der ehemalige Zehnthof (16. Jahrhundert), die barocke Laurentiuskirche, in der eine Büste des hl. Urban steht, und zahlreiche Bildstöcke aus dem 18. Jahrhundert.
Weinsortenlehrpfad
Weinfest: alljährlich um Christi Himmelfahrt
Mainfähre nach Escherndorf

■ Nordheimer Vögelein

Ein alter Lagenname, dessen Herkunft nicht mehr zu ermitteln ist. Eventuell war eine Familie Vogel Besitzer eines markanten Stückes.

☐ 250 ha
[↑] Südwest – Nordwest
[/] 10–25 %
[∵] Müller-Thurgau, Silvaner
[B] Muschelkalk, lehmiger Sand
[C] besonders die Silvaner haben ein lagengeformtes Bukett, insgesamt sind die Weine kräftig duftend und nachhaltig
[L] Volkacher Kirchberg

■ Nordheimer Kreuzberg

Benannt nach dem Feldkreuz nahe der Krone. Solche Kreuze wurden gerne zum Schutz der Weinberge oder an der Stelle von Unglücksfällen errichtet.

☐ 170 ha
[↑] Südwest
[/] 15–25 %
[∵] Müller-Thurgau, Silvaner
[B] Muschelkalk, lehmiger Sand
[C] die Weine sind stoffig und kräftig, im Geschmack anhaltend
[L] Volkacher Kirchberg

● Weinerzeuger

Winzergenossenschaft Nordheim/Main,
Langgasse 33, 97334 Nordheim
☎ 0 93 81 / 23 45
☐ 270 ha W 250 Mit 250 Mitgliedern aus Nordheim und dem Steigerwald ist sie die größte örtliche Genossenschaft Frankens; sie ist eine gute Adresse für anspruchsvolle Weinliebhaber; besondere Spezialitäten sind der eine Sekt, Rotweine und Weine der Rebsorte Rieslaner und Traminer

Weingut Am Kreuzberg, Inh. Reinhard Braun,
Am Kreuzberg, 97334 Nordheim
☎ 0 93 81 / 46 63
W 60 Neuerbauter Weinbetrieb am Ortseingang von Nordheim, auf 7 ha Rebfläche werden neben Standardsorten auch Scheurebe, Riesling, Kerner sowie Schwarzriesling und Spätburgunder angebaut, auch Rieslingsekt ist vorhanden;
Weinproben bis 40 Personen nach Vereinbarung möglich

Weingut Waldemar Braun, Langgasse 10, 97334 Nordheim
☎ 0 93 81 / 90 61
☐ 5 ha Junger Familienbetrieb, in der Ortsmitte gelegen, bewirtschaftet seine Weinberge nach den Richtlinien des »naturnahen Weinbaus«; erzeugt im Weinkeller durchgegorene Qualitäts- und Prädikatsweine; Weinproben im alten Gewölbekeller bis 20 Personen nach Vereinbarung möglich;
Rebsorten: Müller-Thurgau, Silvaner, Bacchus, Scheurebe, Kerner, Rieslaner, Domina

Weingut Ignaz Bunzelt, Heerweg 12, 97334 Nordheim
☎ 0 93 81 / 46 57
☐ 7 ha Neben den Standardrebsorten werden auch Traminer, Scheurebe, Riesling, Rieslaner, Huxel und Optima angebaut; Spezialität: Riesling-Sekte; Weinproben bis 20 Personen nach Vereinbarung

Weingut Erwin Christ, Weinbergstraße 6, 97334 Nordheim
☎ 0 93 81 / 28 80
☐ 5 ha Müller-Thurgau, Silvaner, Scheurebe, Kerner, Traminer, Riesling werden hier im ökologischen Weinbau erzeugt; im Weinkeller werden durchgegorene Weine erzeugt;
eigene Hausbrennerei, Weinproben bis 20 Personen nach Vereinbarung

Weingut Paul Glaser, Langgasse 9, 97334 Nordheim
☎ 0 93 81 / 95 17
☐ 3,5 ha Neben Standardrebsorten auch Riesling, Rieslaner, Scheurebe im naturnahen Weinbau; durchgegorene Weine, Edelbrände, hauseigene Brennerei; Sekt, Rotwein; Weinproben bis 20 Personen im Gewölbekeller nach Vereinbarung

Weingut Siegfried Glaser, Langgasse 7, 97334 Nordheim
☎ 0 93 81 / 46 02
☐ 9,5 ha Müller-Thurgau, Silvaner, Kerner, Bacchus, Scheurebe, Traminer, Riesling, Ortega, Spätburgunder, Schwarzriesling werden im naturnahen Weinbau bewirtschaftet; durch schonenden Weinausbau Weine mit hoher natürlicher Kohlensäure; Weinproben nach Absprache

Weingut Hermann Höhn, Langgasse, 97334 Nordheim
☎ 0 93 81 / 90 04
☐ 3 ha Neben Standardrebsorten Riesling, Spätburgunder, Portugieser, Schwarzriesling, Sekt aus eigener Herstellung, Spätburgunder aus kleinen Eichenholzfässern, Tresterbrände; Verkaufsproben mit max. 15 Personen nach Vereinbarung möglich

Weingut Roman Schneider, Hauptstraße, 97334 Nordheim
☎ 0 93 81 / 7 88
☐ 10 ha Neben Standardrebsorten Riesling, Traminer, Spätburgunder, Schwarzriesling; eigene Hausbrennerei; Sekt; am ersten Augustwochenende eigenes Hofschoppenfest, Weinproben mit max. 18 Personen

Weingut Ambros Weickert, Fischergasse, 97334 Nordheim
☎ 0 93 81 / 46 19
☐ 3,5 ha Mariensteiner, Riesling, Rieslaner, Spätburgunder, Perle, Traminer, Albalonga, eigene Hausbrennerei, Spezialität: hochwertige Prädikatsweine; Weinproben bis 15 Personen

Weingut Helmut Christ, Volkacher Straße 6, 97334 Nordheim
☎ 0 93 81 / 28 06
☐ 8,5 ha Neben Standardrebsorten auch Morio, Riesling, Traminer im ökologischen Anbau; Sekt aus eigener Herstellung

Weingut Hermann Bäuerlein, Langgasse 15 ☎ 0 93 81 / 13 18

Weingut Ernst Borst, Am Rain 16 ☎ 0 93 81 / 29 49

Weingut Herbert Braun, Pfarrgasse 5 ☎ 0 93 81 / 16 82

Weinbau Karl Braun, Weinbergstraße 42 ☎ 0 93 81 / 12 30

Weinbau Walter Büttner, Zehnthofstraße 11 ☏ 0 93 81 / 94 51

Weingut Burkard Oswald, Raiffeisenstraße 4 ☏ 0 93 81 / 28 86

Weinbau Roman Christ, Sommeracher Straße 6 ☏ 0 93 81 / 24 48

Weingut Richard Glaser, Langgasse 4 ☏ 0 93 81 / 94 64

Weingut Vinzens Glaser, Hallburger Weg 2 ☏ 0 93 81 / 28 10

Weinbau Valentin Gürsching, Langgasse 25 ☏ 0 93 81 / 95 26

Weinbau Hermann Helbig, Volkacher Straße 1 ☏ 0 93 81 / 92 77

Weinbau A. Hertrich, Sommeracher Straße 11 ☏ 0 93 81 / 46 60

Weingut Emil Knoblach, Raiffeisenstraße 13 ☏ 0 93 81 / 28 70

Weingut Gebhard Kram, Heumarkt 3 ☏ 0 93 81 / 7 94

Weinbau Herbert und Josef Kram, Langgasse 29 ☏ 0 93 81 / 95 01

Weingut Norbert Kram, Fischergasse 3 ☏ 0 93 81 / 24 23

Weingut Erwin Molitor, Langgasse 8 ☏ 0 93 81 / 92 81

Weingut Paul Müller, Langgasse 31 ☏ 0 93 81 / 23 73

Weingut H. Neubert, Sommeracher Straße 4 ☏ 0 93 81 / 12 87

Weinbau Artur Plettner, Volkacher Straße 13 ☏ 0 93 81 / 29 23

Weinbau Josef Rauch, Hauptstraße 28 ☏ 0 93 81 / 28 29

Weingut Otto Rauch, Zwinger 5 ☏ 0 93 81 / 14 47

Weingut Karl Roßdeutscher, Langgasse 19 ☏ 0 93 81 / 95 92

Weinbau Arnold Rudloff, Mainstraße 19 ☏ 0 93 81 / 21 30

Weingut Erwin Sauer, Mainstraße 11 ☏ 0 93 81 / 12 16

Weinbau Walter Sauer, Kaltenhofstraße 12 ☏ 0 93 81 / 24 91

Weingut Roland Sauer, Weinbergstraße 8 ☏ 0 93 81 / 44 88

Weinbau Hermann Schneider, Heumarkt 2 ☏ 0 93 81 / 26 85

Weingut Paul Seufert, Mainstraße 13 ☏ 0 93 81 / 28 40

Weingut Roman Sauer, Raiffeisenstraße 11 ☏ 0 93 81 / 96 91

Weinbau Lothar Wiegand, Volkacher Straße 7 ☏ 0 93 81 / 13 05

Weingut Hans Wischer, Am Rain 1 ☏ 0 93 81 / 13 71

Weingut Paul Zang, Kreuzbergstraße 2 ☏ 0 93 81 / 7 61

▲ Weinbezogene Gastronomie und Übernachtungsmöglichkeiten

[G] [**] *Gasthaus Markert, 97334 Nordheim*
☎ 0 93 81 / 47 00

[G] [**] *Gasthaus »Weininsel«,*
Mainstraße 17, 97334 Nordheim
☎ 0 93 81 / 8 75

[G] *Zehnthof-Weinstuben,*
Hauptstraße 4, 97334 Nordheim
☎ 0 93 81 / 17 02

Escherndorf

Dieses sehr berühmte fränkische Winzerdorf schmiegt sich an den südlichen Bogen der Volkacher Mainschleife. Mitten im Ort sieht man durch vier Straßen hindurch in alle Himmelsrichtungen nur auf Weinberge. Die katholische Pfarrkirche, ein nachgotischer Bau um 1600, wurde in den letzten Jahren stilvoll restauriert. Neben der Kirche steht eine schöne Rokokokreuzigungsgruppe, um 1750. In der Weinlage Lump führt ein Weg hinauf zur Vogelsburg, einer Gastwirtschaft mit Weingut, das von Augustinerschwestern betreut wird. Auf halbem Weg steht ein barocker Kreuzschlepper (1701), als »Tröstfigur« für den in der Sonnenglut schwer arbeitenden Winzer.
Weinfeste: September/Oktober und November
Mainfähre nach Nordheim

■ Escherndorfer Lump

Diese begehrte Lage leitet ihren Namen von Lumpen her, womit man in Franken die schmalen, hangaufwärts ziehenden Streifen benannte, die durch die »fränkische Realteilung«, die gerechte, aber unökonomische Teilung des Erbes unter die Geschwister entstanden waren. Mit »Vagabund« oder »Ehrabschneider« hat das Wort nichts zu tun.

□ 35 ha

[↑] Süd – Südost

Blick von der Vogelsburg (vor Volkach/Astheim) auf die Mainschleife mit Escherndorf, Nordheim und Köhler

- ◪ 30–60 %
- ▦ Silvaner, Müller-Thurgau
- B Muschelkalk, Lettenkeuper
- C unverwechselbares art- und lagentypisches Bukett, wuchtig, kräftig, mild, nachhaltig
- L Volkacher Kirchberg

■ Escherndorfer Berg

Berg ist der Sammelname für ca. 150 einzelne Klein- und Kleinstlagen. In der Gemarkung Escherndorf existieren genau 165 Einzellagen, die durch die Weinbergbereinigung drastisch dezimiert wurden.

- ☐ 45 ha
- ↑ Süd
- ◪ 30–60 %
- ▦ Silvaner, Müller-Thurgau
- B Muschelkalk, Lettenkeuper
- C kernig, markig, nachhaltig
- L Volkacher Kirchberg

■ Escherndorfer Fürstenberg

Aus den alten Lagennamen Hengstberg, Berg und Fürstenberg zusammengezogener Name, der auf den Anteil des Fürstbischofs von Würzburg zurückgeht, der allerdings nur gering war.

- ☐ 70 ha
- ↑ Ost
- ◪ 30–60 %
- ▦ Silvaner, Müller-Thurgau
- B Muschelkalk, Lettenkeuper
- C ausgeprägtes, arteigenes und lagenbetontes Bukett, kräftig, pikant
- L Volkacher Kirchberg

● Weinerzeuger

Weingut »Am Lump«, Paul Sauer, Bocksbeutelstraße 60, Escherndorf, 97337 Volkach ☎ *0 93 81 / 90 35*
☐ *10 ha* W *50 Hochprämierte Weine, stilvolle Probierstube, Rotweine, Sekt*

Weingut Horst Sauer, Bocksbeutelstraße 14, Escherndorf, 97337 Volkach ☎ *0 93 81 / 43 64*
☐ *5,5 ha* W *15 Engagierter junger Winzer; Übernachtungen im Weinbaubetrieb*

Weingut Rainer Sauer, Bocksbeutelstraße 15, Escherndorf, 97332 Volkach ☎ *0 93 81 / 25 27*
☐ *3,5 ha* W *50 Vollerwerbsbetrieb mit Heckenwirtschaft, Edelobstbranntweine*

Weingut Egon Schäffer, Astheimer Straße 17, Escherndorf, 97332 Volkach ☎ *0 93 81 / 93 50*
☐ *2,5 ha Erfolgreicher, hochangesehener Weinbaubetrieb, vorzugsweise trockene Weine*

Weingut Michael Fröhlich, Bocksbeutelstraße, Escherndorf, 97332 Volkach ☎ *0 93 81 / 8 47*
☐ *7 ha* W *40 Junger Selbstmarkterbetrieb mit guten Prämierungserfolgen*

GWF-Weinverkaufsstelle, Winzergenossenschaft, Escherndorf, 97332 Volkach ☎ *0 93 81 / 24 95*

Weinbau Franz Voll, Pfarrgasse 9, Escherndorf, 97332 Volkach ☎ *0 93 81 / 14 84*

Weinbau Michael Blendel, Bocksbeutelstraße 13, Escherndorf, 97332 Volkach ☎ *0 93 81 / 91 30*

Weinbau Urban Zang, Astheimer Straße 36, Escherndorf, 97332 Volkach ☎ *0 93 81 / 46 22*

▲ Weinbezogene Gastronomie und Übernachtungsmöglichkeit

G ** *»Zum Engel«, Bocksbeutelstraße 18, Escherndorf, 97332 Volkach* ☎ *0 93 81 / 24 47*

G *»Zur Krone«, Bocksbeutelstraße 1, Escherndorf, 97332 Volkach* ☎ *0 93 81 / 28 50*

Vogelsburg

Die bei Escherndorf schon genannte Vogelsburg ist eine bedeutende prähistorische Wehranlage Frankens. Hoch auf einem schmalen Bergrücken über Escherndorf gelegen, bietet sich von ihr aus ein herrliches Panorama über die Mainschleife hinweg bis hinüber zum Steigerwald.
Einer Urkunde nach sollen hier schon 906 Benediktinermönche Weinbau betrieben haben. 1282 bestimmte sie ein Casteller Graf im Rahmen einer Stiftung zu einem Karmelitenkloster. 1525 wurde sie zerstört, im 17. Jahrhundert wieder aufgebaut. Heute ist die Vogelsburg im Besitz der Gemeinschaft der Augustinusschwestern.

■ Vogelsburger Pforte

Diese Lage ist im alleinigen Besitz der Augustinusschwestern.

- ☐ 2 ha
- [↑] Südsüdwest
- [/] 35–50 %
- [∵] Müller-Thurgau, Traminer
- [B] Muschelkalk, Lettenkeuper
- [C] kräftig, duftend, stoffig
- [L] frei

● Weinerzeuger

Weingut der Gemeinschaft der Augustinusschwestern Vogelsburg, 97332 Volkach
☎ 0 93 81 / 3029
☐ 2 ha Seit 1965 ökologischer Anbau; durchgegorene Weine; Spezialität: Traminerweine

▲ Weinbezogene Gastronomie

[G] *Gaststätte Vogelsburg, 97332 Volkach*
☎ 0 93 81 / 30 29
Bürgerliche fränkische Gerichte; große Terrasse; Ausflugsgaststätte

Astheim (Ortsteil von Volkach)
Gegenüber von Volkach am linken Mainufer gelegen, wird dieser fränkische Fährort urkundlich erstmals 888 genannt, als König Arnulf »Ostheim« mit anderen Orten der Gegend dem Kloster Fulda schenkte. Später kam Astheim an die Grafen von Castell und 1409 an die Herren von Seinsheim. Zu dieser Zeit stiftete die Familie von Seinsheim dem Ort das Kartäuserkloster Marienbrück. Im Bauernkrieg wurde das Kloster stark zerstört.
Der Weinbau wurde auch in Astheim über Jahrhunderte gepflegt.
Sehenswert: die ehemalige Klosterkirche, ein langgestreckter einschiffiger Bau aus der Zeit um 1600, und die katholische Pfarrkirche, im Kern aus dem 15. Jahrhundert stammend
Weinfest: Juni im Klostergarten

■ Astheimer Karthäuser

Der Name erinnert an das 1409 von Ritter Erkinger von Seinsheim und seiner »ehelichen Hausfrau« Anna von Bibra gestiftete Kartäuserkloster. Nach der Säkularisation erwarben 1805 die Fürsten von Schwarzenberg (eine Seitenlinie der Herren von Seinsheim) Kirche, Kloster und Umgriff, die sie 1951 an die Gemeinde Astheim verkauften.

□ 55 ha
[↑] Süd
[/] 25–50 %
[∵] Müller-Thurgau, Silvaner
[B] Keuper, Sand, Löß
[C] kräftig duftend, markant, zart, stoffig
[L] Volkacher Kirchberg

● Weinerzeuger

Weinbau Bruno Sauer, Fischerweg 15, Astheim, 97332 Volkach
[☎] 09381/9527
□ 1,4 ha [W] 12 Engagierter Winzermeister; sehr gepflegte Weine, hohe Prämierungserfolge

Weinbau Rainer Wohlfahrt,
Escherndorfer Straße 1, Astheim, 97332 Volkach
☎ *09381/9424*
☐ *5 ha* W *30 Der Betrieb liegt im Garten der ehemaligen Kartause, breites Angebot, Edelobstbranntweine*

GWF-Verkaufsstelle (siehe Volkach)

Weingut Juliusspital (siehe Würzburg); die Weine aus den Juliusspitälischen Weinbergen werden unter »Volkacher Karthäuser« vermarktet

▲ Weinbezogene Gastronomie

G *»Zum Schwan«, Kartäuser Straße 13,*
Astheim, 97332 Volkach ☎ *09381/1215*

Volkach

Volkach liegt bezaubernd inmitten der Mainschleife. Die Stadt besitzt seit mehr als 700 Jahren Stadtrechte und ist reich an historischen Bauwerken. Das Rathaus, errichtet 1544, zählt mit seiner Freitreppe zu den schönsten Frankens.
Der Brunnen am Marktplatz, die gotische Stadtpfarrkirche, Bürgerhäuser und Winzerhöfe gehören ebenso zu den Sehenswürdigkeiten wie das barocke Schlefenhaus. Nördlich der Stadt, am Kirchberg liegt inmitten der Weinberge die Wallfahrtskapelle »Unsere liebe Frau im Weingarten«, berühmt durch die Madonna im Rosenkranz von Tilman Riemenschneider.
Seit vielen Jahren organisiert das Fremdenverkehrsamt der Stadt Weinseminare, die sich auch heute noch großer Beliebtheit erfreuen.
Besonderheit: Campingplatz
Weinfeste: Mitte August

■ Volkacher Ratsherr

In dieser Bezeichnung sind viele kleine Lagennamen aufgegangen. Sie wurde aus einem Besitz der Gemeinde Volkach hergeleitet, aus dem in früheren Zeiten der Wein zur Stärkung der Ratsherrn nach ihren Sitzungen gewonnen wurde.

☐	160 ha
[↑]	Süd
[/]	20–30 %
[∵]	Müller-Thurgau, Silvaner
[B]	humoser Lehm, Muschelkalk
[C]	vollblumig, sortentypisch
[L]	Volkacher Kirchberg

■ Großlage Volkacher Kirchberg ca. 1502 ha

Neuseser Glatze	70
Escherndorfer Fürstenberg	70
Escherndorfer Berg	45
Escherndorfer Lump	35
Sommeracher Katzenkopf	180
Sommeracher Rosenberg	60
Nordheimer Vögelein	250
Nordheimer Kreuzberg	170
Astheimer Karthäuser	55
Krautheimer Sonnenleite	10
Obervolkacher Landsknecht	100
Gaibacher Kapellenberg	27
Untereisenheimer Sonnenberg	100
Obereisenheimer Höll	150
Stammheimer Eselsberg	80
Wipfelder Zehntgraf	100

● Weinerzeuger

Weingut Karl Müller, Zehntgasse 3, 97332 Volkach
[☎] 0 93 81 / 92 16
☐ 5,5 ha Familienbetrieb, Weine werden meist trocken ausgebaut

Weingut Max Müller, Hauptstraße 46, 97332 Volkach
[☎] 0 93 81 / 12 18
☐ 6 ha [W] 40 Qualitätsbewußter Familienbetrieb mit angeschlossener Weinkellerei im historischen Winzerhof

Weingut Römmert-Flammersberger, Erlachhof 1, 97332 Volkach
[☎] 0 93 81 / 23 66
☐ 10 ha [W] 40 Traditionelles Weingut, wird von der Familie Flammersberger geleitet; große Rebsortenvielfalt; Hofweinfeste im September

Weingut Leo Langer, Erlachhof 3, 97332 Volkach
☎ *0 93 81 / 28 33*
☐ *4 ha* W *25 Junger Selbstmarkterbetrieb; sortenbetonte Literflaschen- und Bocksbeutelweine*

Weingut Marienhof, Inh. Robert Dumsky, Marienhof, 97332 Volkach
☎ *0 93 81 / 23 31*
☐ *5 ha Vermarktet vorzugsweise trockene Weine, Spezialität sind Traminerweine*

Weinbau Bruno Bienert, Kapellenweg 7 ☎ *0 93 81 / 22 61*

Weinbau Walter Erhard, Weinstraße 21 ☎ *0 93 81 / 26 23*

Weinbau Alois Martin, Mahlmeisterstraße 5 ☎ *0 93 81 / 14 81*

Weinbau Hubert Schneider, Mittlere Zwingergasse 16
☎ *0 93 81 / 46 76*

GWF-Weinverkaufsstelle Volkach,
Sommeracher Straße 25, 97332 Volkach
☎ *0 93 81 / 24 00*
Gebietswinzergenossenschaft

▲ Weinbezogene Gastronomie und Übernachtungsmöglichkeiten

G *** *Romantik-Hotel Zur Schwane,*
Hauptstraße 12, 97332 Volkach
☎ *0 93 81 / 5 15*

G *** *Hotel Vier Jahreszeiten, Hauptstraße 31, 97332 Volkach*
☎ *0 93 81 / 37 77*

** *Hotel am Torturm, Hauptstraße 41, 97332 Volkach*
☎ *0 93 81 / 34 33*

G ** *Behringer, Marktplatz 5, 97332 Volkach*
☎ *0 93 81 / 24 53*

G ** *Zum Lamm, Oberer Markt 11, 97332 Volkach*
☎ *0 93 81 / 24 43*
Fisch- und Wildspezialitäten

G ** *Zum Storchen, Hauptstraße 54, 97332 Volkach*
☎ *0 93 81 / 23 55*

G ** *Zur Rose, Oberer Markt 7, 97332 Volkach*
☎ *0 93 81 / 12 94*

G * *Zum Löwen, Hauptstraße 25, 97332 Volkach*
☎ *0 93 81 / 24 06*

[G] *Weinstube Torbäck, Hauptstraße 85, 97332 Volkach*
[☎] *0 93 81 / 98 09*

[G] *Weinstube am Markt, Hauptstraße 24, 97332 Volkach*
[☎] *0 93 81 / 23 65*

Obervolkach (Ortsteil von Volkach)

Im Jahr 906 kam Obervolkach aus dem Königsgut an das Kloster Fulda. Aus dieser Zeit sind auch die ersten Weinberge bekannt. Obervolkach, unweit von Volkach, verfügt über fruchtbare Böden und Südhänge, die für den Weinbau gut geeignet sind. Obwohl heute kommunalpolitisch zur Stadt Volkach gehörend, hat sich hier ein intaktes Dorfleben erhalten. Dies zeigt sich alljährlich beim Weinfest auf dem sogenannten »Bocksbeutel-Festplatz«. Über dem Ort die Ruine Stettenburg.

Weinfest: Ende Juli auf dem Bocksbeutel-Festplatz
Weinwanderung: jeweils im Juni

■ Obervolkacher Landsknecht

Dieser Lagenname ist abgeleitet aus Länds- und Lehnsknecht. Landsknecht ist der Hauptbegriff sämtlicher Lagennamen in Obervolkach und von Weinen kleinerer Rebflächen in Rimbach.

- □ 100 ha
- [↑] Südwest
- [/] 15–20 %
- [⁖] Müller-Thurgau, Silvaner
- [B] Muschelkalk
- [C] von der Bodenart sehr geprägt
- [L] Volkacher Kirchberg

● Weinerzeuger

Weingut Paul Leipold,
Landsknechtstraße 14, Obervolkach, 97332 Volkach
[☎] *0 93 81 / 44 72*
□ *3,5 ha Junger Selbstmarkterbetrieb*

GWF-Weinverkaufsstelle Obervolkach, Walter Feuerbach, Dr.-Gengler-Straße 30, Obervolkach, 97332 Volkach
☎ *0 93 81 / 14 86*

▲ Weinbezogene Gastronomie

G *Gasthaus »Zur Stadt Volkach«, Dr.-Gengler-Straße 17, Obervolkach, 97332 Volkach*
☎ *0 93 81 / 28 24*

Krautheim (Ortsteil von Volkach)

Krautheim ist eine alte fränkische Siedlung. Erstmals 888 urkundlich erwähnt, liegt es an der Straße von Volkach nach Gerolzhofen. Der kleine Weinort ist ein Ortsteil von Volkach. Über Jahrhunderte hinweg war Krautheim Castellsches Gesamtrittergut. Das Krautheimer Schloß (18. Jahrhundert) ließ ein Freiherr von Buttlar erbauen. Nach dem völligen Niedergang wurden erst in den 70er Jahren von dem Sommeracher Alfred Mäuser hier wieder Rebberge angelegt.
Nachbarorte: Volkach, Obervolkach

■ Krautheimer Sonnenleite

Sonnenleite heißt die jüngst auf 10 ha angelegte Reblage in Anlehnung an die alte Flurbezeichnung Weinbergleite und die Südhanglage, die in Franken stets mit Sonne(n) bezeichnet wird; heute wird der Wein aus dieser Lage auch als Volkacher Sonnenleite vermarktet.

□ 10 ha
↑ Süd
/ 30 %
∴ Müller-Thurgau, Silvaner
B Muschelkalk, Lettenkeuper
C kräftig duftend, markant, stoffig
L Volkacher Kirchberg

● Weinerzeuger

Die Weine werden vermarktet bei: Weingut Alfred Mäuser, Sommerach/Main (siehe Sommerach/Main)

Weingut Franz Voll, Escherndorf (siehe Escherndorf)

Frankenwinheim
Wenige Kilometer vor Gerolzhofen liegt dieses kleine Dorf. Sehr früh, nämlich in einer Urkunde des Klosters Fulda, wird Frankenwinheim schon im 8. Jahrhundert erwähnt. Um 1400 saßen hier auf einem Schloßgut die Eltern des großen Fürstbischofs Rudolf von Scherenberg, der also hier geboren sein dürfte. Eine Statue, die vor kurzem mitten im Dorf aufgestellt wurde, erinnert an die Verbindung mit dem Fürstbischof zu Frankenwinheim.
Weinfest: jedes Jahr Ende Juli

■ Frankenwinheimer Rosenberg

Den Namen Rosenberg führt man auf Rasenberg, den unruhigen, nach Wolkenbrüchen rutschenden Berg zurück.

□ 30 ha

[↑] Süd

[/] 15–20 %

[∵] Müller-Thurgau, Silvaner

[B] lehmiger Ton

[C] kräftig duftend, markant, stoffig

[L] Volkacher Kirchberg

● Weinerzeuger

Die Weine werden größtenteils vermarktet bei:
Winzergenossenschaft Nordheim/Main (siehe Nordheim/Main)
Gebietswinzergenossenschaft Franken (siehe Volkach)

▲ Weinbezogene Gastronomie

[G] *Gasthaus Zur Sonne,*
Am Kirchberg 6, 97447 Frankenwinheim
[☎] *0 93 82 / 78 06*
Fränkische Brotzeiten, Fischgerichte, eigene Schlachtung

Zeilitzheim (Ortsteil von Kolitzheim)
Zeilitzheim liegt zwischen Gerolzhofen und Volkach, etwas abseits von verkehrsreichen Straßen.

Der Ort wurde erst im 13. Jahrhundert urkundlich erwähnt, es kann aber nachgewiesen werden, daß es die »Ritter von Zeilitzheim« schon früher gab. Maßgebend für die Gemeinde waren die Herren von Wolfsthal, die 1677–1683 das barocke Schloß von Zeilitzheim bauen ließen. Anfang des 18. Jahrhunderts übernahmen die Grafen von Schönborn Zeilitzheim.
Besonderheit: Jahresweinproben im März im Barockschloß und kulturelle Veranstaltungen
Weinfest: jeweils im Juli

■ Zeilitzheimer Heiligenberg

Auf dem »Heiligenberg« wurde vermutlich eine Kultstätte der Germanen von Mönchen zerstört und Wein angepflanzt. Sie wollten damit beweisen, daß deren Götter machtlos sind.

- ☐ 36 ha
- [↑] Südsüdwest
- [/] 12 %
- [∵] Müller-Thurgau, Bacchus
- [B] Muschelkalk mit leichter Lößlehmauflage
- [C] extraktreiche, vollmundige, sortentypische Weine
- [L] Volkacher Kirchberg

● Weinerzeuger

Weingut Reiner Mößlein,
Untere Dorfstraße 8, Zeilitzheim, 97509 Kolitzheim
☎ 09381/1506
☐ 4 ha [W] 35 Junger Selbstmarkterbetrieb mit Spezialitäten: Winzersekt und Barrique-Weine

GWF-Weinverkaufsstelle Zeilitzheim, Gerhard Herbert,
Johann-Pröschel-Straße 18, Zeilitzheim, 97509 Kolitzheim
☎ 09381/9823

Winzergenossenschaft Nordheim/Main,
Verkaufsstelle Zeilitzheim, Waldemar Säger,
Krautheimer Straße 1, Zeilitzheim, 97509 Kolitzheim
☎ 09381/1359

▲ **Weinbezogene Gastronomie und Übernachtungsmöglichkeit**

G ** *Schloß Zeilitzheim,*
Schloßcafé und Weinstube Schloß Zeilitzheim,
Zeilitzheim, 97509 Kolitzheim
☎ *0 93 81 / 93 89*
Kulturveranstaltungen, reichhaltiges Speiseangebot in historischen Räumlichkeiten

G *»Zur Sonne«,*
Marktplatz 1, Zeilitzheim, 97509 Kolitzheim
☎ *0 93 81 / 24 79*

Gaibach (Ortsteil von Volkach)

Nur wenige Kilometer nördlich von Volkach und der Mainschleife entfernt, auf einer Hochebene, umgeben von fruchtbaren Böden, liegt Gaibach.
Im 12. Jahrhundert wird von einem Rittergeschlecht derer von Gubach berichtet. Valentin Echter aus Mespelbrunn, ein Bruder des Fürstbischofes Julius Echter, ließ im späten 16. Jahrhundert das mächtige Renaissance-Wasserschloß erbauen. 100 Jahre später ließ Kurfürst Lothar Franz von Schönborn es durch seinen Architekten Leonhard Dientzenhofer umbauen. Gleichzeitig entstand im Auftrag des Kurfürsten die Heilig-Kreuz-Kapelle auf dem Sonnenhügel an der Ostseite des Schloßgartens. Zur Erinnerung an die erste bayerische Verfassung 1881 ließ Franz Erwin Graf von Schönborn die Konstitutionssäule im Schloßpark auf dem Sonnenberg errichten. Die katholische Pfarrkirche gehört zu den Dorfkirchen von Balthasar Neumann und entstand 1742/45.

■ **Gaibacher Schloßpark**

Die erst vor wenigen Jahren wieder bestockte Rebfläche zwischen Park und Konstitutionssäule von 1828 wurde in Anlehnung an die Flurnamen Englischer Garten und Schloßgarten benannt.

☐	12 ha
⇡	Süd
⧄	5–20 %
⁘	Silvaner, Perle
B	Keuper
C	artiges Bukett, nachhaltig
L	großlagenfrei

■ Gaibacher Kapellenberg

Der Lagenname bezieht sich auf die Heilig-Kreuz-Kapelle auf dem Sonnenhügel an der Landstraße nach Kolitzheim am Ostrand des Schönbornschen Parkes.

☐	27 ha
⇡	Südsüdost – Südsüdwest
⧄	5–20 %
⁘	Silvaner, Müller-Thurgau
B	Muschelkalk, Lettenkeuper
C	von der Lage geprägtes Bukett, stoffig
L	Großlage Volkacher Kirchberg

● Weinerzeuger

Weinbau Erwin Götz, Schönbornstraße 5, Gaibach, 97332 Volkach
☎ *09381/9295*

▲ Weinbezogene Gastronomie und Übernachtungsmöglichkeit

G *»Goldener Löwe«, Gaibach, 97332 Volkach*
** ☎ *09381/3595*

Von der Mainschleife nach Schweinfurt

Über Gaibach mit seinem einstigen Renaissance-Wasserschloß und der barocken Pfarrkirche von Balthasar Neumann gelangen wir wieder hinunter zum Main nach *Fahr* (Volkach), der alten Fährstelle am Ende der Mainschleife. Fachwerkhäuser mit feinen Barockmadonnen drängen sich um die alte, wehrhafte Pfarrkirche. Über *Unter-* und *Obereisenheim* (Markt Eisenheim) folgen wir dem Verlauf des Maines in nördlicher Richtung auf Schweinfurt zu, wenn auch *Bergtheim* westlich des Maines und von Eisenheim liegt. Über *Stammheim* nach *Wipfeld* und *Lindach* (Kolitzheim) am Südende des Landkreises Schweinfurt. Über die Weinorte *Theilheim* (Waigolshausen), *Hergolshausen* (Waigolshausen) und *Schwanfeld* erreichen wir *Schweinfurt,* dessen berühmter Sohn, der Dichter Friedrich Rückert, dem Main folgende Verse gewidmet hat:

Fahrt auf dem Strom am Herbstabend

Fuhren wir herab den Main
still und frohgemut,
lag des Abends heller Schein
vor uns auf der Flut.

Immer auf den hellen Schein
geht der Nachen zu,
treten wird er nun hinein
in dem nächsten Nu.

Aber weiter rückt der Schein
stets von Ort zu Ort,
und die Fahrt ihm hinterdrein
geht im Dunkel fort.

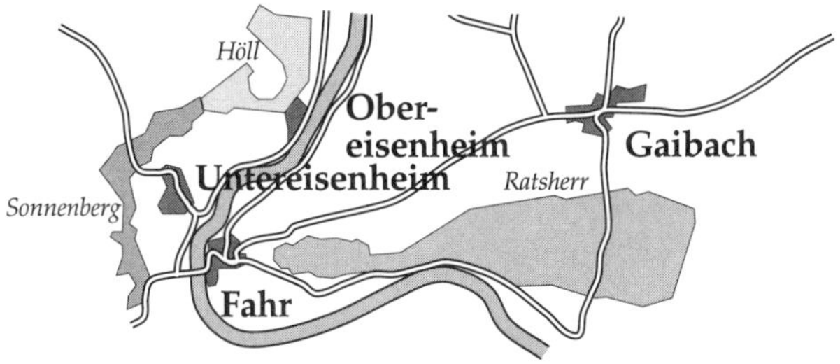

Fahr (Ortsteil von Volkach)
Fahr ist eine alte Fährstelle an der Mainschleife gegenüber von Untereisenheim. 1340 wird der Ort erstmals urkundlich erwähnt.
Viele Kunstdenkmäler und Schätze in Fahr weisen auf die lange Weinbautradition hin, wenn auch der Obstanbau diese Gemeinde bekannter gemacht hat.
Sehenswert in Fahr: die katholische Pfarrkirche mit ihrem von weitem schon erkennbaren Julius-Turm und die Hl.-Kreuz-Kapelle aus dem Jahr 1727
Weinfest: jährlich im Juli
Mainfähre nach Untereisenheim

■ Die Weine werden unter Volkacher Ratsherr vermarktet.

● Weinerzeuger

Weingut Franz Kirch und Weinkellerei Matthias Kirch, Mönchbergstraße 11, Fahr, 97332 Volkach ☎ *0 93 81 / 30 09*
☐ *9 ha* [W] *80 Imposanter Weingutbetrieb, moderne Kellerwirtschaft, anheimelnde Weinprobierstube, gute Prämierungserfolge*

Weinbau W. Borst, Blütenstraße, Fahr, 97332 Volkach ☎ *0 93 81 / 97 61*

Weingut Adelbert Kirch, Fahr, 97332 Volkach ☎ *0 93 81 / 28 32*

Weingut Heinz Braun, Fahr, 97332 Volkach ☎ *0 93 81 / 92 83*

Weinbau Franz-Josef Meusert, Fahr, 97332 Volkach ☎ *0 93 81 / 29 69*

▲ Weinbezogene Gastronomie und Übernachtungsmöglichkeit

[G] [*] *»Zur Mainschleife«, Fahr, 97332 Volkach* ☎ *0 93 81 / 93 03*

[G] *Gasthaus Zum Hirschen, Fahr, 97332 Volkach* ☎ *0 93 81 / 24 56*

Untereisenheim (Ortsteil von Markt Eisenheim)
Der Winzerort Untereisenheim bildet heute mit Obereisenheim zusammen den Ort Markt Eisenheim. Nach

der geschichtlichen Überlieferung war der Markt bis ins 15. Jahrhundert ungeteilt. Nach der Reformation blieb Untereisenheim katholisch.
Von der alten Dorfbefestigung ist die Mauer noch an vielen Stellen in der Höhe bis 1,5 Meter erhalten. *Sehenswert:* die Dorfkirche Maria Himmelfahrt

■ Untereisenheimer Sonnenberg

Sonnenberg war früher die Bezeichnung einer Teillage in Untereisenheim.

☐ 100 ha

[↑] Süd – Ost

[/] 30 %

[∵] Müller-Thurgau

[B] Muschelkalk

[C] sortentypisch, gehaltvoll

[L] Volkacher Kirchberg

● Weinerzeuger

Weingut Hilmar Hirn,
Langgasse 19, Untereisenheim, 97247 Eisenheim
[☎] 0 93 86 / 3 88
☐ 5 ha [W] 25 Alteingesessener Weinbaubetrieb mit Selbstvermarktung, gepflegte Weine

Untereisenheimer Wein- und Sekt-Kellerei GmbH,
Kirchgäßchen 1, Untereisenheim, 97247 Eisenheim
[☎] 0 93 86 / 10 64
☐ 2 ha [W] 50 Neuaufgebauter Betrieb mit nur Untereisenheimer Weinen und Sekten; 500 Jahre alter Gewölbekeller; Weinseminare

Weinbau Stefan Kirchner, Schulstraße 3 [☎] 0 93 86 / 7 33

Weinbau Franz-Josef Kirchner, Langgasse 10 [☎] 0 93 86 / 7 18

Weinbau Franz Stühler, Landwehrstraße 1 [☎] 0 93 86 / 2 43

▲ Weinbezogene Gastronomie

[G] *Gasthaus Jägerklause,*
Jägergasse 10, Untereisenheim, 97247 Eisenheim
[☎] 0 93 86 / 10 42

G *Gasthaus Zum Hirschen,*
Langgasse 21, Untereisenheim, 97247 Eisenheim
☎ *09386/285*

Obereisenheim (Ortsteil von Markt Eisenheim)

Seit seiner ersten Erwähnung im Jahre 788 steht der Weinbau im Mittelpunkt der Entwicklung des Ortes. Am Hang hingebreitet liegt Obereisenheim am rechten Mainufer. Der ganze Ort war früher von einer starken Befestigung umgeben. Der einstige Graben ist noch an vielen Stellen erkennbar, sonst bestehen nur noch Mauerreste.

Sehenswert: das Ortsbild mit den engen Gassenschluchten, die oft steil zum Main hinabführen, das Natursteingemäuer der Häuser und viele Fachwerkhäuser

■ Obereisenheimer Höll

Die Lagebezeichnung »Obereisenheimer Höll« geht auf eine alte Sage zurück. Es wurde erzählt, daß ein Mönch, der gleichzeitig Kellermeister war, den Teufel im Weinkeller gefangen hatte. Als Pfand für seine Freilassung versprach der Teufel, den Weinberglagen von Obereisenheim jedes Jahr eine »höllische Hitze« zukommen zu lassen, damit ein guter Tropfen wächst.

☐ 150 ha

⇡ Südsüdwest

⁄ 30–40 %

∵ Müller-Thurgau

B Keuper

C kräftig, inhaltsreich

L Volkacher Kirchberg

● Weinerzeuger

Weinbau Martin Heim, Wölfleinstraße 16,
Obereisenheim, 97247 Eisenheim ☎ *09386/291*
☐ *2,5 ha* W *30 Seit 1960 Selbstmarkterbetrieb,*
gepflegte Weine

Weingut Werner Schuler, Schwanfelder Straße, Obereisenheim, 97247 Eisenheim ☎ 0 93 86 / 2 82
☐ 7 ha W 80 Traditioneller Weinbaubetrieb, alter Gewölbekeller und Faßkeller

Weingut Edmund Rügamer, Breiter Weg, Obereisenheim, 97247 Eisenheim ☎ 0 93 86 / 13 38
☐ 5 ha W 70 Heckenwirtschaft, Winzersekte, Rotweinspezialitäten

GWF-Weinverkaufsstelle Obereisenheim, Kelterstation Fam. Marschhäuser, Zehntstraße 123, Obereisenheim, 97247 Eisenheim
☎ 0 93 86 / 6 79 oder 3 20

Weinbau Heinz Senft, Mainstraße 13, Obereisenheim, 97247 Eisenheim ☎ 0 93 86 / 3 63

Weinbau Hermann Heim, Bergstraße 1, Obereisenheim, 97247 Eisenheim ☎ 0 93 86 / 10 84

Weinbau Alfred Jung, Hohlweg 2, Obereisenheim, 97247 Eisenheim ☎ 0 93 86 / 3 52

Weinbau Adolf Krämer, Türkenstraße 1, Obereisenheim, 97247 Eisenheim ☎ 0 93 86 / 10 53

Weinbau Günter Riegler, Hohlweg 3, Obereisenheim, 97247 Eisenheim ☎ 0 93 86 / 10 09

▲ Weinbezogene Gastronomie und Übernachtungsmöglichkeiten

G ** *»Zur Rose«, Gaulberg 2, Obereisenheim, 97247 Eisenheim ☎ 0 93 86 / 2 69*

G ** *»Zum Schiff«, Hirtengasse 3, Obereisenheim, 97247 Eisenheim ☎ 0 93 86 / 2 48*

Bergtheim

Bergtheim, nordwestlich von Eisenheim auf einer Hochebene am linken Mainufer gelegen, ist von fruchtbaren Böden umgeben. Der Ortsname ist bekannt als Stätte einer entscheidenden Schlacht der fränkischen

Geschichte: Im Januar 1400 zerschlug hier Fürstbischof Gerhard von Schwarzburg das Heer des Städtebundes. Für Würzburg, wie für manche fränkische Landstadt, war damit der Traum von Reichsfreiheit ausgeträumt.

■ Bergtheimer Harfenspiel

Für eine Neuanlage 1975 genehmigter Name in Anlehnung an das im Kataster verzeichnete Flurstück Harfen-(wein)berg.

☐ 11 ha
[↑] Südwest
[/] 15–25 %
[∵] Müller-Thurgau
[B] Muschelkalk, Löß
[C] duftig, stoffig, nachhaltig
[L] großlagenfrei

● Weinerzeuger

Weingut Manfred Schmitt mit Weinkellerei Helene Schmitt, Am Weinfaß, 97241 Bergtheim
[☎] 0 93 67 / 21 57
☐ 50 ha [W] 50 Gemütliche Weinprobierstube, Barrique-Ausbau, Edelbranntweine, Hofschoppenfest

▲ Weinbezogene Gastronomie und Übernachtungsmöglichkeiten

[G] *Gasthof Schlier, Untere Hauptstraße 13, 97241 Bergtheim*
[**] *[☎] 0 93 67 / 5 01*
[**] *Pension Schlier, Raiffeisenstraße 8, 97241 Bergtheim*
[☎] 0 93 67 / 4 48

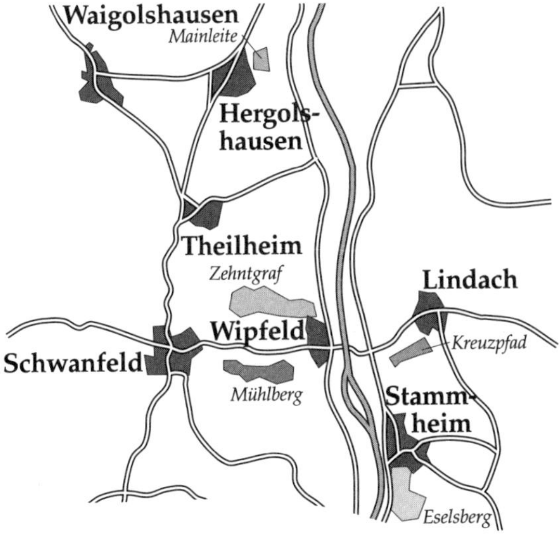

Stammheim (Ortsteil von Kolitzheim)

Die Geschichte der Winzergemeinde Stammheim kann bis in das 6./7. Jahrhundert zurückverfolgt werden. Urkundlich belegt ist, daß das Zisterzienserkloster Maidbronn (wenige Kilometer vor Würzburg) schon im 13. Jahrhundert von 50 Morgen Weinbergen seinen Zehntwein aus Stammheim bezog.

Rückgang des Weinbaus um die Jahrhundertwende. In den 70er Jahren ein Neubeginn.

■ Stammheimer Eselsberg

Eselsberg heißt die Lage entweder wegen der Formung des Bergrückens oder wegen des Eselsweges, auf dem die früher in Franken seltenen Tiere Erde, Pfähle usw. in die Weinberge schleppten.

□ 80 ha

[↑] Südwest

[/] 10–20 %

[∵] Müller-Thurgau, Silvaner

[B] Muschelkalk, Sandauflage

[C] kräftig duftend, nachhaltig

[L] Volkacher Kirchberg

● Weinerzeuger

Weinbau Alfred Wirsching,
Am Eselsberg 4, Stammheim, 97509 Kolitzheim
☎ 0 93 81 / 18 22
☐ 3 ha [W] 40 Junger Selbstmarkterbetrieb,
Rotweinspezialitäten

Weinbau Rainer Moller,
Maintalstraße 25, Stammheim, 97509 Kolitzheim
☎ 0 93 81 / 46 48
☐ 1,5 ha [W] 20 Nebenerwerbsbetrieb;
seit 25 Jahren Flaschen- und Bocksbeutelabfüllung

GWF-Verkaufsstelle Dora Weisenseel,
Winzerstraße 11, Stammheim, 97509 Kolitzheim
☎ 0 93 81 / 22 24
[W] 80

Weinbau Luitgard Scheller, Weinbergstraße 22,
Stammheim, 97509 Kolitzheim ☎ 0 93 81 / 12 95

Weinbau Christian Ziegler, Maintalstraße 8,
Stammheim, 97509 Kolitzheim ☎ 0 93 81 / 22 86

Wipfeld

Wipfeld liegt am rechten Mainufer, wenige Kilometer mainaufwärts von Schweinfurt.
Bereits im 9. Jahrhundert wird Wipfeld urkundlich erwähnt, der Weinbau erst im 12. Jahrhundert. Der Ort war durch das gesamte Mittelalter hindurch mit dem »Cent« bedacht. In Erinnerung daran wird heute nicht nur die Lage, sondern der Wipfelder Wein in der Symbolfigur des Zehntgrafen dargestellt.
Sehenswert in diesem alten fränkischen Dorf: das Rathaus (frühes 18. Jahrhundert); die katholische Pfarrkirche

■ Wipfelder Zehntgraf

Die Lagenbezeichnung »Zehntgraf« wurde 1969 nach der Weinbergflurbereinigung eingeführt. Sie kommt von der Teillagenbezeichnung »Zehntlein«. Unter den Historikern ist die Lagenbezeichnung sehr umstritten, weil der Einnehmer des Zehnten niemals den Titel Graf führte.

☐ 100 ha
[↑] Süd
[/] 10–30 %
[∵] Müller-Thurgau, Silvaner
[B] Muschelkalk
[C] sortentypisch, markant, kraftvoll, körperreich, rassig
[L] Volkacher Kirchberg

● Weinerzeuger

Zehntkellerei – Weingut Lother, Birkenstraße 3, 97537 Wipfeld
[☎] *0 93 84 / 18 67*
☐ *5 ha* [W] *50 Alteingesessener Weinbaubetrieb, Probierstube und Heckenwirtschaft; Spezialität Rotweine und Winzersekt*

Verkaufsstelle der Gebietswinzergenossenschaft Franken, Familie Georg Gunkel, Marktplatz 6, 97537 Wipfeld
[☎] *0 93 84 / 2 40*

Weinbau Raab, Marktplatz 2 [☎] *0 93 84 / 15 16*

Weinbau Fischer, Engelb.-Klüpfel-Straße 6 [☎] *0 93 84 / 5 49*

Weinbau Dotzel, Nikl.-Müller-Straße 2 [☎] *0 93 84 / 3 59*

▲ Weinbezogene Gastronomie und Übernachtungsmöglichkeiten

[G] [**] *Gasthof und Pension Zehntgraf,*
Obereisenheimer Straße 2, 97537 Wipfeld
[☎] *0 93 84 / 84 98*

[**] *Pension Haus Weinlaube,*
Obereisenheimer Straße 12, 97537 Wipfeld
[☎] *0 93 84 / 5 05*

[G] *Restaurant Mainterrassen,*
Obereisenheimer Straße 15, 97537 Wipfeld
[☎] *0 93 84 / 3 31*

[G] *Gasthaus Zum Anker, Mainstraße 3, 97537 Wipfeld*
[☎] *0 93 84 / 5 05*

Lindach (Ortsteil von Kolitzheim)
Lindach, zwischen Volkach und Schweinfurt auf der Höhe links des Maines gelegen, wird in Verbindung mit Weinbau schon im 9. Jahrhundert genannt. Er kam aber hier im 19. Jahrhundert völlig zum Erliegen, erst 1981 wurden wieder Rebstöcke angepflanzt.
Sehenswert: das Rathaus (17. Jahrhundert) mit dem typischen Renaissance-Treppengiebel und die Kapelle am Ortsrand mit einer wertvollen Vespergruppe aus der Spätgotik
Mainfähre nach Wipfeld auf dem gegenüberliegenden Mainufer
Weinfest: Anfang Juli

■ Lindacher Kreuzpfad

Den 1981 angelegten Weinbergen wurde der alte Flurname »Kreuzpfad« gegeben. Die Bezeichnung »Kreuzpfad« kommt von der Statue »Christus am Kreuz«, die seit dem 19. Jahrhundert am Wegrand steht.

- ☐ 12 ha
- [↑] Südsüdwest
- [/] 10 %
- [∵] Müller-Thurgau und Bacchus
- [B] Keuper mit Lehmauflage
- [C] frische, bukettbetonte Weine
- [L] Volkacher Kirchberg

● Weinerzeuger

Weinbau H. Seger, Mainblick 4,
Lindach, 97509 Kolitzheim ☎ *0 93 85 / 2 16*

Weinbau Franz Seufert, Lindenstraße 39,
Lindach, 97509 Kolitzheim ☎ *0 93 85 / 2 41*

▲ Weinbezogene Gastronomie

[G] *Gasthaus Zum Löwen,*
Mainblick 1, Lindach, 97509 Kolitzheim
☎ *0 93 85 / 2 20*

Theilheim (Ortsteil von Waigolshausen)
Das kleine Dorf Theilheim liegt zwischen Bergrheinfeld und Schwanfeld in der Senke des Grundgrabens nordöstlich von Wipfeld. Viele alte Urkunden belegen den Weinbau. Früher zählte Theilheim sogar zu den großen Weinbauorten.
Sehenswert: der Dorfbrunnen, dessen jonische Säulen ein Kuppeldach tragen; das ehemalige »Schloß«, entstanden um 1750

■ Theilheimer Mainleite

Mit dem Nachbarort Hergolshausen teilt sich Theilheim die Lagenbezeichnung (siehe Hergolshäuser Mainleite).

□ 18 ha
↑ Süd-Südost
/ 15–30 %
∵ Bacchus, Müller-Thurgau
B Muschelkalk
C vollmundig, kräftig
L Volkacher Kirchberg

▲ Weinbezogene Gastronomie

G *Gasthaus Zum Bären, Theilheim, 97534 Waigolshausen*
☎ *0 93 84 / 3 02*

Hergolshausen (Ortsteil von Waigolshausen)
Nördlich von Theilheim liegt Hergolshausen. Der kleine Ort im Schweinfurter Gau kann auf eine alte Weinbautradition zurückblicken. Denn das Kloster Himmelspforten in Würzburg besaß schon im 11. Jahrhundert Weinberge in Hergolshausen. Ab dem 15. Jahrhundert waren die Fürstbischöfe von Würzburg für den Ort bestimmend.
Weinfeste: 17.–21. Juni; 24.–25. Oktober

■ Hergolshäuser Mainleite

Die Weinberglage befindet sich entlang des Mains und wurde deswegen 1983 mit dem Namen »Mainleite« in die Weinbergrolle eingetragen. Die Weinberge sind nicht flurbereinigt und daher von Hecken und Sträuchern umschlossen.

☐ 18 ha
[↑] Süd – Südost
[/] 15–30 %
[∴] Bacchus, Müller-Thurgau
[B] Muschelkalk
[C] vollmundig, kräftig
[L] Volkacher Kirchberg

● Weinerzeuger

Weinbau Stefan Wischer,
Ahornstraße 6, Hergolshausen, 97534 Waigolshausen
[☎] *0 97 22 / 75 03*
☐ *3 ha* [W] *50* *Junger Selbstmarkterbetrieb, gepflegte Weine*

Schwanfeld

Erstmals wird der Weinbau im 12. Jahrhundert durch eine Urkunde des in der Nähe gelegenen Klosters Heiligenthal erwähnt. Danach bezeugen mehrere Urkunden die Bedeutung des Weinbaus für Schwanfeld.
Sehenswert: 1 Kilometer südlich von Schwanfeld der älteste Judenfriedhof Frankens und etwa 1,5 Kilometer südwestlich des Ortes die frühgotische Kirche des ehemaligen Zisterzienserinnenklosters Heiligenthal

■ Schwanfelder Mühlberg

Dieser Name soll an die historischen Mühlen erinnern, eine war die sogenannte Dorfmühle, die andere gehörte zum ehemaligen Zisterzienserinnenkloster Heiligenthal.

☐ 5 ha
[↑] Südwest

☐ 25 %
☐ Müller-Thurgau
☐ Muschelkalk
☐ nachhaltig

● Weinerzeuger

Weinbau Bernhard Müller, Hauptstraße 5, 97523 Schwanfeld
☎ *0 93 84 / 2 34*
☐ *1 ha Nebenerwerbswinzer*

In den Haßbergen und am Steigerwald

Von Schweinfurt nach Bamberg: am Obermain

Bei *Schweinfurt,* spätestens bei Mainberg, endet das Maindreieck. In südöstlicher Richtung begleiten wir den Main nun an seinem rechten Ufer zwischen den Südausläufern der Haßberge und dem Nordrand des Steigerwalds hindurch auf Bamberg zu.
Von Schweinfurt nach Bamberg am rechten Mainufer entlang: Oberhalb von *Mainberg* grüßt ein altes Schloß, umgeben von Rebhängen, den Main: ein Szenario, dem Friedrich Rückert folgende Verse gewidmet hat:

»Weil sich mit dem Main der Weinberg,
Mit dem Weinberg schmückt der Main,
Darum heißt die Stelle Mainberg,
Schönster Berg- und Stromverein.«

Prappach (Haßfurt) und *Unfinden* (Königsberg i. Bayern), finden wir kurz hinter Haßfurt in nördlicher Richtung an den Randhängen der Haßberge. *Zeil* wiederum begegnen wir unterhalb seines Ortsteiles *Krum* direkt am Main. Immer näher rücken nun nördlich des Mains die Haßberge und südlich des Mains der Steigerwald an die beiden Uferseiten des Flusses heran, hier, wo sich früher die Machtbereiche des Hochstifts Würzburg und des Fürstbistums Bamberg berührten.
Durch das romantische *Ziegelanger,* Ebelsbach mit seinem Wasserschloß mit Ringmauer aus dem 16. Jahrhundert, *Steinbach* (Ebelsbach) mit der Lage Nonnenberg, durch *Unterhaid* (Oberhaid) kommen wir über *Staffelbach* (Oberhaid) zu der Stadt an der Regnitz und Main, in der – geht es nach den Dichtern und Schriftstellern – es sich zu verweilen lohnt. Denn Hermann Kesten schrieb: »*Bamberg* hatte Glück; es hat die städtefressenden Kriege fast heil überlebt.« Alfred Kerr: »Alles scheint über die Stadt wegzufliegen, wegzuflie-

Der Stolz der Schweinfurter: Schloß Mainberg über seinen rebenbedeckten Weinbergen

gen, wegzufliegen ... (Ich mit).« Jean Paul rief entzückt: »Himmel, welch ein Bier!« Und wenn Sie Bamberg wieder verlassen, so denken Sie an Hermann Fürst von Pückler-Muskaus Worte: »Der Abschied von der Regnitz tut mir weh. Ich sagte ihr Lebewohl, als sei sie ein schönes Mädchen.«

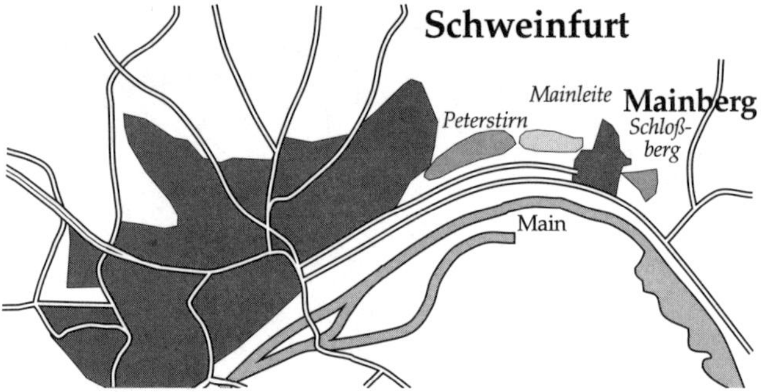

Schweinfurt
Schweinfurt heute – das ist sicher keine Wein-, sondern eine moderne Industriestadt. Die einstige Freie Reichsstadt hat sich zum Zentrum der europäischen Walzlagerfertigung entwickelt, eine moderne Stadt mit viel Sinn für Traditionen. Nach der Zerstörung im Zweiten Weltkrieg hat man bedeutende Bauwerke wie die evangelische Stadtpfarrkirche, die Sankt-Salvador-Kirche, das Renaissance-Rathaus mit Fachwerk und die katholische Pfarrkirche St. Kilian wieder aufgebaut. Daß Schweinfurt einmal eine reichgesegnete Weinstadt gewesen ist, belegt die Geschichte aus dem 18. Jahrhundert Über 80 Winzer pflegten den Weinbau. Zu dieser Zeit lebte hier auch Schweinfurts berühmtester Sohn, der Dichter und Orientalist Friedrich Rückert. An ihn erinnert heute das Rückert-Denkmal am Marktplatz. Er war, wie sein Zeitgenosse und Dichterkollege Goethe, ein großer Weinfreund.

■ Schweinfurter Mainleite

Die Südhänge Richtung Mainberg werden so genannt, weil sie parallel zum Main ziehen (leiten). Viele Weinberge sind heute aufgelassen.

☐ 2 ha

[↑] Südost

[/] 20–50 %

[∵] Silvaner, Müller-Thurgau

[B] Lettenkeuper, Muschelkalk

[C] duftig, kernig, markant

[L] großlagenfrei

■ Schweinfurter Peterstirn

Da der Berg als Haupt aufgefaßt ist, ist der Südhang die Stirn. Der Apostel Paulus war der Patron der Kapelle der Schweinfurter Burg, an die sich das um 1015 gegründete Kloster anschloß. Bei einigen Autoren wird das Petruspatrozinium auf Besitz des Klosters Weißenburg im Elsaß zurückgeführt.

☐ 2,5 ha

[↑] Südost

[/] 20–50 %

[∵] Silvaner, Müller-Thurgau

[B] Lettenkeuper, sandiger Lehm

[C] von der Lage geprägtes Bukett, nachhaltig

[L] großlagenfrei

● Weinerzeuger

Weinbau – Weinkellerei Richard Dahms GmbH,
August-Borsig-Straße 8, 97526 Sennfeld b. Schweinfurt
[☎] 09721/69123
☐ 2,5 ha Weinbau im Schweinfurter Peterstirn,
mit angegliedertem Weinhandel

▲ Weinbezogene Gastronomie und Übernachtungsmöglichkeiten

[G] *»Ross«, Postplatz 9, 97421 Schweinfurt*
[**] *[☎] 09721/20010*

G **
»Zum Grafen Zeppelin«,
Cramerstraße 7, 97421 Schweinfurt
☎ *09721/22173*

G
»Ratskeller«, Am Markt 1, 97421 Schweinfurt
☎ *09721/26416*

Mainberg

Kurz vor den Toren Schweinfurts begegnen wir am rechten Mainufer dem Ort Mainberg, dessen idyllischer Eindruck von zahlreichen Fachwerkhäusern und hübschen Bildstöcken bestimmt wird. Sein ältester Bauteil, der Bergfried aus dem 12. Jahrhundert, zeigt uns, daß das Mainberger Schloß in der klassischen Zeit des Burgenbaus entstanden ist. Das ehemalige Amtshaus, zu Füßen des alten Schlosses, ist ein zweiflügeliger Barockbau, den die Fürstbischöfe 1702 errichten ließen, als die alte Burg zu unwohnlich geworden war. Ein steinernes Wappen erinnert an den fürstbischöflichen Bauherrn, Joh. Phil. von Greiffenclau. Der Wendelinus-Bildstock am Bach erinnert an ein tragisches Vorkommnis des Jahres 1796, als Mainberg von französischen Revolutionstruppen besetzt war.

■ Mainberger Schloßberg

Schloßberg bezeichnet die Lage unterhalb des Schlosses (Burg), das zunächst im Besitz der Grafen von Henneberg, dann der Freiherren von Wildberg, schließlich bis 1803 des Hochstiftes Würzburg war. 1902 kaufte Dr. Johannes Müller Schloß Mainberg und eröffnete hier ein religiös bestimmtes Kurheim für die Leser seiner »Grünen Blätter«, das er 1916 nach Elmau verlegte. Damals kaufte Geheimrat Dr. Ernst Sachs das Schloß.

□	9 ha
↑	Südwest
/	30–60 %
∵	Müller-Thurgau, Bacchus
B	Muschelkalk
C	kräftig, duftend, pikant
L	großlagenfrei

■ Mainberger Mainleite

Alter Katastername; der Südhang zieht den Main entlang. Viele Weinbergsanlagen sind mittlerweile aufgelassen. Die Weinbergspflege ist einfach zu beschwerlich.

☐ 1,5 ha
[↑] Süd
[/] 45–55 %
[∵] Silvaner
[B] Oberer Muschelkalk
[C] erdig, nachhaltig
[L] großlagenfrei

● Weinerzeuger

Weingut der Hospitalstiftung Schweinfurt,
Hauptstraße 2, Mainberg, 97453 Schonungen
(Büro Volkach Weingut Braun)
[☎] *09381/531*

▲ Weinbezogene Gastronomie und Übernachtungsmöglichkeit

[G] *Gasthof Zum Schwarzen Adler,*
[**] *Hauptstraße 6, Mainberg, 97453 Schonungen*
[☎] *09721/59230*
Fisch- und Wildspezialitäten

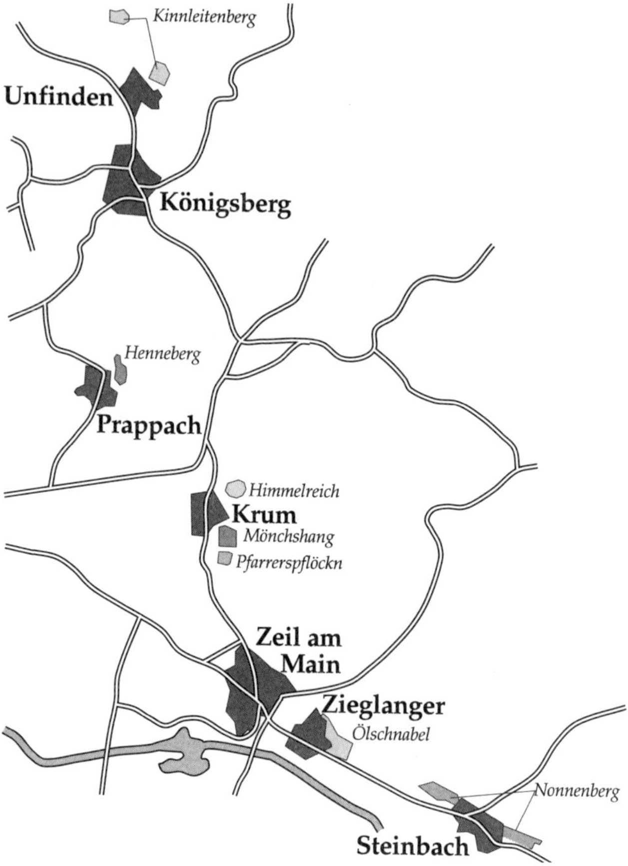

Prappach (Ortsteil von Haßfurt)
Die geschichtsträchtige Gemeinde Prappach wurde 1978 von Haßfurt eingemeindet. Über 200 Hektar Weinberge soll es hier im Mittelalter bis ins 18. Jahrhundert gegeben haben. Besitzer war das Kloster Ebrach. Durch die Kriegswirren und infolge der Pestkrankheit ist der Weinbau stark zurückgegangen.

■ Prappacher Henneberg

Erinnert an die früheren Besitzer der Weinberge, die Grafen von Henneberg, im 12. Jahrhundert.

- 2 ha
- Süd
- 40 %
- Bacchus, Müller-Thurgau
- B Keuperboden
- C rassig, nachhaltig
- L großlagenfrei

● Weinerzeuger

Weinbau Leo Eller, Luisenberg 2, Prappach, 97437 Haßfurt
☎ 0 95 21 / 24 40
0,2 ha Kleiner Nebenerwerbsbetrieb mit Heckenwirtschaft

Weinbau Julius Kehrlein, Prappacher Straße 35 ☎ 0 95 21 / 82 29

▲ Weinbezogene Gastronomie

G *Gasthaus Rambach, Prappacher Straße 21,*
Prappach, 97437 Haßfurt ☎ 0 95 21 / 83 78
Dorfgastwirtschaft mit eigener Schlachtung

Unfinden (Ortsteil von Königsberg)

1 Kilometer nördlich von Königsberg i. Bay. kommen wir nach Unfinden, eine kleine, schmucke Gemeinde, die auch schon bei dem Wettbewerb »Unser Dorf soll schöner werden« ausgezeichnet worden ist. In der Tat: Unfinden ist eines der schönsten Fachwerkdörfer Frankens, und schon deshalb sollte man es besuchen.
Weinberge sind hier schon in den Urkunden des 14. Jahrhunderts erwähnt. Ein Beweis der langen Weinbautradition in Unfinden ist auch die Weintraube im Ortswappen.

■ Unfindener Kinnleitenberg

Ein alter Katastername, speziell für diese Hanglage.

- 3 ha
- Südwest
- 30 %
- Bacchus, Müller-Thurgau

[B] lehmiger Ton, Keuper
[C] kräftig, rassig
[L] großlagenfrei

● Weinerzeuger
siehe Gastronomie

▲ Weinbezogene Gastronomie
[G] *Gasthaus Schwarzer Adler,*
Hs.-Nr. 26, Unfinden, 97486 Königsberg
☎ *0 95 25 / 3 03*

Zeil am Main

Am rechten Ufer des Mains, liegt inmitten eines weiten Rundes herrlicher Bergkuppen zu Füßen des Haßberges die Stadt Zeil.

Ihre Ursprünge reichen in das Mittelalter zurück, wo sie erstmals im Jahre 1383 in einer Urkunde erwähnt wird. Der Dreiherrenstein, hoch über Zeil an der Dietrichskappe, erinnert auch heute noch daran, daß hier einstens die Gebiete dreier Herren aneinandergrenzten: nämlich der Bistümer Bamberg und Würzburg sowie des Sachsen-Hildburghausener Amtes von Königsberg. Alberich Degen, der 42. Abt des Zisterzienserklosters Ebrach, der im 17. Jahrhundert die Silvanerrebe in Franken einführte, die hier so kräftige, körperreiche und harmonische Weine hervorgebracht hat, war ein Bürgersohn von Zeil.

Sehenswert in Zeil: die Altstadt mit vielen herrlichen Fachwerkhäusern, die barocke Stadtpfarrkirche und das Rathaus aus dem 16. Jahrhundert

Besuchenswert: das *Straßenweinfest* Anfang August

■ Zeiler Mönchshang

Bereits um 1018 betrieben Mönche des Bamberger Klosters Michelsberg Weinbau in Zeil. 1110 gründete das Kloster Michelfeld/Oberpfalz den Mönchshof mit Weinbergbesitz in Zeil.

□ 4,5 ha
↑ Südwest
/ 30 %
∵ Müller-Thurgau, Silvaner, Rieslaner, Kerner
B roter Keuper
C fruchtig, mit ausgeprägter Säure, nachhaltig
L großlagenfrei

■ Großlage Zeiler Kapellenberg

Großlage Zeiler Kapellenberg	ca. 172,5 ha
Ziegelangerer Ölschnabel	10
Oberschwappacher Sommertal	25
Zeiler Pfarrerspflöckn	3,5
Staffelbacher Spitzelberg	2
Sander Kronberg	120
Steinbacher Nonnenberg	12

■ Zeiler Pfarrerspflöckn

In dieser Lage befanden sich die Pfarrpfründe, im Dialekt heißt es »Pfarrerspflöckn«.

□ 3,5 ha
↑ Süd
/ 30–50 %
∵ Müller-Thurgau, Silvaner
B Gipskeuper über dem Schilfsandstein-Horizont
C markig, herzhaft, ähnlich wie Mönchshans
L Zeiler Kapellenberg

● Weinerzeuger

Weingut Rudolf Weigmann, Haßfurter Straße 12, 97475 Zeil
☎ 0 95 24 / 9 10
□ 3 ha Der Winzer R. Weigmann setzte sich für die Wiederanpflanzung der Weinberge in Zeil besonders ein; heute ist der Betrieb an die Firma Allmilmö verpachtet

Weinbau Michaela Pottler-Zink, Lange Gasse ☎ 0 95 24 / 3 77

▲ Weinbezogene Gastronomie und Übernachtungsmöglichkeiten

G ** *Hotel Zur Stadt Zeil, Hauptstraße 4, 97475 Zeil*
☎ 0 95 24 / 2 78
Mitten in der Altstadt

G ** *Hotel Kolb, Krumer Straße 1, 97475 Zeil*
☎ 0 95 24 / 90 11
Fischgerichte

G *Fränkische Weinstube, Marktplatz 1, 97475 Zeil*
☎ 0 95 24 / 2 79
Mitten in der Altstadt

Krum (Ortsteil von Zeil)

Diese kleine Gemeinde unweit von Zeil wurde auch 1978 nach Zeil eingemeindet. In einer Eltmanner Urkunde wird die Siedlung schon um 800 als »gruwe« erwähnt. Jahrhunderte hindurch war Krum landwirtschaftlich geprägt. Der Weinbau wurde immer nur im Nebenerwerb bewirtschaftet.

■ Krumer Himmelreich

Alte gebräuchliche Katasterbezeichnung.

- ☐ 1,5 ha
- ↑ Südsüdwest
- / 30–40 %
- ⁘ Müller-Thurgau, Silvaner
- B roter Keuper
- C fruchtig, säurebetont, Weine benötigen etwas längere Reifezeit
- L großlagenfrei

● Weinerzeuger

Weinbau Hugo Baum,
Betriebssitz ist in 97483 Eltmann, Wallburgstraße 30
☎ 0 95 22 / 10 74
Der 0,5 ha umfassende Weinbergbesitz befindet sich in der Lage Krumer Himmelreich

▲ Weinbezogene Gastronomie

G *Gasthof Grüner Baum, Krum, 97475 Zeil*

☎ *0 95 24 / 65 89*

Ziegelanger (Ortsteil von Zeil am Main)

Der romantische Ort Ziegelanger, am Obermain wenige Kilometer hinter Zeil gelegen, wurde 1348 erstmals in einem Grundbuch des Bamberger Domstifts mit Hinweisen auf Weinberge in Ziegelanger erwähnt. Eine alte Lehmgrube erinnert noch an eine Ziegelei, von der zweifelsohne der eigentümliche Name der Gemeinde stammt.

Die gegen den Main steil abfallenden Südhänge wurden in früherer Zeit schon weinbaulich genutzt. In der kleinen Dorfgemeinde erinnern noch guterhaltene Fachwerkbauten an die Blütezeit des ausgehenden Mittelalters.

■ Ziegelangerer Ölschnabel

Auf der Reise von Schweinfurt nach Bamberg wurde Kaiser Barbarossa hier heimischer Wein gereicht. Seine wohlwollende Äußerung »der läuft wie Öl in den Schnabel« hat den Namen gegeben.

☐ 10 ha

↑ Südsüdost – Südsüdwest

/ 30–50 %

∴ Silvaner, Müller-Thurgau, Scheurebe, Spätburgunder

B oberer Gipskeuper, Sandsteinkeuper

C artiger, bodengeprägter Wein, gehaltvoll, fruchtig, pikant

L Zeiler Kapellenberg

● Weinerzeuger

Weinbau Willi Schick, Bergstraße 22, Ziegelanger, 97475 Zeil

☎ *0 95 24 / 78 92*

☐ *2,5 ha Nebenerwerbsbetrieb mit Landwirtschaft*

▲ Weinbezogene Gastronomie und Übernachtungsmöglichkeit

G *Gasthaus Mainperle, Fam. Berninger,*
* *Ziegelanger, 97475 Zeil ☎ 0 95 24 / 3 00*
Liegt an den Weinbergen

G *Weinstube Martinsklause, Ziegelanger, 97475 Zeil*
☎ 0 95 24 / 4 22

G *Gasthaus Zur Sonne, Fam. Zimmermann,*
Ziegelanger, 97475 Zeil ☎ 0 95 24 / 4 60

Steinbach (Ortsteil von Ebelsbach)

Steinbach ist eines der ältesten Winzerdörfer am Obermain. In Urkunden des Katharinenstifts zu Bamberg ist der Weinbau schon im 14. Jahrhundert bekannt. In Steinbach sind die alten Terrassenanlagen erhalten geblieben, viele kleine Weinbergmauern durchziehen den Hang. Ein Teil der Lage Nonnenberg wurde deshalb unter Denkmalschutz gestellt.

■ Steinbacher Nonnenberg

Der Nonnenberg erinnert an den Besitz des adeligen Nonnenklosters am Kaulberg in Bamberg (seit 1589 Karmelitenkloster). Gertrud, die Schwester König Konrads III., hat es gegründet und der hl. Maria und dem hl. Theodor gewidmet.

- ☐ 12 ha
- ↑ Süd
- / 30–40 %
- ∴ Silvaner, Müller-Thurgau
- B Keuper und Sand
- C kräftig, duftend, guter Körper
- L Zeiler Kapellenberg

● Weinerzeuger

Weinbau Karl Hömer, Schönbacher Straße 6,
Steinbach, 97500 Ebelsbach ☎ 0 95 22 / 58 42
☐ *0,75 ha Kleiner Nebenerwerbswinzer mit Müller-Thurgau, Silvaner*

Weinbau Ambros Brech, Schönbacher Straße 10,
Steinbach, 97500 Ebelsbach ☎ *0 95 22 / 50 66*
☐ *1 ha Nebenerwerbsbetrieb mit Probierstube und Heckenwirtschaft*

Weinbau Paul Tully, Dorfstraße 44, Steinbach, 97500 Ebelsbach
☎ *0 95 22 / 50 24*
☐ *1,2 ha Nebenerwerbsbetrieb mit Probierstube*

▲ Weinbezogene Gastronomie und Übernachtungsmöglichkeit

G *Landgasthof Neeb, Dorfstraße 1,*
** *Steinbach, 97500 Ebelsbach* ☎ *0 95 22 / 60 22*

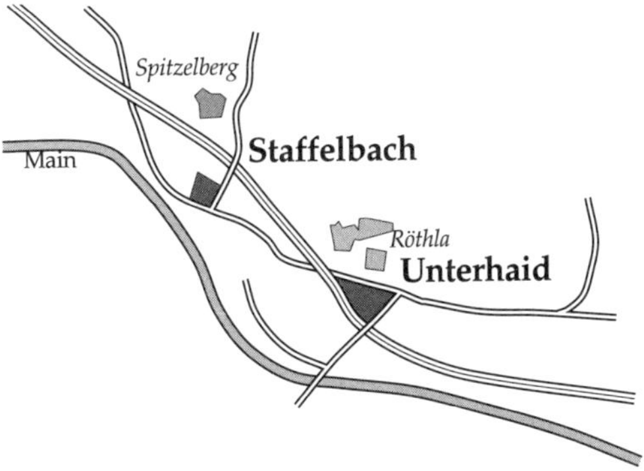

Unterhaid (Ortsteil von Oberhaid)

Unterhaid, ein kleines, ländlich geprägtes Dorf unweit von Bamberg, ist heute nach Oberhaid eingemeindet. Das Kloster Michelbach von Bamberg unterhielt hier über Jahrhunderte kleine Weinberglagen. Zu Beginn dieses Jahrhunderts wurden besonders Sonderkulturen wie der Zwetschgen-, Erdbeer- und Spargelanbau gepflegt. Der Weinbau wurde ab den 80er Jahren in Unterhaid wieder eingeführt.

■ Unterhaider Röthla

Der Lagenname Röthla entstammt der alten Flurteilbezeichnung »Abendröthlein«.

☐ 4 ha

[↑] Süd
[/] 30 %
[∵] Müller-Thurgau, Schwarzriesling
[B] Keuper
[C] herber Charakter, nachhaltig
[L] großlagenfrei

● Weinerzeuger

Weinbau Klaus Weyrather, Hauptstraße 66,
Unterhaid, 96173 Oberhaid ☎ 09503/7648
☐ *1 ha Nebenerwerb*

Verkaufsstelle: Weingut Robert Laufer & Söhne, bei Frau Hahner,
Hauptstraße, Unterhaid, 96173 Oberhaid ☎ 09503/1008
☐ *1,7 ha Vorzugsweise Kerner und Schwarzriesling,*
auch Winzersekte

▲ Weinbezogene Gastronomie

[G] *Gasthaus Bäuerlein-Mohl, Hauptstraße 8,*
Unterhaid, 96173 Oberhaid ☎ 09503/7169

[G] *Rathausstuben, Hauptstraße 27,*
Unterhaid, 96173 Oberhaid ☎ 09503/7383
Im alten historischen Rathaus (17. Jahrhundert)

Staffelbach (Ortsteil von Oberhaid)

Staffelbach, heute ein Ortsteil von Oberhaid, wird schon in den Urkunden des 11. Jahrhunderts genannt. Sie bezeugen auch für eine längere Zeit das Patrimonialgericht der Herren von Rotenham.
Staffelbach liegt zwischen Mainfranken und Oberfranken am rechten Ufer des Mains inmitten einer reizenden Landschaft. Eine alte Linde ragt einsam auf der Kuppe eines Berghügels und fesselt den Blick des Wanderers schon von weit her.

■ Staffelbacher Spitzelberg

Alte Katasterbezeichnung »Spitzl«. Mitten durch diese Lage zieht sich sowohl die Landkreisgrenze zwischen

Bamberg und dem Haßgau als auch die Bezirksgrenze zwischen Main- und Oberfranken.

☐ 2 ha

[↑] Südwest

[/] 35 %

[∵] Müller-Thurgau, Kerner

[B] Keuper

[C] kräftig, herb

[L] Zeiler Kapellenberg

● Weinerzeuger

Weinbau Herbert Wagner,
Hallstatter Straße 5, Staffelbach, 96173 Oberhaid
[☎] 0 95 03 / 10 90
☐ 1,5 ha Nebenerwerbsbetrieb, hat 1984 den Weinbau in Staffelbach wieder neu aufgebaut

▲ Weinbezogene Gastronomie und Übernachtungsmöglichkeit

[G] *Brauerei-Gasthaus Hertlein,*
[*] *Hallstatter Straße 12, Staffelbach, 96173 Oberhaid*
[☎] 0 95 03 / 78 90

Bamberg

Auf sieben Hügeln erbaut und deswegen häufig als »Rom des Nordens« bezeichnet, liegt Bamberg im Mündungsgebiet der Regnitz in den Main. 1007 gründete Kaiser Heinrich II. (der Heilige) das Bistum und legte damit auch den Grund für die Stadt.
Viele Sehenswürdigkeiten laden zum Besuch der oberfränkischen Universitätsstadt ein. Mittelpunkt ist der Domberg mit dem Dom St. Peter und Paul und die barocke Residenz; in der Innenstadt sind markant u. a. das barocke Alte Rathaus und die Fischerhäuser entlang der Regnitz.

Hatte der Weinhandel noch im 19. Jahrhundert eine große Bedeutung, so kam dieser Wirtschaftszweig inzwischen nahezu zum Erliegen. Neben vielen Veranstaltungen in Bamberg, ist das alljährlich am letzten Juniwochenende stattfindende »Fränkische Weinfest« im fürstbischöflichen Sommerschloß Geyerswörth herauszuheben.

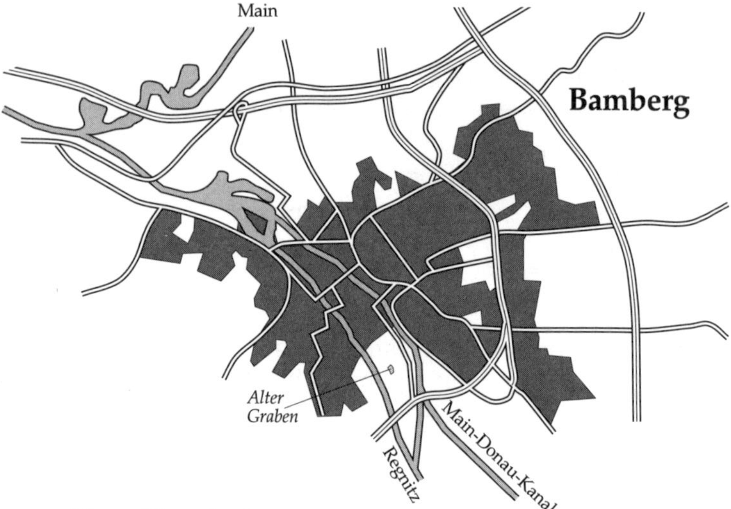

■ Alter Graben

Der Graben entlang der alten Stadtmauer am Stefansberg, einer der sieben Hügel Bambergs, gibt der Weinberglage den Namen.

- 0,3 ha
- Süd
- 40 %
- Müller-Thurgau
- Muschelkalk
- bukettbetont, nachhaltig

● Weinerzeuger

Weinbau Usselmann, Alter Graben 21, 96049 Bamberg

☎ 09 51 / 5 71 68

Alleiniger Inhaber der Lage »Alter Graben«, bewirtschaftet seit Jahrzehnten diesen Weinberg

▲ Weinbezogene Gastronomie und Übernachtungsmöglichkeiten

[G] [***] *Romantikhotel Messerschmitt,*
Lange Straße 41, 96047 Bamberg
☎ *0951/27866*
Historisches Weinhaus

[G] [**] *Hotel-Gasthof Wilde Rose,*
Kesslerstraße 7, 96047 Bamberg
☎ *0951/28317*

[G] [**] *Hotel-Gasthof Weiherich, Lugbank 5, 96047 Bamberg*
☎ *0951/54004*
Alteingesessenes historisches Gasthaus

[G] *Weinstube Weinfaß, Habergasse 12a, 96047 Bamberg*
☎ *0951/23035*

[G] *Weinstube Bischofsmühle,*
Geyerswörthstraße 4, 96047 Bamberg
☎ *0951/27570*

An den Nordwesthängen des Steigerwalds

Von Bamberg aus, nunmehr auf dem linken Mainufer, durch *Weiher* (Viereth) nach *Eltmann,* dem nördlichen Eingangstor des Steigerwalds. Von hier aus fahren wir auf der Bocksbeutelstraße.

In *Sand am Main* nehmen wir Abschied von den Weinorten entlang des Maines. *Zell a. Ebersberg* (Knetzgau) ist der Anfang des Reigens der Weinorte an den nordwestlichen Randausläufern des Steigerwalds. Hier beginnt auch der Wanderweg durch dieses sanfthügelige Waldgebiet bis hinunter nach Neustadt an der Aisch, das wir später noch berühren werden. Die Nordwesthänge des Steigerwalds – berühmt durch eine Perlenkette jahrhundertealter Weinorte: Unterhalb eines alten Schlosses *Oberschwappach* (Knetzgau). Von Oberschwappach aus sind fast all diese Orte über die Bocksbeutelstraße zu erreichen: *Donnersdorf, Traustadt* (Donnersdorf), *Altmannsdorf.* Etwas abseits in westlicher Richtung *Mönchstockheim* (Sulzheim). Von Altmannsdorf weiter südlich auf der Bocksbeutelstraße *Michelau, Dingolshausen, Gerolzhofen, Wiebelsberg* (Markt Oberschwarzach) und *Markt Oberschwarzach* selbst.

Nordwestlich von Oberschwarzach, an einer Seitenstraße, liegt *Handthal* (Markt Oberschwarzach) unterhalb der berühmten Stollburg. Zurück auf die Bocksbeutelstraße: von Oberschwarzach über den kleinen Weinort *Kammerforst* (Breitbach) nach *Prichsenstadt,* wo uns Altfranken pur begrüßt mit Fachwerkbauten, Bürgerhäusern der Renaissance und natürlich einer alten Mauer mit Toren und Türmen.

Weiher (Ortsteil von Viereth)

Weiher, nach Viereth eingemeindet, gehört zum Regierungsbezirk Oberfranken. Waren im 19. Jahrhundert noch über 60 Hektar Weinberge im Umkreis von Bamberg, so sind es heute gerade noch 4 Hektar. Der niedrige Ertrag und Rebschädlinge zwangen die Winzer zum Aufgeben. Einige mutige Pioniere haben ab den 70er Jahren an dem einen oder anderen Rebhang wieder Rebstöcke angepflanzt, so auch in Weiher.

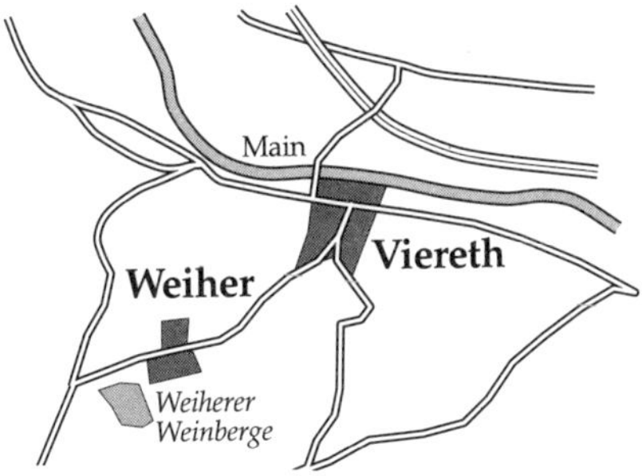

■ Weiherer Weinberge

Die Weiherer Weinberge, eine Neuanlage, sind die einzige Erinnerung an den einst das Obermaintal beherrschenden Weinbau, der nach 1830 verschwand.

□ 0,6 ha

[↑] Süd

[/] 30–35 %

[∵] Müller-Thurgau

[B] Keuper

[C] stark duftend, gehaltvoll, fruchtig

[L] großlagenfrei

● Weinerzeuger

Weinbau Günther Kropfelder, Hauptstraße 62, 96191 Viereth

☎ 0 95 03 / 3 40

□ 0,6 ha Nebenerwerbswinzer; ist alleiniger Besitzer der »Weiherer Weinberge«

▲ Weinbezogene Gastronomie

[G] *Brauerei-Gasthof Kundmüller, 96191 Viereth-Weiher*

☎ 0 95 03 / 43 38

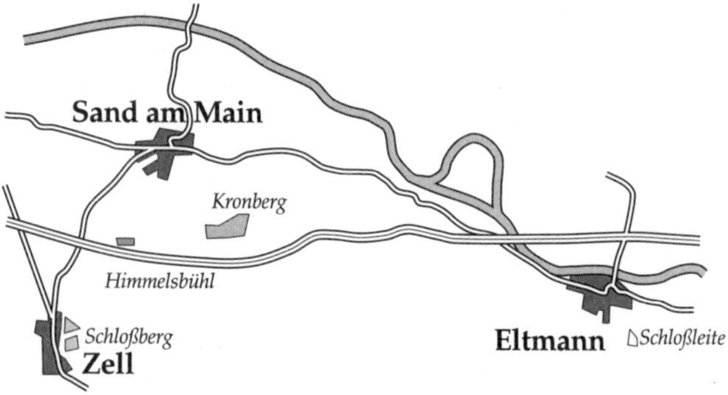

Eltmann

Eltmann, am linken Mainufer gelegen und von den Ausläufern des Steigerwaldes berührt, wurden von Kaiser Ludwig dem Bayer 1335 die Stadtrechte verliehen. Der Weinbau kann bis ins 12. Jahrhundert zurückverfolgt werden. Das Fürstbistum Würzburg besaß in Eltmann einen Hochstiftzehnt und eine Kellerei. Bereits im 14. Jahrhundert gab es einen Zehnthof.
Die Wallfahrtskirche »Maria Limbach«, vom Würzburger Baumeister Balthasar Neumann erbaut, ist im Stadtteil Limbach zu besichtigen.

■ Eltmanner Schloßleite

Der Name Schloßleite kommt von den Leiten, den parallel am Burgberg (Schloßberg) entlangziehenden Rebflächen.

☐ 1,6 ha
☐ Südwest
☐ 25–30 %
☐ Perle, Müller-Thurgau
B Keuper
C blumig, zart, duftend
L großlagenfrei

● Weinerzeuger

Weinbau Rudolf Hauck, Brückenstraße 4, 97483 Eltmann
☎ *0 95 22 / 75 85*
☐ *1,5 ha Nebenerwerbsbetrieb*

▲ Weinbezogene Gastronomie und Übernachtungsmöglichkeiten

G *Hotel Haus am Wald, Gg.-Göpfert-Straße 31, 97483 Eltmann*
*** *☎ 0 95 22 / 2 31*

G *Hotel Zur Wallburg, Wallburgstraße 1, 97483 Eltmann*
** *☎ 0 95 22 / 60 11*

G *Gasthaus Weißes Kreuz, Zinkenstraße 2, 97483 Eltmann*
☎ 0 95 22 / 3 97

Sand am Main

Dem Städtchen Zeil gegenüber am südlichen Mainufer, liegt Sand am Fuße des Steigerwaldes.

Obwohl heute wieder mehr als 20 Hektar Reben bewirtschaftet werden, ist dieser Ort mehr als Korbflechterdorf bekannt. Nach örtlicher Überlieferung sollen um 1800 zugezogene Franzosen die Korbflechterei eingeführt haben. Heute noch wird hier dieses traditionsreiche Handwerk ausgeübt.

Besonderes: mehrere Heckenwirtschaften

■ Sander Kronberg

Das Haupt des Ebersberges wurde wie viele andere Weinberghäupter Krone genannt, da sich die Lagen wie ein Kronreif um den mit Wald besetzten kleinen Gipfel legen.

☐ 16 ha

↑ Südwest

/ 10–25 %

∵ Silvaner, Müller-Thurgau

B Keuper, Sand

C von Lage und Boden besonders geprägtes Bukett, pikanter Geschmack

L Zeiler Kapellenberg

■ Sander Himmelsbühl

Himmelsbühl ist ein alter Flurname, der einen Hügel (Bühl) bezeichnet, dessen Kuppe nicht mit Wald bestanden, sondern gelichtet ist.

☐ 8 ha
☐ Süd, West, Südwest
☐ 20–50 %
☐ Müller-Thurgau, Bacchus
B Keuper, Lehm
C fruchtiges Bukett, guter Körper, nachhaltig
L großlagenfrei

● Weinerzeuger

Weinbau Herbert Ruß, Hauptstraße 2, 97522 Sand
☎ 0 95 24 / 71 35
☐ 0,5 ha Nebenerwerb, Müller-Thurgau, Bacchus

Weinbau Adolf Rippstein, Sandgasse, 97522 Sand
☎ 0 95 24 / 13 41
☐ 1,0 ha Nebenerwerb mit Probierstube und Heckenwirtschaft

Weinbau Rainer Gottschalk, Schillerstraße 14, 97522 Sand
☎ 0 95 24 / 71 06
☐ 1,5 ha Nebenerwerb, Probierstube und Heckenwirtschaft; Spezialität: Rotwein; umgestellt auf ökologischen Weinbau

▲ Weinbezogene Gastronomie und Übernachtungsmöglichkeit

G *Hotel – Weinstube Goger, Hauptstraße 28, 97522 Sand*
* *☎ 0 95 24 / 2 27*

Zell am Ebersberg (Ortsteil von Knetzgau)

Heute ebenfalls zur Großgemeinde Knetzgau gehörend, entstand Zell am Ebersberg vermutlich aus einer Mönchsklause. Urkundlich wurde Zell, nicht zu verwechseln mit Zell am Main, erstmalig im 14. Jahrhundert erwähnt.

Der Weinbau kam mit den Mönchen nach Zell am Ebersberg. Die Weinberge ziehen sich am Hang des Ebersbergs entlang, unterhalb des ehemaligen bambergischen Schlosses. Von dieser Schloßruine aus hat der Besucher einen herrlichen Blick weit über das Maintal.

■ Zeller Schloßberg

Zeller Schloßberg ist eine eingetragene Flurbezeichnung und meint den Kleinen Ebersberg (368 m) mit der Ruine der einstigen Burg, später Schloß genannt.

- 20 ha
- Süd
- 10–25 %
- Silvaner, Müller-Thurgau
- [B] Keuper und Sand
- [C] fruchtiges Bukett, guter Körper, nachhaltig
- [L] großlagenfrei

● Weinerzeuger

Weinbau Richard Mühlfelder,
Hauptstraße 38, Zell a. Ebersberg, 97478 Knetzgau
☎ 0 95 29 / 4 87
2 ha Nebenerwerbsbetrieb, Silvaner, Portugieser

Weinbau Berthold Götz,
Höhstraße 10, Zell a. Ebersberg, 97478 Knetzgau
☎ 0 95 29 / 13 74
1 ha Junger Winzermeister, Weinbau im Nebenerwerb

Weinbau Nico Scholtens, Fatschenbrunn, 97514 Oberaurach
☎ 0 95 29 / 3 26
3 ha [W] 40 Vollerwerbsbetrieb mit Weinstube; Weinbergbesitz ausschließlich in Zell; nur durchgegorene Weine

▲ Weinbezogene Gastronomie

[G] *Weinstube Herbert Schamberger,*
Am Burgstall 24, Zell a. Ebersberg, 97478 Knetzgau
☎ 0 95 29 / 6 66
0,5 ha Eigenweinbau

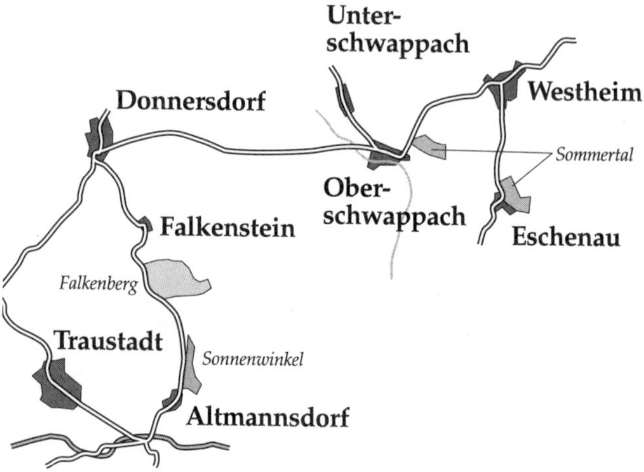

Oberschwappach (Ortsteil von Knetzgau)

Von Zell über Sand und Knetzgau nach Oberschwappach: Oberschwappach gehört zur Gemeinde Knetzgau und liegt zwischen dem nördlichen Steigerwaldrand und den Haßbergen. Die Zisterzienserabtei Ebrach hatte hier schon im 13. Jahrhundert Weinbergbesitz. Das Schloß auf einer Anhöhe über dem Ort wurde als Ebracher Amtshof um 1740 durch den Architekten Dientzenhofer erbaut. Es diente den Ebracher Äbten als Sommersitz. Sehenswert ist auch die barocke Pfarrkirche aus dem Jahr 1720.

■ Oberschwappacher Sommertal

Sommertal bedeutet, daß das Tal, an dessen Hang die Weinberge lagen, nach Osten zog.

- 25 ha
- Süd – Südwest
- 20–35 %
- Müller-Thurgau , Bacchus
- Keuper und Lehm
- kräftig, duftend, gehaltvoll
- Kapellenberg

● Weinerzeuger

Weinbau Bernhard Schierling,
Steigerwaldstraße 1, Oberschwappach, 97478 Knetzgau
☎ *0 95 27 / 4 31*
☐ *1 ha Landwirt im Nebenerwerb;*
Weinbau: Müller-Thurgau und Silvaner

Weinbau Günter Rosner,
Scherenbergstraße 49, Oberschwappach, 97478 Knetzgau
☎ *0 95 27 / 4 83*
☐ *0,5 ha Landwirt im Nebenerwerb;*
Weinbau: Müller-Thurgau und Silvaner

▲ Weinbezogene Gastronomie

G *Schloß-Restaurant »Culinaria«,*
Schloßstraße 6, Oberschwappach, 97478 Knetzgau
☎ *0 95 27 / 72 80*

Donnersdorf

Von Oberschwappach auf der Bocksbeutelstraße über Donnersdorf und Traustadt nach Altmannsdorf.
Auf über 1200 Jahre läßt sich die Geschichte des Weinbaus in Donnersdorf und dem nahegelegenen Flecken Falkenstein zurückverfolgen. Die Fuldaer Mönche haben hier die ersten Reben gepflanzt. Später bezogen auch die Würzburger Fürstbischöfe den Weinzehnten vom Falkenberg. Der Falkenberg war und ist über Jahrhunderte bis zum heutigen Tage mit Reben bepflanzt.

■ Donnersdorfer Falkenberg

Falkenstein ist der Fels, auf dem Falken horsteten; der Ort ist nach einer längst verfallenen Burg auf dem jetzigen Falkenberg benannt.

☐ 25 ha
↑ Südwest
⁄ 10–30 %
⁘ Silvaner, Müller-Thurgau
B Keuper

C fruchtig, stoffig, gehaltvoll
L Donnersdorfer Zabelstein

■	**Großlage Donnersdorfer Zabelstein**	65 ha
	Traustädter Falkenberg	9
	Altmannsdorfer Sonnenwinkel	15
	Michelauer Vollburg	30
	Mönchstockheimer Mönchberg	11

● Weinerzeuger

Weinbau Hans Georg Giel, Kirchstraße 10, 97499 Donnersdorf
☎ *0 95 28 / 4 09*
☐ *1 ha Nebenerwerbswinzer; junger Kellermeister und Weinbautechniker*

Rudolf Saalmüller, Steigerwaldstraße ☎ *0 95 28 / 3 56*

▲ Weinbezogene Gastronomie und Übernachtungsmöglichkeiten

G *Gasthaus Stern, Hauptstraße 26, 97499 Donnersdorf*
* ☎ *0 95 28 / 2 66*

G *»Steigerwaldstübl«, 97499 Donnersdorf-Falkenstein*
* ☎ *0 95 28 / 2 33*
Übernachtung in ruhiger, idyllischer Lage

G *Häckerstuben Wieland, Hauptstraße 12, 97499 Donnersdorf*
☎ *0 95 28 / 3 59*

G *Gasthaus Krapf,*
Hauptstraße 8, 97499 Donnersdorf-Falkenstein
☎ *0 95 28 / 4 15*

Traustadt (Ortsteil von Donnersdorf)
Anläßlich eines Gütertausches zwischen dem Würzburger Domkapitel und dem Kloster Ebrach ist Traustadt urkundlich um 1150 erstmals erwähnt. Anfang des 17. Jahrhunderts kam Traustadt im Zuge der Gegenreformation wieder zum Fürstbistum Würzburg unter Julius Echter. Zu dieser Zeit entstand der Bau der Pfarrkirche, die dem hl. Kilian geweiht ist. Die enge

Verbindung zum Weinbau dokumentieren die weinumrankten Säulen der Seitenaltäre.

■ Traustädter Falkenberg

Falkenberg-Beschreibung siehe Donnersdorf; nicht flurbereinigte alte Anlagen, mit vielen Weinberghäuschen.

☐ 9 ha

[↑] Süd

[/] 20 %

[∵] Müller-Thurgau, Bacchus

[B] Gipskeuper

[C] ausdrucksvoll, stoffig

[L] Donnersdorfer Zabelstein

● Weinerzeuger

Weinbau Franz Braun,
Kapellenhof 1, Traustadt, 97499 Donnersdorf
☎ *0 95 28 / 4 20*

Weinbau Günter Sehm,
Zu den Weinbergen 18, Traustadt, 97499 Donnersdorf
☎ *0 95 28 / 4 49*

Weinbau Elmar Weisenseel,
Zu den Weinbergen 28, Traustadt, 97499 Donnersdorf
☎ *0 95 28 / 6 47*

Weinbau Karl-Johann Wehner,
Zu den Weinbergen 20, Traustadt, 97499 Donnersdorf
☎ *0 95 28 / 2 68*

▲ Weinbezogene Gastronomie

[G] *Gasthaus Antoni, Zu den Weinbergen*
☎ *0 95 28 / 2 67*

Altmannsdorf

Altmannsdorf, eine kleinere Weinbaugemeinde am Südwesthang des Steigerwalds, liegt auf halber Wegstrecke zwischen Donnersdorf und Michelau. Eine große Linde beschattet den Dorfplatz: eine von mehreren hübschen Impressionen dieses alten Weinortes mit einer jahrhundertelangen Tradition. Konrad III. gab schon 1240 dem Kloster Ebrach den Zehnt von seinen Altmannsdorfer Weinbergen ab.

■ Altmannsdorfer Sonnenwinkel

Sonnenwinkel besagt, daß die Hauptfront des Weinberges der Südsonne ausgesetzt ist, dann aber zur Seite weicht. Der Name ist angelehnt an die urkundlich bezeugte Lage Sonnenbühl (Bühl = Hügel).

- ☐ 15 ha
- [↑] Südsüdwest
- [/] 25–30 %
- [∵] Silvaner, Müller-Thurgau
- [B] Keuper
- [C] schwere, erdige Weine mit hohem Restextraktgehalt
- [L] Donnersdorfer Zabelstein

● Weinerzeuger

Weingut Walter und Karl Fuchs,
Falkenbergstraße, Altmannsdorf, 97513 Michelau
[☎] 0 95 28 / 6 31
☐ 4 ha [W] 50 Junger Selbstmarkter, Heckenwirtschaft, vorzugsweise trockene Weine, Rotweine

Weinbau Rudolf und Oswald Kram,
Am Sonnenwinkel, Altmannsdorf, 97513 Michelau
[☎] 0 95 28 / 4 26

Weinbau Josef Vetter,
Falkenbergstraße, Altmannsdorf, 97513 Michelau
[☎] 0 95 28 / 13 90

▲ Weinbezogene Gastronomie

[G] *Gasthaus Zum Zabelstein,*
Falkenbergstraße, Altmannsdorf, 97513 Michelau
[☎] 0 95 28 / 2 27

[G] *Gasthaus Zum Falkenberg,*
Falkenbergstraße 3, Altmannsdorf, 97513 Michelau
[☎] 0 95 28 / 3 61

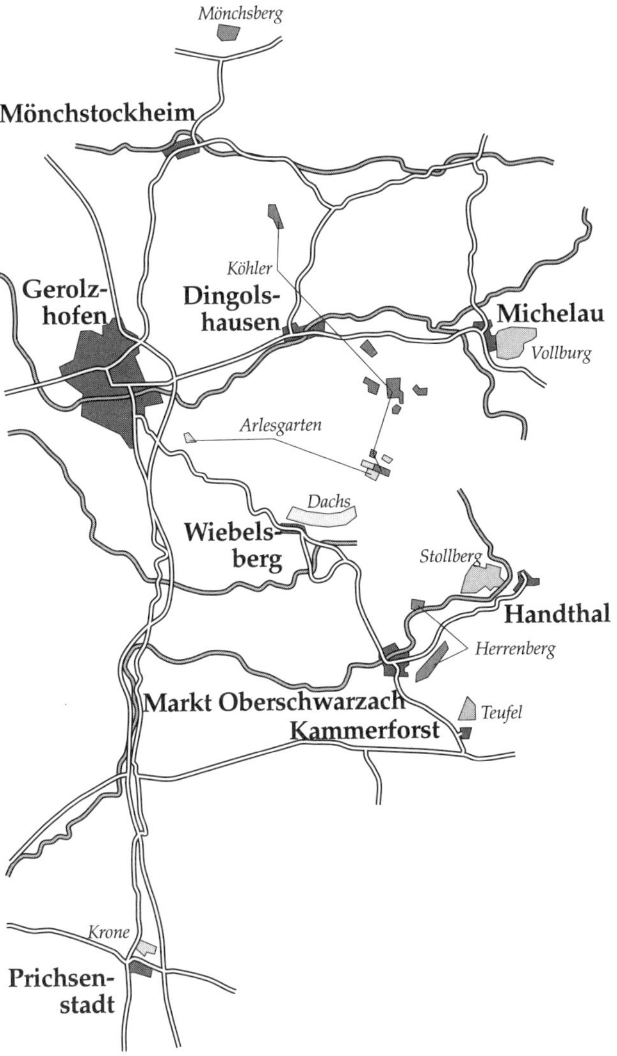
Mönchsberg
Mönchstockheim
Köhler
Gerolz-
hofen
Dingols-
hausen
Michelau
Vollburg
Arlesgarten
Dachs
Wiebels-
berg
Stollberg
Handthal
Herrenberg
Markt Oberschwarzach
Teufel
Kammerforst
Krone
Prichsen-
stadt

Mönchstockheim (Ortsteil von Sulzheim)

Mönchstockheim (Ortsteil von Sulzheim) liegt wenige Kilometer nördlich von Gerolzhofen. Bereits im 9. Jahrhundert wird der Ort in einer Schenkungsurkunde des Würzburger Domkapitels an das Kloster Ebrach erwähnt. Im 18. Jahrhundert errichtete die Abtei hier einen Amtshof, der 1728 baulich abgeschlossen wurde und Balthasar Neumann zugeschrieben wird. Seiner Ausmaße wegen wurde der Amtshof später als Schloß bezeichnet.

Sehenswert in Mönchstockheim: die Pfarrkirche im nachgotischen Stil des 18. Jahrhunderts mit einem wertvollen Vesperbild aus der Zeit um 1500

■ Mönchstockheimer Mönchsberg

Die Winzer aus Sulzheim und Mönchstockheim teilen sich diese Lagenbezeichnung. Der Name erinnert an die enge Verbindung zum Kloster Ebrach.

□ 11 ha

[↑] Südwest

[/] 15–40 %

[∵] Müller-Thurgau, Silvaner

[B] Keuper, Lehm

[C] erdig, kräftig

[L] Donnersdorfer Zabelstein

● Weinerzeuger

Weinbau Rudi Kleinhenz, Friedhofstraße 12, 97529 Sulzheim
[☎] 0 93 82 / 73 12
□ 4 ha [W] 45 Einziger Selbstmarkterbetrieb mit Heckenwirtschaft

Weinbau Theobald Schmidt, Seestraße 7, Mönchstockheim, 97529 Sulzheim [☎] 0 93 82 / 51 14
□ 0,3 ha Weinbau im Nebenerwerb, Landwirt

▲ Weinbezogene Gastronomie und Übernachtungsmöglichkeit

[G] *Gasthaus Goldener Adler,*
[*] *Otto-Drescher-Straße 12, 97529 Sulzheim*
[☎] 0 93 82 / 10 94

[G] *Gastwirtschaft Schmitt,*
Seestraße 25, Mönchstockheim, 97529 Sulzheim
[☎] 0 93 82 / 81 63

Michelau im Steigerwald

Von Gerolzhofen über Dingolshausen gelangen wir in östlicher Richtung nach Michelau. Die hübsche Dorfkirche erhebt sich eindrucksvoll über dem Ort. Gebaut wurde das Gotteshaus vom berühmten Hofbaumeister der Fürstbischöfe von Schönborn, Balthasar Neumann, zwischen 1738 und 1742.
Landschaftlich wird die Gegend von dem markanten Kegel der Vollburg (457 m) beherrscht. Niedere Reste eines Steinwalls lassen auf eine vorgermanische Höhenfestung schließen, die als »Volcburg« der nebenbei entspringenden Volkach und später dem ganzen Volkfeldgau ihren Namen gab.

■ Michelauer Vollburg

Der Name Vollburg stammt aus der Keltenzeit. Die Vollburg diente als Flieburg. Heute erkennt man nur noch einen Bergkegel. Die »Jungfrau von der Vollburg«, eine Sagengestalt, wird heute als Symbolfigur in der Werbung des Michelauer Weines gezeigt.

☐ 30 ha
[↑] Südsüdwest
[/] 30–35 %
[∵] Müller-Thurgau
[B] Keuper
[C] schwere, erdige Weine mit hohem Restextraktgehalt
[L] Donnersdorfer Zabelstein

● Weinerzeuger

Weingut Erich Barth, Hauptstraße 27, 97513 Michelau
[☎] 0 93 82 / 88 21
☐ 5 ha [W] 30 Gepflegte Weine, Winzersekt, hohe Prämierungsauszeichnungen

Weinbau Urban Hauck, Am Mahlholz 7, 97513 Michelau
☎ *0 93 82 / 71 24*

Weinbau Karl Zinser, Zinsergasse 2, 97513 Michelau
☎ *0 93 82 / 74 56*

Weinbau Gebhardt Kundmüller, Oberhof 2, 97513 Michelau
☎ *0 93 82 / 67 79*

▲ Weinbezogene Gastronomie

G *Gasthaus Steigerwald, Hauptstraße 15, 97513 Michelau*
☎ *0 93 82 / 83 62*

G *Gasthaus Vollburg,*
Vollburgstraße 9, Prüßberg, 97513 Michelau
☎ *0 93 82 / 15 31*

Dingolshausen

Östlich von Gerolzhofen in einem hübschen Seitental am Fuß des Stollbergs finden wir Dingolshausen. Auch dieser Ort – wie so manch anderer in diesem Weinbaugebiet – entstand noch zur Zeit der fränkischen Landnahme. Und so geht der Name des Ortes wohl auf einen fränkischen Adligen namens Dingolf zurück.
Im heutigen Ortsbild gibt es noch eine ganze Reihe schöner, sehenswerter Hoftore aus dem 18. Jahrhundert, die mit Figuren und Ornamenten geschmückt sind.
Weinfest: Anfang August

■ Dingolshäuser Köhler

Diese Lage trägt einen Familiennamen, der im Kataster eingetragen ist. Der Familienname verweist auf den Beruf des Holzkohlenbrenners, der im nahen Steigerwald häufig war.

□ 20 ha

↑ Süd – Südwest

/ 15–45 %

∵ Silvaner, Müller-Thurgau

B Keuper

[C] stoffig, würzig, kräftig
[L] großlagenfrei

● Weinerzeuger

Weinbau Armin Loos, Hauptstraße 33, 97497 Dingolshausen
☎ 0 93 82 / 14 21
☐ 2,2 ha [W] 60 Der Familienbetrieb wird geprägt durch eine schon lang dauernde Weinbautradition
Weinproben im historischen Gewölbekeller, Weinbergführungen, Kutschfahrten, gepflegte Weine, Rotweine, Winzersekt

Weinbau Linus Fuchs, Hauptstraße 46 ☎ 0 93 82 / 63 19

Weinbau Alois Öchsener, Hauptstraße 15 ☎ 0 93 82 / 63 15

▲ Weinbezogene Gastronomie und Übernachtungsmöglichkeit

[G] *Gasthaus Zum Löwen,*
[*] *Hauptstraße 13, 97497 Dingolshausen*
☎ 0 93 82 / 10 20

Gerolzhofen
Über 1000 Jahre war Gerolzhofen, das urkundlich erstmals 779 erwähnt wurde, Mittelpunkt der Landschaft zwischen Main und Steigerwald. Durch die damals strategisch wichtige Lage des Ortes als Ostgrenze des Fürstbistums Würzburg erfreute sich Gerolzhofen der besonderen Förderung durch die Würzburger Herren, die ihm im 13. Jahrhundert bereits die Stadtrechte verliehen haben. Julius Echter, Fürstbischof von Würzburg, sorgte im 17. Jahrhundert auch hier für eine rege Bautätigkeit.
Sehenswert: die Stadtpfarrkirche und die ehemalige Friedhofskapelle aus dem 15. Jahrhundert, die barocke Spitalkirche sowie das Spital und das alte Rathaus mit Schulmuseum

■ Gerolzhöfer Arlesgarten

Der Name kommt von Arnold, dessen Weingarten erstmals 1303 genannt und als in der Mark Gerolzhofen gelegen bezeichnet wird. Nach einer Urkunde von 1443 wird der Zins im Arlesgarten dem Gotteshaus eingeräumt, und 1803 liegt er bei dem Schnepp-Galgen des Schallfelder Gerichts.

□ 12 ha
[↑] Südwest
[/] 10–15 %
[∵] Müller-Thurgau
[B] Keuper
[C] pikant, würzig, gehaltvoll
[L] großlagenfrei

● Weinerzeuger

Weinbau Peter Herbig, Steingrabenstraße 6, 97447 Gerolzhofen
[☎] *0 93 82 / 75 85*
□ *0,5 ha Weinbau im Nebenerwerb*

Weinbau Vizl Franz, Salzstraße 22, 97447 Gerolzhofen
[☎] *0 93 82 / 87 05*
□ *0,4 ha Weinbau im Nebenerwerb*

Weinbau Friedrich König, Salzstraße 27a, 97447 Gerolzhofen
[☎] *0 93 82 / 16 51*
□ *0,4 ha Weinbau im Nebenerwerb, Küfermeister*

▲ Weinbezogene Gastronomie und Übernachtungsmöglichkeiten

[G] *Hotel An der Stadtmauer,*
[***] *Rügshöfer Straße 25, 97447 Gerolzhofen*
[☎] *0 93 82 / 60 90*

[G] *Hotel-Gasthof Tor zum Steigerwald,*
[**] *Rügshöfer Straße 1, 97447 Gerolzhofen*
[☎] *0 93 82 / 71 65*
Fischgerichte

[G] *Gasthaus Zum Jägerstübl,*
[**] *Dreimühlenstraße 6, 97447 Gerolzhofen*
[☎] *0 93 82 / 15 05*
Wildgerichte

Wiebelsberg (Ortsteil von Markt Oberschwarzach)
Südöstlich von Gerolzhofen, am Rande des Steigerwalds und mit Weinbergen an seinen Hängen, stoßen wir auf die kleine Winzergemeinde Wiebelsberg.
Schon im 12. Jahrhundert fand Wiebelsberg in den Urkunden Erwähnung.

● Wiebelsberger Dachs
Entstammt einer alten Flurbezeichnung »Dachsbeu«. Hier wurden noch vor etwa 50 Jahren, in einem Biotop am »Neuen Berg«, das zwischen den Weinbergen erhalten geblieben ist, Dachse gesehen.

- 25 ha
- Südwest
- 15–35 %
- Müller-Thurgau, Bacchus, Silvaner
- [B] Keuper
- [C] gehaltvoller typischer Keuperwein
- [L] Oberschwarzacher Steige

● Weinerzeuger

Die Weine des Wiebelsberger Dachs werden vermarktet über:
Winzerkeller Sommerach/Main, 97334 Sommerach
Weingut Behringer, 97355 Abtswind

▲ Weinbezogene Gastronomie

[G] *Gasthaus Zur Traube,*
Dorfstraße 12, Wiebelsberg, 97516 Oberschwarzach
☎ *09382/8546*

Markt Oberschwarzach
Südlich von Michelau liegt Markt Oberschwarzach. Anmutig zwischen Westausläufern des Steigerwaldes gelegen, ist der Ort seit Jahrhunderten ein zentraler, wenn auch nicht eben großer Marktflecken.
Weinberge in Oberschwarzach werden in dem Kaufvertrag genannt, als Fürstbischof Julius Echter das heute noch gut erhaltene Renaissance-Schloß 1575 von

der Truchsesse von Henneberg kaufte. Julius Echter prägte auch Oberschwarzach sein unverwechselbares Siegel auf, besonders durch Anbauten an Schloß und Kirche (Juliusturm).
Weithin sichtbar bezeugt die Vierzehnnothelfer-Kapelle auf dem Hörrlein die erfolgreich abgeschlossene Bereinigung der Weinberge zwischen 1978 und 1982.
Weinfest: über Pfingsten

■ Oberschwarzacher Herrenberg

Herrenberg heißt die Lage, weil die Ortsherrschaft seit 1575 ausschließlich vom Hochstift Würzburg ausgeübt wurde.

- ☐ 30 ha
- [↑] Südwest – West – Südost
- [/] 15–35 %
- [∵] Silvaner, Müller-Thurgau
- [B] Keuper
- [C] duftend, pikant, gehaltvoll
- [L] Oberschwarzacher Steige

■ Großlage Oberschwarzacher Steige ca. 111 ha

Oberschwarzacher Herrenberg	30
Wiebelsberger Dachs	25
Handthaler Stollberg	26
Kammerforster Teufel	30

● Weinerzeuger

Verkaufsstelle des Winzerkellers Sommerach/Main,
Fam. Leo Niedermeier, Am Kirchberg, 97516 Oberschwarzach
☎ 0 93 82 / 59 31

Weinbau Hubert Groha, Wethstraße 11, 97516 Oberschwarzach
☎ 0 93 82 / 81 08
☐ 2 ha Weinbau im Nebenerwerb, Landwirt

Weinbau Otto Ruppenstein,
Hauptstraße 38, 97516 Oberschwarzach
☎ 0 93 82 / 15 68
☐ 1,4 ha Weinbau im Nebenerwerb, Landwirt

▲ Weinbezogene Gastronomie

G *Gasthaus Zur Traube,*
Hauptstraße 15, 97516 Oberschwarzach
☎ *0 93 82 / 86 31*
Fisch- und Wildgerichte

G *Weinstube Herrenbergklause,*
Schallfelder Weg 6, 97516 Oberschwarzach
☎ *0 93 82 / 51 43*

Handthal (Ortsteil von Markt Oberschwarzach)
Handthal liegt abseits großer Straßen, still und idyllisch am Westrand des Ebracher Forsts und des Steigerwalds. Geschichtlich stand Handthal immer im Schatten der mächtigen Stollburg. Die Burgruine Stollberg, über den Weinbergen Handthals und aus dem 13. Jahrhundert, brandschatzten 1525 Oberschwarzacher Bauern. Seitdem wurde sie nicht mehr aufgebaut.

■ Handthaler Stollberg

Der Stollberg mit der gleichnamigen, aber 1525 im Bauernkrieg zerstörten Burg war namengebend.

□ 26 ha
↑ Süd – West
/ 15–50 %
⁘ Müller-Thurgau, Silvaner
B Keuper
C vom Boden stark geprägtes Bukett, gehaltvoll
L Oberschwarzacher Steige

● Weinerzeuger

Weingut Manfred Baumann,
Handthal 17, Handthal, 97516 Oberschwarzach
☎ *0 93 82 / 13 41*
□ *5 ha* W *45 Junger Weinbautechniker, pflegt naturnahen Weinbau, auch Rotweine*

Weingut Alois Barth, Handthal, 97516 Oberschwarzach
☎ *0 93 82 / 89 76*
☐ *4 ha Neuer Selbstmarkterbetrieb mit typischen Steigerwaldweinen*

▲ Weinbezogene Gastronomie und Übernachtungsmöglichkeiten

G * *Gasthaus Forellenhof,*
Handthal 17, Handthal, 97516 Oberschwarzach
☎ *0 93 82 / 54 67*
Fischgerichte

G * *Gasthaus Winzermännle, Handthal, 97516 Oberschwarzach*
☎ *0 93 82 / 16 00*

G *Gasthaus Zur Stollburg, Handthal, 97516 Oberschwarzach*
☎ *0 93 82 / 64 94*

G *Gasthaus Zum Stollberg, Handthal, 97516 Oberschwarzach*
☎ *0 93 82 / 84 18*
Gaststätte auf dem Berg mit Terrasse

Kammerforst (Ortsteil von Breitbach)

Dieses kleine fränkische Dorf, am Übergang zum Südwestrand des Steigerwaldes, nahe bei Oberschwarzach gelegen, ist heute ein Ortsteil von Breitbach.
Kammerforst erhielt seinen Namen von dem zum Ratsstein und zum Geiersberg hinaufziehenden Waldareal, das seit dem 13. Jahrhundert der Kammer des Hochstiftes Würzburg gehörte.
Sehenswert in Kammerforst: der um 1800 gemalte Kreuzweg in der Kapelle des hl. Valentin in der Mitte des Ortes
Weinfest: Anfang August (Symbolfigur ist der Teufel)

■ Kammerforster Teufel

Die Würzburger Patrizierfamilie Teufel war Gönner des Zisterzienserklosters Ebrach. Daraufhin schenkten die Ebracher der Familie den Kammerforst.

☐ 30 ha
↑ Südwest – Süd
⁄ 15–25 %

[∵] Müller-Thurgau, Silvaner
[B] Keuper
[C] gehaltvoll, pikant
[L] Oberschwarzacher Steige

● Weinerzeuger

Weinbau Peter und Johannes Pfister, Haus-Nr. 15, Kammerforst, 97516 Oberschwarzach [☎] *0 95 53 / 5 56*
[ ] *5 ha* [W] *50 Junger Selbstmarkterbetrieb mit Heckenwirtschaft, vorzugsweise Silvaner und Kerner*

Weinbau Werner Ebert, Haus-Nr. 9, Kammerforst, 97516 Oberschwarzach [☎] *0 95 53 / 12 08*

▲ Weinbezogene Gastronomie und Übernachtungsmöglichkeit

[G] [*] *Gasthof »Zur Fröhlichkeit«, Haus-Nr. 12, Breitbach, 97516 Oberschwarzach* [☎] *0 95 53 / 12 24*
Fisch- und Geflügelgerichte

[G] *Gasthaus Zur Weinschenke, Haus-Nr. 7, Kammerforst, 97516 Oberschwarzach* [☎] *0 95 53 / 4 25*

Prichsenstadt
Südlich von Oberschwarzach und ebenfalls am Westrand des Ebracher Forstes und des Steigerwalds liegt Prichsenstadt. Es ist ein altfränkisches Städtchen, das seinen mittelalterlichen Charakter bis auf den heutigen Tag bewahrt hat. Im Jahre 1367 verlieh Kaiser Karl IV. dem Ort das Stadtrecht. Von der guterhaltenen Wehrmauer sind noch zwei Stadttore erhalten, das mittlere Tor mit dem hochaufragenden Stadtturm und das doppeltürmige Vorstadttor. Eine stattliche Anzahl von Häusern zeigt herrliches Fachwerk, Erker und Sitzkonsolen.

■ Prichsenstädter Krone

Krone wurde der obere, meist umlaufende Teil des Hügels genannt.

☐ 18 ha
☐ Süd
☐ 15–20 %
☐ Müller-Thurgau, Ortega
[B] Keuper
[C] aromatisch, voll
[L] großlagenfrei

● Weinerzeuger

Winzerhof Kessler, Luitpoldstraße 2, 97357 Prichsenstadt
☎ 0 93 83 / 26 10 (oder in Volkach 0 93 81 / 95 55)
☐ 4 ha [W] 50 Alteingesessene Winzerfamilie, Weinproben im Gewölbekeller

Weingut Robert Laufer, Bimbach 30, 97357 Prichsenstadt
☎ 0 93 82 / 84 51
☐ 5 ha [W] 35 Weingut ist im spätbarocken Schloß (1703) untergebracht, trockene Weine

Weingut Albrecht Wörner, Neuses am Sand, 97357 Prichsenstadt
☎ 0 93 83 / 71 79
☐ 5 ha [W] 300 Weinbaubetrieb im spätgotischen Baustil, auch Rotwein und Winzersekte; Weinfeste in der Tenne

Weinbau Hans Bausewein, Karlsplatz 16 ☎ 0 93 83 / 4 47

Weinbau Hans Wagner, Karlsplatz 11 ☎ 0 93 83 / 5 49

▲ Weinbezogene Gastronomie und Übernachtungsmöglichkeiten

[G] [**] *Gasthof »Zum Storch«,*
Luitpoldstraße 7, 97357 Prichsenstadt
☎ 0 93 83 / 5 87
Kutschenmuseum

[G] [**] *Hotel-Restaurant »Zur alten Schmiede«,*
Hauptstraße, 97357 Prichsenstadt
☎ 0 93 83 / 29 34
Alte Schmiede, liebevoll restauriert

[G] [*] *Weinstube Grüner Baum,*
Hauptstraße 14, 97357 Prichsenstadt
☎ 0 93 83 / 74 43

An den Südwesthängen des Steigerwalds

Nach *Kirchschönbach* (Prichsenstadt) erwarten uns jenseits der BAB Würzburg–Nürnberg die Weinorte an den Südwesthängen des Steigerwalds. Seitlich von Rüdeshausen mit seinem Wasserschloß *Abtswind,* geprägt von einer über 1000jährigen Weinkultur. Durch das romantisch gelegene *Greuth* nach *Castell,* dem reizvoll an die Steigerwaldhänge angelehnten Stammsitz der Fürsten zu Castell, die eine so bedeutende Rolle in der Geschichte und im Weinbau Frankens gespielt haben. Von *Wiesenbronn* aus ein herrlicher Blick zurück auf Castell – auf Schloß und Burgruine inmitten von Rebhängen und Wald. Abseits der Bocksbeutelstraße *Klein-* und *Großlangheim.* Von Wiesenbronn mit seinen wuchtigen, charaktervollen Weinen nach *Rödelsee* mit den berühmten Lagen »Schwanleite« und »Küchenmeister«. *Iphofen* aber ist ein Kleinod des Mittelalters mit einer über 1000jährigen Weinkultur. Südöstlich von Iphofen nach *Markt Einersheim,* danach südlich nach *Hüttenheim.* Von Hüttenheim nach *Tiefenstockheim* (Seinsheim) mit Weinbergen seit dem 12. Jahrhundert. Unterhalb von Tiefenstockheim erreichen wir weitere Weinorte mit großer Tradition: *Seinsheim, Bullenheim* und *Ippesheim* mit Wehrkirche und Barockschloß, schließlich die kleinen Weinorte *Weigenheim* und *Reusch* unterhalb von *Schloß Frankenberg* und der zweitgrößten Erhebung des Steigerwalds, dem Hohenlandsberg mit einer Burgruine (498 m).

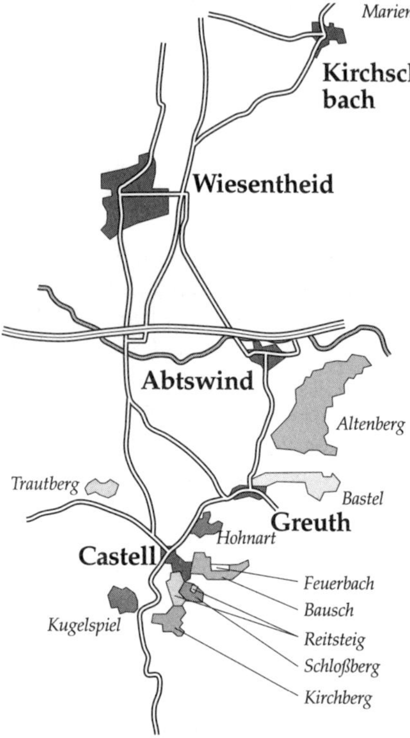

Kirchschönbach (Ortsteil von Prichsenstadt)
Südöstlich von Prichsenstadt erreichen wir Kirchschönbach. Die Gründung des Ortes, wie auch des benachbarten Weilers Ilmbach, erfolgte im 8. Jahrhundert. Von den Grafen zu Castell gingen Schloß und Dorf über das Kloster Ebrach an verschiedene Adelige. 1875 erwarben die Grafen von Schönborn sowohl das Schloß als auch die Kartause Mariengarten in Ilmbach. Heute ist das Schloß im Besitz der Zeller Schwestern.

■ Kirchschönbacher Mariengarten
In Erinnerung an die jahrhundertealte Kartause »Mariengarten«, 1803 säkularisiert.

☐ 2 ha
☐ Süd – West
☐ 20%
☐ Schwarzriesling, Kerner
B Lehm, Ton
C erdig, vollmundig
L Abtswinder Schild

● Weinerzeuger

Weinbau Ewald Ruppert,
Haus-Nr. 83, Kirchschönbach, 97357 Prichsenstadt
☎ *0 93 83 / 4 85*
☐ *2 ha Junger Agr.-Ing. baut diesen Betrieb eben auf; ökologischer Weinbau*

▲ Weinbezogene Gastronomie

G *Gasthaus »Weisses Rössl«,*
Haus-Nr. 10, Kirchschönbach, 97357 Prichsenstadt
☎ *0 93 83 / 4 90*

Abtswind

Eingerahmt von Weinbergen liegt Abtswind am Westabfall des Steigerwaldes. Der Abtsstab im Ortswappen deutet auf den Ortsnamen und die Gründung durch das Kloster Münsterschwarzach hin. Der Ortsname signalisiert ferner, daß hier in der Frühzeit Wenden gesiedelt haben. Die Herrschaft über das Dorf teilten sich ehemals das Kloster Ebrach, die Grafen von Castell und die Adelsfamilie Fuchs von Dornheim. Weinbau und Abtswind gehören einfach zusammen. An vielen Häusern wachsen Rebstöcke, die dem Ort einen »weinigen« Charakter geben.
Unterhalb des Friedrichsberges haben die Abtswinder Winzer den ersten *Weinlehrpfad* Bayerns angelegt.
Empfehlenswert: Besuch des Hauses des Gastes mit Winzerkeller

■ Abtswinder Altenberg

In Erinnerung an die jahrhundertealte Weinbautradition wurden bei der Rekultivierung aufgelassener Weinberge in den 50er Jahren dieses Jahrhunderts in vielen Gemeinden die Lagenbezeichnung Altenberg eingeführt.

□ 30 ha
[↑] Südwest – Nordwest
[/] 15–50 %
[∵] Müller-Thurgau, Silvaner
[B] Keuper mit Gipseinlagerungen
[C] fruchtiges Aroma, pikant
[L] Abtswinder Schild

■ Großlage Abtswinder Schild 51,5 ha

Abtswinder Altenberg	30
Greuther Bastel	15
Casteller Bausch (Teilflächen)	4
Casteller Kirchberg (Teilflächen)	0,5
Kirchschönbacher Mariengarten	2

● Weinerzeuger

GWF-Weinverkaufsstelle Abtswind, Hans Krauss, Hauptstraße 125, 97355 Abtswind
[☎] 0 93 83 / 10 09

Weingut Behringer, Rehweiler Straße 7, 97355 Abtswind
[☎] 0 93 83 / 26 75 oder 8 41
□ 20 ha [W] 100 Alteingesessene Winzer- und Gastwirtsfamilie, seit 1634; hohe Prämierungserfolge; Spezialität: Rotweine und Winzersekte; angegliedert ist eine Erzeugergemeinschaft mit 70 Weinbaubetrieben, insgesamt 33 ha Weinberge

▲ Weinbezogene Gastronomie und Übernachtungsmöglichkeit

[G] *Gasthaus Zur Schwane, Hauptstraße 10, 97355 Abtswind*
[**] *[☎] 0 93 83 / 12 51*

[G] *Gasthaus Behringer, Rehweiler Straße 7, 97355 Abtswind*
[☎] 0 93 83 / 26 75
Idyllisch außerhalb gelegen

G *Gasthof Zum Steigerwald,*
Stämmbauersweg 2, 97355 Abtswind
☎ *0 93 83 / 16 42*
2 ha Eigenweinbau Peter Böcher

Greuth

Von Abtswind über Greuth nach Castell: Nur wenige Kilometer vor Castell liegt Greuth romantisch am Steigerwaldhang. Der Ortsname hat zu tun mit Rodungen des 11. Jahrhunderts im Steigerwald. Im Jahre 1265 war Greuth bereits vollständig castellisch. Die kleine Gemeinde ist ein typisches fränkisches Straßendorf. Seit 1977 ist Greuth Ortsteil von Castell.

■ Greuther Bastel

Bastel, die Kurzform von Sebastian, ist wahrscheinlich der Familienname eines früheren Weinbergbesitzers, denn Sebastian ist weder der Vorname eines Kirchenpatrons noch eines Grafen von Castell, des Ortsherrn.

□ 15 ha

↑ Süd

/ 15–25 %

Müller-Thurgau, Silvaner

B Keuper mit Gipseinlagerungen

C kräftiger Körper, aromatisch

L Abtswinder Schild

● Weinerzeuger

Weinbau Heinrich Brügel, Hauptstraße 49, Greuth, 97355 Castell
☎ *0 93 83 / 76 19*
□ *2 ha Junger Selbstmarkterbetrieb, Beginn im Jahr 1992*

Castell

Eingerahmt von Reben, Obstwiesen und Wald liegt Castell am Westabfall des Steigerwalds. Und schon der Name und das Ortswappen weisen auf die Familie der

Fürsten zu Castell-Castell hin, die Castell als Haupt- und Residenzort ihrer gleichnamigen ehemaligen Grafschaft über Jahrhunderte hinweg geprägt hat.
816 wird der Ort erstmals in einer Stiftung des damals so bedeutenden Benediktinerklosters Münsterschwarzach genannt. 1057 taucht erstmals in einer Urkunde der Name de Castello auf, der frühe Ahnherr der heutigen Fürsten und Grafen zu Castell-Castell. 1901 wurden die Grafen zu Castell-Castell zu Rüdenhausen in den Fürstenstand erhoben.
Der Weinbau in Castell ist so alt wie die Geschichte des Ortes. Im Weinkeller des Schlosses können die Kreszenzen des Hauses zu Castell, das sich neuerdings auch dem ökologischen Weinbau verschrieben hat, bei stimmungsvollen Weinproben verkostet werden.
Sehenswert: das im 17. Jahrhundert erbaute Schloß der Fürstenfamilie, besuchenswert die im Juli (3. und 4. Wochenende) im Schloßpark stattfindenden Weinfeste

■ Casteller Bausch

Bausch heißt der Weinberg nach der hingeduckten Lage, herrührend von dem mittelhochdeutschen »busch«, das u. a. auch Wulst bedeutete.

- ☐ 15 ha
- ↑ Nord – Nordwest
- ⁄ 10–35 %
- ∵ Müller-Thurgau, Silvaner
- B Gipskeuper
- C kräftiger Körper, gehaltvoll
- L Casteller Herrenberg (Teil auch Abtswinder Schild)

■ Casteller Feuerbach

Feuerbach heißt die Rebfläche nach dem hier vorbeiziehenden Bach.

- ☐ 4 ha
- ↑ Nordwest – Nord
- ⁄ 15–30 %
- ∵ Burgundersorten

Das Fürstliche Castell im Steigerwald:
Zentrum von vinologischen Kostbarkeiten
aus Castell, Greuth, Abtswind oder Handthal

B Gipskeuper

C meist tiefdunkel, benötigen wegen etwas hoher Säure langen Ausbau, sind dann jedoch sehr gehaltvoll und samtig

L Casteller Herrenberg

■ Casteller Hohnart

Hohnart meint ein hochstehendes Gewächs. Damit wurden zumeist Bäume, aber auch Obst- und Gartengewächse bezeichnet; die ältere Schreibweise »Hohnhart« verweist auf hochgewachsenen Wald.

□ 5 ha

↑ Süd

/ 20–40 %

∵ Silvaner, Riesling

B Gipskeuper

C feines und fruchtiges Bukett, nachwirkend auf Zunge und Gaumen

L Casteller Herrenberg

■ Casteller Kirchberg

Kirchberg heißt die Fläche nach der Lage (= südöstlich und südlich) hinter der Kirche, deren Neubau 1784 bis 1792 errichtet wurde.

□ 1 ha

↑ Ost – Nordwest – West

/ 20–30 %

∵ Silvaner

B Gipskeuper

C stoffig, harmonisch, guter Körper

L Casteller Herrenberg (Teil Abtswinder Schild)

■ Casteller Kugelspiel

Kugelspiel enthält zunächst die Wortbedeutung als Menge, als Masse von Kageln oder Kegeln, das sind Huckel oder Buckel, die allerdings durch die Weinbergbereinigung beseitigt wurden.

☐ 17 ha
↑ Nordwest – Nord
⁄ 15–30 %
∵ Müller-Thurgau, Rieslaner Scheurebe
B Gipskeuper
C würziges Aroma, stoffig, gehaltvoller Körper
L Casteller Herrenberg

■ Casteller Reitsteig

Reitsteig ist die Steige, der Hohlweg, in dem man den Anstieg zum Steigerwald gewinnen konnte.

☐ 1 ha
↑ Süd
⁄ 15–35 %
∵ Burgundersorten
B Gipskeuper
C meist tiefdunkel, gehaltvoll, samtig, braucht wegen kräftiger Säure längeren Ausbau
L Casteller Herrenberg

■ Casteller Schloßberg

Schloßberg ist die Lage unterhalb der »Oberen Burg«, von der nur noch ein Treppenturm steht.

☐ 5 ha
↑ Süd – Südwest
⁄ 30–60 %
∵ Silvaner, Riesling, Rieslaner
B Gipskeuper
C artiges, kräftiges Bukett, stoffig, kernig, ausdrucksstark
L Casteller Herrenberg

■ Casteller Trautberg

Trautberg hat man früher fälschlich von »Druden« (Druiden), keltischen Priestern, dann von »traut« (lieblich, treu) abgeleitet. Die Schreibweise »Trupperg« und

Traubmühl verrät, daß der traubentragende Berg gemeint ist.

☐	2 ha
⍐	Süd
◫	15–30 %
⁙	Kerner
B	Gipskeuper
C	artiges, von der Lage und dem Boden geprägtes Bukett
L	Casteller Herrenberg

■ **Großlage Casteller Herrenberg** 70 ha

Casteller Bausch	13
Casteller Hohnart	5
Casteller Kirchberg	1
Casteller Schloßberg	5
Casteller Feuerbach	4
Casteller Kugelspiel	17
Casteller Reitsteig	1
Casteller Trautberg	2
Neundorfer Wonne	3
Neundorfer Hüßberg	14
Neundorfer Sonnenberg	2
Neundorfer Mönchsbuck	3

● Weinerzeuger

Fürstlich Castell'sches Domänenamt,
Albrecht Fürst zu Castell-Castell,
Schloßplatz 5, 97355 Castell
☎ *0 93 25 / 6 01 - 60*
☐ *65 ha* W *60 Inhaber ist Fürst Albrecht zu Castell-Castell; größtes privates Weingut Frankens; Firmenphilosophie ist es, typische, charaktervolle Steigerwaldweine zu erzeugen und zu vermarkten; angegliedert ist auch die Erzeugergemeinschaft Steigerwald mit 60 ha von rd. 90 Winzerfamilien; im Hause des Fürsten wurde just die älteste Urkunde der Rebsorte Silvaner gefunden, sie datiert auf das Jahr 1659*

Weinbau Helmut und Wolfgang Kaul,
Im Herrengarten 9, 97355 Castell
☎ *0 93 25 / 4 05*
☐ *2,5 ha Neu aufgebauter Selbstmarkterbetrieb*

▲ Weinbezogene Gastronomie und Übernachtungsmöglichkeit

G *Gasthaus Zum Schwan, Birklinger Straße 2, 97355 Castell*
* ☎ *0 93 25 / 4 29*

G *Restaurant Weinstall, Schloßplatz 3, 97355 Castell*
☎ *0 93 25 / 4 63*
Interessantes Ambiente im ehemaligen Pferdestall des Fürsten; Gutsausschank des Fürstlich Castell'schen Domänenamtes

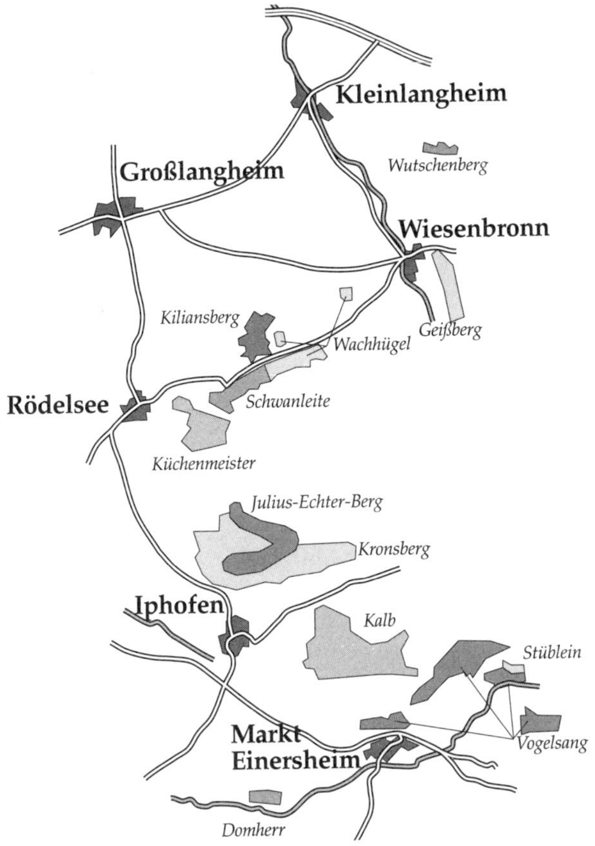

Wiesenbronn

Westlich von Castell, am Westrand des Steigerwalds, liegt Wiesenbronn: ein typisches Bauern- und Winzerdorf dieser Landschaft.

In einer Stiftungsurkunde in Zusammenhang mit dem Kloster Fulda wird es schon im 8. Jahrhundert genannt. Zunächst unterstand der Ort den Grafen von Castell, nach dem 13. Jahrhundert dem Kloster Ebrach und den Markgrafen von Ansbach.
Wiesenbronn, die »Rotweininsel am Steigerwald«, liegt am südlichen Fuß des Schwanbergs, der mit seinen bewaldeten Höhen wie eine Pelzkappe die Reben an den Nordwesthängen schützt.
Weinfest: Anfang August

■ Wiesenbronner Wachhügel

Der Wachhügel ist über Wachelhügel auf Wachtelhügel zurückzuführen, der zwischenzeitlich Ackerland gewesen war.

- ☐ 50 ha
- [↑] Westnordwest
- [/] 10 %
- [⁖] Silvaner, Müller-Thurgau
- [B] Keuper
- [C] markant, kräftig, nachhaltig
- [L] Rödelseer Schloßberg

■ Wiesenbronner Geißberg

Geißberg ist eine Lage südwestlich des Ortes, deren sehr flache Krone früher von Ziegen (Geißen) abgeweidet werden durfte.

- ☐ 18 ha
- [↑] Südwest
- [/] 25 %
- [⁖] Silvaner
- [B] Keuper
- [C] duftig, elegant, rassig
- [L] Rödelseer Schloßberg

● Weinerzeuger

Weingut Gerhard Roth, Büttnergasse 11, 97355 Wiesenbronn
☎ *0 93 25 / 3 73*
☐ *5,5 ha* W *30 Engagierter Selbstvermarkter; Spezialität: Rotweine; seit 10 Jahren ökologischer Anbau; veranstaltet kulinarische Weinproben*

Weinbau Hans Hüßner, Hauptstraße 52 ☎ *0 93 25 / 2 65*

Weinbau Gg. Fröhlich u. Sohn, Schulgasse 5 ☎ *0 93 25 / 2 35*

Weinbau Michael Hofmann, Schulgasse 1 ☎ *0 93 25 / 7 52*

Weinbau Anton Hell, Klingenstraße 16 ☎ *0 93 25 / 10 08*

▲ Weinbezogene Gastronomie und Übernachtungsmöglichkeit

G ** *Gasthaus Schwarzer Adler, Hauptstraße 21, 97355 Wiesenbronn*
☎ *0 93 25 / 2 32*

G *Gasthaus Höfer, Hauptstraße 5, 97355 Wiesenbronn*
☎ *0 93 25 / 7 71*

Kleinlangheim

Westlich von Castell und Wiesenbronn, zwischen Steigerwald und Main, an der Straße von Wiesentheid nach Kitzingen, liegen Klein- und Großlangheim. Zwei Ausgrabungen frühgeschichtlicher Friedhöfe bewiesen, daß hier schon in ältester Zeit Menschen gesiedelt haben. Die erste urkundliche Erwähnung fand der heutige Ort als »Lanchem« im Jahr 816.

Das Rathaus mit Laubengang ist das älteste im Landkreis Kitzingen (erbaut 1487). Eine Besonderheit ist auch die unter Denkmalsschutz stehende Pfarrkirche. Als »offenes Schloß« bekannt wurde das Mauerwerk der einstigen Kirchenburg, in der heute alljährlich die Hans-Sachs-Festspiele stattfinden.

■ Kleinlangheimer Wutschenberg

Der Wutschenberg, vormals auch Bütschenberg geheißen, hat seinen Namen von den Wutschen, den Buschen oder Büschen, die ihn krönten.

☐ 5 ha
☐ Süd
☐ 10–15 %
☐ Silvaner, Müller-Thurgau
B Keuper
C ausdrucksvolles Bukett, würziges Aroma
L Rödelseer Schloßberg

● Weinerzeuger

Weinbau Karl Schmidt, Bahnhofstraße 11, 97355 Kleinlangheim
☎ *09325/558*
☐ *2 ha Kleiner Selbstmarkterbetrieb*

Sonst wird der Kleinlangheimer Wutschenberg vermarktet über:
Weinkellerei Joachim Fischer,
Rehhäuser Straße 2, 97353 Wiesentheid
☎ *09383/2434*

▲ Weinbezogene Gastronomie

G *Gasthaus »Zum Goldenen Lamm«,*
Bahnhofstraße 1, 97355 Kleinlangheim
☎ *09325/1232*

G *Gasthof »Zum Bären«, Hauptstraße 5, 97355 Kleinlangheim*
☎ *09325/229*

Großlangheim

Auch in Großlangheim haben Ausgrabungen den Nachweis für eine frühgeschichtliche Siedlung bis hinein in die Steinzeit erbracht. Den Ortsnamen leiten die Forscher vom keltischen »lanca« ab, was soviel wie Sumpf oder Teich bedeutet. Lange Zeit stand Großlangheim unter der Herrschaft der Grafen von Castell, später unter der des Hochstiftes Würzburg.

Wahrzeichen Großlangheims ist die katholische Kirche mit Kapelle und Werken Tilman Riemenschneiders. Ihr ältester Teil, der Turm, entstand schon um 1400. Fürstbischof Julius Echter veranlaßte den Umbau der

dem hl. Jakobus geweihten Kirche. Großlangheim ist besonders reich an Votivfiguren an den Häusern und an Bildstöcken, die von der Frömmigkeit der Einwohner über Jahrhunderte hinweg zeugen.
Weinfest: alljährlich Mitte Juli

■ Großlangheimer Kiliansberg

Der Schutzpatron Frankens ist der nach 689 ermordete irische Missionsbischof Kilian. Im frühen Mittelalter wurde das Eigentum des Bistums mit dem Namen des Patrons belegt. Diesen Zusammenhängen verdankt die Lage Kiliansberg wie die alte Einzellage Kilianstal ihren Namen.

☐ 60 ha
[↑] Nord – Nordwest
[/] 10–15 %
[∵] Silvaner, Müller-Thurgau
[B] Keuper
[C] vom Boden und der Lage deutlich mitgeprägtes Bukett
[L] Rödelseer Schloßberg

● Weinerzeuger

GWF-Weinverkaufsstelle Großlangheim, Familie Hermann Droll, Hauptstraße 57, 97320 Großlangheim
[☎] 0 93 25 / 5 57

Weinbau Günter Grebner, Hauptstraße 20, 97320 Großlangheim
[☎] 0 93 25 / 63 25
☐ 3 ha [W] 30 Qualitätsbedachter Vollerwerbsbetrieb mit Heckenwirtschaft

▲ Weinbezogene Gastronomie und Übernachtungsmöglichkeiten

[G] *Gasthof Zum Ochsen, 97320 Großlangheim*
[*] *[☎] 0 93 25 / 3 65*

[G] *Gasthaus Zum Hirschen,*
[*] *Hauptstraße 46, 97320 Großlangheim*
[☎] 0 93 25 / 3 05
Fisch- und Wildgerichte

Rödelsee

Südwestlich von Wiesenbronn zu Füßen des Schwanbergs liegt Rödelsee. Die Zahl seiner Herrschaften beweist, daß Rödelsee als Lehnsgemeinde sehr begehrt war. Seine erste urkundliche Erwähnung 1040 steht in Zusammenhang mit dem Kloster Kitzingen. Im 17. Jahrhundert ist der Ort unter vier Herrschaften aufgeteilt: dem Hochstift Würzburg, dem Kloster Ebrach, den Grafen von Castell und den Freiherren von Crailsheim. Das führte zu viel Streit im Dorf und auch zum Bau zweier Kirchen.

1295 wurde der Weinbau in einer Urkunde des Klosters Ebrach erstmals erwähnt.

Sehenswert: das Schloßgebäude auf dem Schwanberg aus dem Jahr 1230; in der Ortsmitte das Crailsheimer Schloß, in dessen romantischem Schloßhof alljährlich Anfang Juli das Weinfest stattfindet; Keltenwälle; Judenfriedhof unter dem Schwanberg und ein Naturlehrpfad

Rödelseer Schwanleite

Schwanleite heißen die um die Süd- und Westflanke des Schwanberges (473 m über NN) ziehenden Weinberge.

40 ha

Nordwest

10–40 %

Müller-Thurgau

B Gipskeuper

C kräftig würzig, duftend

L Rödelseer Schloßberg

Rödelseer Küchenmeister

Die Lage Küchenmeister hat ihren Namen vom Geschlecht der Küchenmeister von Nordenberg, eifrigen Parteigängern der Staufen, die in dieser Lage Besitz hatten.

75 ha

Nordwest

10–40 %

[∵]	Müller-Thurgau
[B]	Gipskeuper
[C]	würzig, fruchtig, gehaltvoll und lange nachwirkend
[L]	Rödelseer Schloßberg

■ Großlage Rödelseer Schloßberg ca. 247 ha

Kleinlangheimer Wutschenberg	5
Wiesenbronner Wachhügel	50
Wiesenbronner Geißberg	18
Großlangheimer Kiliansberg	60
Rödelseer Küchenmeister	75
Rödelseer Schwanleite	40
Sickershäuser Storchenbrünnle	7
(ohne die Rebflächen aus Iphofen)	

● Weinerzeuger

GWF-Weinverkaufsstelle Rödelsee, Familie Schmitt, Schloßhof, 97348 Rödelsee
[☎] 0 93 23 / 34 16

Weingut Wolfgang Weltner, Wiesenbronner Straße 17, 97348 Rödelsee
[☎] 0 93 23 / 36 46
[ ] 4,5 ha [W] 15 Gepflegte Weine, Rotweine, beispielhafter Ausbilderbetrieb

Weinbau – Weinkeller Karl Weltner, Kirchplatz 4, 97348 Rödelsee
[☎] 0 93 23 / 34 60
[ ] 3 ha [W] 15 Aus alteingesessener Winzerfamilie mit Weinkellereitradition, hochprämierte Weine

Weingut Michael Melber, Dorfgraben 1, 97348 Rödelsee
[☎] 0 93 23 / 34 96
[ ] 4 ha [W] 25 Der Betriebsinhaber ist auch Kellermeister; Spezialität: Rotweine und Winzersekt

Weinbau Roland Hemberger, Aussiedlerhof 3 [☎] 0 93 23 / 4 35

Weinbau Karl Mayer, Rothweg 2 [☎] 0 93 23 / 51 98

Weinbau Philipp Vollhals, Crailsheimer Straße 3 [☎] 0 93 23 / 37 38

▲ Weinbezogene Gastronomie und Übernachtungsmöglichkeiten

[G] [**] *Gasthof Stegner,*
Mainbernheimer Straße 26, 97348 Rödelsee
☎ *0 93 23 / 34 15*

[G] [**] *Hotel-Restaurant Zum Rödelseer Schwan,*
Am Buck 1, 97348 Rödelsee
☎ *0 93 23 / 50 55*

[**] *Gästehaus Sulzbacher, Dorfgraben 9, 97348 Rödelsee*
☎ *0 93 23 / 55 10*

[G] *Restaurant Winzerstube,*
Wiesenbronner Straße 2, 97348 Rödelsee
☎ *0 93 23 / 52 22*

Iphofen

Auch dieses reizvolle mittelalterliche Städtchen liegt unmittelbar am Fuße des Schwanbergs.
Schon 741 wird Iphofen erstmals genannt. 1293 wird das Stadtrecht durch den Würzburger Fürstbischof verliehen. Zu dieser Zeit legt die Stadt Mauer und Graben, die alte Umwehrung mit Mauern, Türmen und Toren an, von denen vor allem das Rödelseer Tor (Wahrzeichen Iphofens aus dem 15. Jahrhundert noch größtenteils erhalten ist.
Eindrucksvoll ist die katholische Pfarrkirche St. Veit aus dem 15. Jahrhundert: An den barocken Säulen der Altäre ranken Weinreben, und das Gotteskind hält eine Traube. Imposant sind ferner die Wallfahrtskirche Zum hl. Blut aus dem 17. Jahrhundert, das Rathaus aus dem 18. Jahrhundert sowie die ehemalige Spitalkirche mit dem Bürgerspital. Besonders hervorzuheben ist der am Marktplatz gelegene erste repräsentative Barockbau des Ortes – im späten 17. Jahrhundert als Gaststätte eingerichtet, später fürstbischöfliche Amtskellerei und Rentamt. Heute birgt es das Knauf-Museum mit einer sehenswerten Reliefsammlung. Auf dem historischen Marktplatz feiern die Iphofener alljährlich vom Mitte Juli ihr Weinfest.

Iphöfer Julius-Echter-Berg

Ursprünglich hieß die Lage »Iphöfer Berg« oder »Rechenberg«. In den 20er Jahren unseres Jahrhunderts wählte man den Namen Julius Echter Berg. Auch weil das Juliusspital-Weingut zu dieser Zeit viel Flächenbesitz erwarb.

40 ha

Süd

35 %

Silvaner

Gipskeuper mit Buntsandsteinverwitterungsgestein

elegant, sehr fruchtig (bes. Riesling), immer um 10° Oe. höher als andere Lagen bei gleicher Rebsorte

Burgweg

Iphöfer Kalb

Ursprünglich hieß die Lage »Kahler Berg«. Durch die Redefaulheit der Altvordern wurde es zum »Kalb« umgewandelt.

90 ha

Süd

35 %

Silvaner

Gipskeuper mit hohem Gipsanteil

leicht, früh trinkbar, aber dennoch sehr gut lagerfähig, frische Säure

Burgweg

Iphöfer Kronsberg

An einer gut sichtbaren Stelle in der Weinberglage ist ein Felsvorsprung mit der Form einer Krone.

160 ha

Süd

30 %

Müller-Thurgau

Gipskeuper mit Lehmanteilen

[C] wuchtig, markant, ausgeprägt, sehr gute Lagerfähigkeit
[L] Burgweg

■ Iphöfer Domherr

Erinnert an den Domherrenhof; seit ca. 150 Jahren im Besitz des Juliusspitals zu Würzburg. Das Juliusspital-Weingut ist auch alleiniger Besitzer dieser Weinberglage.

☐ 21 ha
[↑] Süd
[/] 25–35 %
[⁘] Müller-Thurgau, Bacchus
[B] Keuper
[C] stoffig, pikant, nachhaltig
[L] großlagenfrei

■ Großlage Iphöfer Burgweg ca. 324,5 ha

Iphöfer Julius-Echter-Berg	40
Iphöfer Kalb	90
Iphöfer Kronsberg	160
Markteinersheimer Vogelsang	28
Markteinersheimer Stüblein	6,5

● Weinerzeuger

GWF-Weinverkaufsstelle Iphofen, Familie Schürer, Bahnhofstraße 52, 97346 Iphofen
[☎] 0 93 23 / 33 17

Weingut Hans Wirsching, Ludwigstraße 16, 97346 Iphofen
[☎] 0 93 23 / 30 33
☐ 40 ha [W] 60 Großer, traditionsreicher Weinbaubetrieb seit 1630; gepflegte, profilierte Weine, Rotwein, Winzersekte

Weingut Johann Ruck, Marktplatz 19, 97346 Iphofen
[☎] 0 93 23 / 33 16
☐ 10 ha [W] 50 Weinbau seit Generationen, ideenreicher Winzer; Winzersekte, Trester-Brände, Barrique-Ausbau

Weingut Ernst Popp, Rödelseer Straße 15, 97346 Iphofen
☎ *0 93 23 / 33 71*
☐ *20 ha* W *50 Traditionsreicher Weinbau- und Handelsbetrieb, hohe Prämierungserfolge*

Weingut Gebr. Müller, Holzgasse 1, 97346 Iphofen
☎ *0 93 23 / 33 29*
☐ *8 ha* W *15 Weinbau hat in der Familie Tradition, mit angeschlossener Weinkellerei*

Winzerhof Johann Arnold, Lange Gasse 26, 97346 Iphofen
☎ *0 93 23 / 36 43*
☐ *5 ha* W *30 Engagierter Vollerwerbswinzer, möglich hier auch Ferien auf dem Winzerhof*

Weinbau Hans Dorsch, Rödelseer Straße 8, 97346 Iphofen
☎ *0 93 23 / 13 75*

Weinbau Gerhard Fröhlich, Ilmbacher Hof, Lange Gasse 36, 97346 Iphofen
☎ *0 93 23 / 36 57*

Weingut Andreas Emmerich und Sohn, Obere Gräbengasse 4, 97346 Iphofen
☎ *0 93 23 / 35 75*

Weinbau Claußen/Wintzheimer, Mühlenweg 1, 97346 Iphofen
☎ *0 93 23 / 34 77*

Weinbau Maria Lutz, Mittelgasse 7, 97346 Iphofen
☎ *0 93 23 / 35 60*

Weinbau Josef Muth, Ludwigstraße 20, 97346 Iphofen
☎ *0 93 23 / 9 02*

Weinhaus Seufert, Bahnhofstraße 33, 97346 Iphofen
☎ *0 93 23 / 33 44*

Weinbau Edgar Mend, Weinbergstraße 13, 97346 Iphofen
☎ *0 93 23 / 30 13*

▲ Weinbezogene Gastronomie und Übernachtungsmöglichkeiten

G *Hotel-Restaurant Zehntkeller,*
⁂ *Bahnhofstraße 12, 97346 Iphofen*
☎ *0 93 23 / 30 62*
Historisches Gasthaus, 10 ha Eigenweinbau Familie Seufert

G ** *Gasthaus Goldene Krone, Marktplatz 2, 97346 Iphofen*
☎ *0 93 23 / 33 30*
3 ha Eigenweinbau Familie Roßkopf

G ** *Gasthaus Zum Hirschen, Lange Gasse 25, 97346 Iphofen*
☎ *0 93 23 / 33 26*

G ** *Wirtshaus Zum Kronberg,*
Schwanbergweg 14, 97346 Iphofen
☎ *0 93 23 / 35 40*

G *Restaurant Zur Iphöfer Kammer,*
Marktplatz 24, 97346 Iphofen
☎ *0 93 23 / 19 07*

G *Weinstube Bausewein, Breite Gasse 1, 97346 Iphofen*
☎ *0 93 23 / 52 10*
4 ha Eigenweinbau Familie Karl-Josef Bausewein

Markt Einersheim
Die Entstehung des Ortes fällt in die Zeit der fränkischen Landnahme. Erste urkundliche Erwähnungen tauchen im 11. Jahrhundert auf. Besitzer waren die Edelfreien von Speckfeld und die Grafen von Hohenlohe.
Der Weinbau in Markt Einersheim wird durch eine Besitzurkunde des Hochstifts Bamberg mit einem Weinberg im Speckfeld schon früh nachgewiesen. Idyllisch gelegen an den Südhängen rebenbewachsener Steigerwaldberge, entwickelte sich der Ort im vorigen Jahrhundert wirtschaftlich zu einem Handelsplatz mit bedeutenden Holzmärkten.
Weinfest: im Juli

■ Markt Einersheimer Vogelsang
Der Name »Vogelsang« wurde aus der angrenzenden Flur genommen. Vogelsang kann sowohl Vogelgehege wie Vogelfalle meinen.

☐ 28 ha
↑ Süd – West
⁄ 20–50 %
∵ Silvaner, Müller-Thurgau

[B] Gipskeuper
[C] vom Keuperboden geprägtes Bukett
[L] Iphöfer Burgweg

■ Markt Einersheimer Stüblein

Erinnert an eine alte Katastereintragung. Der Volksmund bezeichnet die Lage als Schloßberg.

☐ 6,5 ha
[↑] Süd
[/] 20–40 %
[∵] Müller-Thurgau, Kerner, Faberrebe
[B] Gipskeuper
[C] kräftige, duftige Weine
[L] Iphöfer Burgweg

● Weinerzeuger

Weingut Herbert Gamm,
Mönchsondheimer Straße 4, 97348 Markt Einersheim
[☎] *0 93 26 / 4 87*
☐ *7 ha* [W] *30* *Seit 20 Jahren Selbstvermarkter, Familienbetrieb*

▲ Weinbezogene Gastronomie und Übernachtungsmöglichkeiten

[G] *Gasthaus Zum Roten Roß,*
[**] *Von-Rechteren-Limburg-Straße 20, 97348 Markt Einersheim*
[☎] *0 93 26 / 2 82*

[G] *Gasthaus Zur Sonne,*
[*] *Nürnberger Straße 6, 97348 Markt Einersheim*
[☎] *0 93 26 / 2 22*

Hüttenheim

Die fränkische Dorfgründung erfolgte im 6. Jahrhundert als »Heim des Hiddo«. Hüttenheim wird bereits 750 urkundlich erwähnt. Im 13. Jahrhundert war es Zentrum des Deutschherrenordens, dessen Besitz um 1700 an die Fürsten von Schwarzenberg verkauft wurde.

Früh im 12. Jahrhundert werden bereits ausgedehnte Weinberge in Hüttenheim genannt. An die ehemalige Feudalherrschaft erinnern insbesondere der Ebracher Schultheißenhof und das frühere Schwarzenberger Amtshaus. Beachtenswert ist in Hüttenheim ferner die alte Kirchenburg in der evangelischen Pfarrkirche mit

den darunter befindlichen Kellern und ein Judenfriedhof aus dem 19. Jahrhundert.
Weinfest: Mitte Juni

■ Hüttenheimer Tannenberg

Wie am Steigerwald üblich, ist der Scheitel der rebentragenden Berge mit Wald bedeckt. Hier tritt statt des Laubwaldes die Tanne auf.

- ☐ 75 ha
- [↑] Süd – Südwest
- [/] 25–30 %
- [∵] Müller-Thurgau, Silvaner
- [B] Keuper
- [C] kräftig und bukettreich
- [L] Frankenberger Schloßstück

● Weinerzeuger

Weingut Friedrich Bauer, Haus-Nr. 161,
Hüttenheim, 97348 Willanzheim ☎ *0 93 26/6 74*
☐ *3 ha* [W] *16 Selbstvermarktung seit mehr als 30 Jahren, Probierstube*

Weingut Friedrich Rabenstein, Haus-Nr. 180,
Hüttenheim, 97348 Willanzheim ☎ *0 93 26/3 47*
☐ *3,5 ha* [W] *70 Vollerwerbsbetrieb mit typischen Steigerwald-Weinen*

▲ Weinbezogene Gastronomie

[G] *Landgasthof May, Marktplatz 99,*
Hüttenheim, 97348 Willanzheim ☎ *0 93 26/2 55*

Tiefenstockheim (Ortsteil von Seinsheim)

Von Markt Einersheim über Iphofen, Willanzheim nach Tiefenstockheim: Funde aus der Bandkeramiker- und Hallstattzeit weisen auf eine vorchristliche Besiedelung der Gegend um Tiefenstockheim hin. Seit dem 12. Jahrhundert hatte das Domkapitel Würzburg Besitz und Weinberge am Ort. Bis 1791 gehörte der größte Teil

des Dorfes dann zur domkapitelschen Kellerei Willanzheim. 1978 wurde die Gemeinde nach Seinsheim eingemeindet.
Sehenswert: die katholische Pfarrkirche St. Peter und Paul mit Bildstock hinter der Kirche, zahlreiche Bildstöcke und Hausfiguren im Ort, die Steinbogenbrücke (mit hl. Nepomuk)

■ Tiefenstockheimer Stiefel

Der neue Sammelname »Stiefel« wird von einer alten Lage dieses Namens hergeleitet, die der Form nach an einen Stiefel erinnert.

☐ 1,5 ha

[↑] Südost

[/] 35–40 %

[∵] Müller-Thurgau, Silvaner

[B] Muschelkalk

[C] stoffig, fruchtig, kernig

[L] großlagenfrei

● Weinerzeuger

Weinbau Edgar Röllinger, Hs.-Nr. 50,
Tiefenstockheim, 97342 Seinsheim ☎ *0 93 32 / 49 36*
☐ *0,2 ha Weinbaukleinstbetrieb, Most meist als Bremser vermarktet*

▲ Weinbezogene Gastronomie

[G] *Gasthaus Rotes Roß, Hauptstraße 1,*
Tiefenstockheim, 97342 Seinsheim ☎ *0 93 32 / 17 73*
0,2 ha Weinbau Familie Vollgärtner

Seinsheim

Südlich von Tiefenstockheim ist Seinsheim die Verbindung nach Hütten- und Bullenheim. Der Ort entstand während des fränkischen Landausbaus Ende des 7. Jahrhunderts. Das vor dem Steigerwald idyllisch im hügeligen Ackerland gelegene Dorf hat alle seine Weinberge auf der Steigerwaldseite. Wie sehr die

Seinsheimer immer dem Weinbau verbunden waren, sieht man an dem Weinkeller, der heute noch unter dem Pfarrhaus vorzufinden ist. Das Ortswappen erinnert an das einst hier ansässige Geschlecht derer von Seinsheim.
Unter den in Seinsheim angebauten Rebsorten hat sich der Traminer als Spezialität entwickelt.
Weinfest: Anfang Juni

■ Seinsheimer Hohenbühl

Der Name Bühl bedeutet soviel wie Hügel, hier der etwas höhere Hügel im Vorland des Steigerwaldes. Seinsheim ist Herkunftsort der Grafen Seinsheim und Fürsten Schwarzenberg.

☐ 40 ha

[↑] West

[/] 15–35 %

[∵] Silvaner, Müller-Thurgau, Traminer

[B] Gipskeuper

[C] artiges, boden- und lagengeprägtes Bukett, pikant stoffiger Körper

[L] Frankenberger Schloßstück

● Weinerzeuger

GWF-Weinverkaufsstelle Fam. Michael Schilling,
Frankenstraße 7, 97342 Seinsheim
[☎] *0 93 32 / 58 79 oder 45 15*
[W] *50 Besichtigungen, Weinbergführungen, Edelobstbrände*

▲ Weinbezogene Gastronomie und Übernachtungsmöglichkeit

[G] *Gasthaus Zum Hirschen, Marktstraße, 97342 Seinsheim*
[*] [☎] *0 93 32 / 94 60*

Bullenheim (Ortsteil von Ippesheim)

Bullenheim liegt südwestlich der Steigerwalds am Fuße der mächtigen Weinberghänge des Bollenheimer Berges.

Im Jahre 816 wird Bullenheim im Zusammenhang mit dem Kloster Altmannsdorf bei Markt Bibart erstmals erwähnt. Das ehemalige Schloß der Herren von Schwarzenberg (16. Jahrhundert erbaut) ist nur noch zum Teil erhalten, und zwar Zehnthaus und der Schloßkeller. Große Ausmaße nahm die Rebfläche insbesondere im 18. Jahrhundert an. Heute ist Bullenheim mit einer Rebfläche von 65 Hektar der größte Weinort in Mittelfranken.
Besuchenswert: Ausgrabungen aus der frühen keltischen Zeit am Bullenheimer Berg, Aussichtsturm mit Resten einer alten Kapelle und der Rebsortenlehrpfad inmitten der Lage »Bullenheimer Paradies«, beginnend am Parkplatz (Mitte der Weinberglage) bis zur Hutteneiche.

■ Bullenheimer Paradies

Aus dem einst 22 Einzellagennamen wählte man »Paradies«, ein Wort, das in Franken stets einen Garten oder Weinberg mit gutem Boden und besonderen Erträgen kennzeichnet.

□ 65 ha

[↑] Südwest

[/] 15–50 %

[∵] Silvaner, Müller-Thurgau

[B] Gipskeuper

[C] vom Boden und der Lage besonders gekennzeichnetes Bukett

[L] Frankenberger Schloßstück

● Weinerzeuger

Weinbau Werner Kistner,
Hs.-Nr. 13, Bullenheim, 97258 Ippesheim
[☎] 09339/342
□ 2,5 ha [W] 40 Junger Selbstmarkterbetrieb, Heckenwirtschaft

Weinbau Jörg Volkamer, Bullenheim, 97258 Ippesheim
[☎] 09339/406
□ 2 ha Neuer Selbstmarkter mit Heckenwirtschaft

▲ Weinbezogene Gastronomie und Übernachtungsmöglichkeit

G *Weinstube Mann, Hs.-Nr. 46, Bullenheim, 97258 Ippesheim*
* ☎ *0 93 39 / 6 04*
2 ha Eigenweinbau Fa. Gerhard Mann

G *Weinstube Schmidt,*
Hs.-Nr. 79, Bullenheim, 97258 Ippesheim
☎ *0 93 39 / 4 07*
2,5 ha Eigenweinbau Fam. Werner und Frank Schmidt

G *Gasthaus Traube,*
Hs.-Nr. 64, Bullenheim, 97258 Ippesheim
☎ *0 93 39 / 3 24*

Ippesheim

In Urkunden des Klosters Fulda aus dem frühen 9. Jahrhundert finden sich bereits Weinberge in dem zwischen Bullenheim und Reusch gelegenen Ippesheim. Ippesheim liegt an den südwestlichen Ausläufern des Steigerwalds am Fuße des Frankenberges. Eine Weinbergflurbereinigung hat noch nicht stattgefunden. So bieten die Weinberge noch ein altes Bild: sehr idyllisch in den Taleinschnitten, in ökologischen Nischen, zwischen Wäldchen und Feldgehölz, die sie vor schädlichen Witterungseinflüssen schützen. Mit Bullenheim ist Ippesheim der größte Weinort in Mittelfranken.

■ Ippesheimer Herrschaftsberg

Herrschaftsberg heißt die Lage unter Schloß Frankenberg, dessen Herren einen großen Anteil an der Lage hatten.

□ 45 ha
↑ Südwest
/ 10–40 %
∵ Müller-Thurgau, Silvaner
B Gipskeuper
C typische Keupernote, gehaltvoll
L Frankenberger Schloßstück

● Weinerzeuger

Weinbau Johann Wellmann, Hs.-Nr. 24, 97258 Ippesheim
☎ *0 93 39 / 8 70*
☐ *2 ha* W *50 Nebenerwerbsbetrieb mit Landwirtschaft*

Weinbau Karl Schmidt, Hs.-Nr. 114, 97258 Ippesheim
☎ *0 93 39 / 3 37*
☐ *2 ha* W *35 Neuer Selbstmarkterbetrieb, Heckenwirtschaft*

▲ Weinbezogene Gastronomie

G *Gasthaus »Schloßkeller«, 97258 Ippesheim*
☎ *0 93 39 / 7 40*
Gepflegte Küche in den historischen Räumen des Schlosses Lichtenstein

Weigenheim – Reusch – Schloß Frankenberg

Südöstlich von Ippesheim finden wir Reusch und Weigenheim. Der Ort *Weigenheim* wurde bereits im frühen 9. Jahrhundert erwähnt, die Geschichte der Gemeinde ist eng mit dem Hohenlandsberg verbunden. Weinbau wird urkundlich erstmals im 13. Jahrhundert in Zusammenhang mit dem Kloster Heilsbronn genannt. So wie Weigenheims Geschichte mit dem Hohenlandsberg, ist die Geschichte von *Reusch* mit Burg Frankenberg verschmolzen. Reusch wird erstmals urkundlich 1227 erwähnt. Der Weinbau wird hier 1476 im Lehensbuch der Markgrafen von Ansbach erstmalig genannt.

Weithin sichtbar ist *Schloß Frankenberg* auf der höchsten Erhebung des Steigerwalds, dem Hohenlandsberg. Um das Jahr 1200 entstanden hier zwei Burgen: Hinterfrankenburg ist seit mehr als 500 Jahren nur noch Ruine und Vorderfrankenburg das heutige Schloß Frankenberg. Frankenberg ist ein guterhaltenes Renaissance-Schloß. Jahrhundertelang war es im Besitz der berühmten Familie von Hutten, später der Freiherren von Pölitz, ab 1979 der Freiherren von Lerchenfeld.

■ Weigenheimer Hohenlandsberg

Die Lagenbezeichnung ist auf den 496 m hohen Hohenlandsberg zurückzuführen. Dieser bildet die höchste Erhebung im Steigerwald und den alles überragenden Mittelpunkt in einer von Wäldern geprägten Landschaft.

□ 14 ha
[↑] Süd – Südwest
[/] 15–40 %
[∵] Müller-Thurgau, Silvaner, Bacchus
[B] blaue und grüne Keuper
[C] herzhaft, stark geprägte Frucht, pikante Säure, ausdrucksstark
[L] Frankenberger Schloßstück, Leitgemeinde Weigenheim

■ Reuscher Hohenlandsberg

Siehe Ippesheimer Hohenlandsberg.

□ 16 ha
[↑] Süd
[/] 20–30 %
[∵] Müller-Thurgau
[B] blauer und grüner Keuper
[C] stoffig, fruchtig
[L] Frankenberger Schloßstück

■ Schloß Frankenberg

In Erinnerung an die Burg, früher im Besitz der Würzburger Fürstbischöfe; seit 1979 Eigentum der Freiherren von Lerchenfeld.

□ 42 ha
[↑] Süd – West – Ost
[/] 10–40 %
[∵] Müller-Thurgau, Riesling, Spätburgunder
[B] Gipskeuper
[C] kerniger, stoffiger Wein
[L] Frankenberger Schloßstück

■ Großlage Frankenberger Schloßstück 333,5 ha

Ulsenheimer Huttenberg	8
Markt Nordheimer Hohenkottenheim	6
Weigenheimer Hohenlandsberg	14
Reuscher Hohenlandsberg	16
Hüttenheimer Tannenberg	75
Seinsheimer Hohenbühl	40
Bullenheimer Paradies	65
Ippesheimer Herrschaftsberg	45
Schloß Frankenberg	42
Ergersheimer Altenberg	10
Wiebelsheimer Altenberg	2,5
Obertiefer Rosenberg	5
Ingolstädter Rotenberg	5

● Weinerzeuger

Weingut – Weinverkauf Freiherr Baron von Lerchenfeld, Schloß Frankenberg, 97215 Weigenheim
☎ *0 93 39 / 2 70*
☐ *42 ha Der Weinausbau erfolgt im Weingut Fürst Castell, Castell*

Weinbau Heinrich Weidt, Mönchstraße 8, 97215 Weigenheim
☎ *0 98 42 / 12 82*
☐ *0,7 ha Alteingesessener Weinbaubetrieb, seit 25 Jahren Selbstvermarktung*

Weinbau Karl Kistner, Mönchstraße 16, 97215 Weigenheim
☎ *0 98 42 / 13 81*

Weinbau Walter Gref, Alte Reuscher Straße, 97215 Weigenheim
☎ *0 98 42 / 24 92*

Weinbau Richard May, Marktstraße 7, 97215 Weigenheim
☎ *0 98 42 / 26 82*

Weinbau Friedrich Stahl, Hs.-Nr. 58, Reusch, 97215 Weigenheim
☎ *0 98 42 / 82 20*

Weinbau Karl Hahn, Hs.-Nr. 3, Reusch, 97215 Weigenheim
☎ *0 98 42 / 28 51*

▲ Weinbezogene Gastronomie

G *»Zum Schwarzen Adler«, Hauptstraße, 97215 Weigenheim*
☎ *0 98 42 / 6 01*

G *Gasthaus »Zum Stern«, Brunnenstraße, 97215 Weigenheim*
☎ *0 98 42 / 28 92*

In den Tälern von Aisch, Gollach und Tauber

Vom Steigerwald ins Aischtal

Die Erstausgabe dieses Buches verzeichnet von den nun folgenden Weinorten lediglich Ipsheim und Ergersheim. Dies bezeugt den Neuanfang vieler Winzer in den letzten Jahren in dieser Region.
Nordwestlich von Weigenheim, nördlich der Steigerwaldhöhenstraße die neuen Weinorte *Markt Nordheim, Krassolzheim* (Sugenheim) und *Ingolstadt* (klein, aber fein: mit einer Pfarrkirche von Balthasar Neumann und einem hübschen Rokoko-Altar). Nördlich von Ingolstadt der kleine Weinort *Neundorf* (Sugenheim) mit immerhin 4 Einzellagen des Fürsten zu Castell.
Von Neundorf über Sugenheim und Rüdisbronn hinunter ins Tal der Aisch nach *Kaubenheim* (Ipsheim) und *Ipsheim* mit der Lage »Burg Hoheneck« auf einer 471 Meter hohen Buntsandsteinbank, auf der sich die Hohenzollernburg Hoheneck befindet. *Weimersheim,* unterhalb von Ipsheim, ist der südlichste Ort der Bocksbeutelstraße, die von hier aus über Ipsheim und *Bad Windsheim-Wiebelsheim* zunächst durch das Aisch- und später in nördlicher Richtung ins Gollachtal führt. Nördlich von Bad Windsheim, an einer Seitenstraße, die kleinen Weinorte *Obern-* und *Unterntief* (Bad Windsheim). Westlich von Bad Windsheim schließlich *Ergersheim* und ab Neuherberg in nördlicher Richtung *Ulsenheim* am Anfang der Gollach.

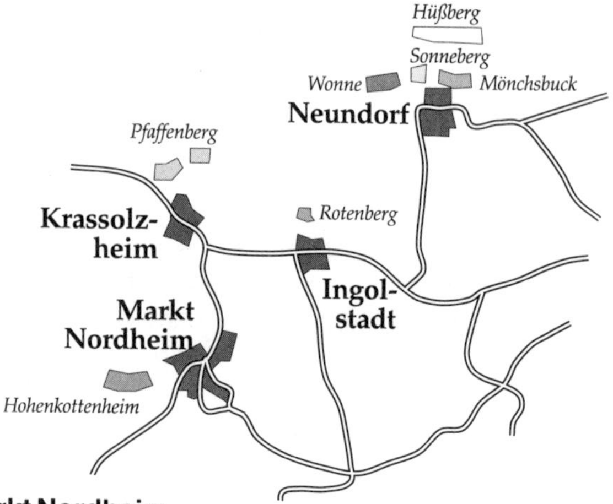

Markt Nordheim

Nordwestlich von Weigenheim liegen Markt Nordheim, Krassolzheim und Ingolstadt. Markt Nordheim und besonders der Ortsteil Kottenheim gelten als die ursprüngliche Heimat der Fürsten von Schwarzenberg, die heute noch als Schloßherren in Scheinfeld ansässig sind. Ursprünglich im Besitz der Ritter von Seinsheim, ging Markt Nordheim im 17. Jahrhundert an die Schwarzenberger Herrschaft. Der Weinbau wurde in Markt Nordheim über die Jahrhunderte hinweg bis heute von vielen Winzern ohne Unterbrechung am Leben erhalten.

■ Markt Nordheimer Hohenkottenheim

Hohenkottenheim war ein Schloß nahe Nordheim, wurde im Bauernkrieg zerstört und nicht wieder aufgebaut. Die Weinberge liegen unterhalb dieser Ruine.

- 6 ha
- Süd
- 30–55 %
- Müller-Thurgau, Silvaner
- Keuper
- stoffig, körperreich, herzhaft
- Frankenberger Schloßstück

● Weinerzeuger

Weinbau Werner Probst, 91478 Markt Nordheim
☎ *0 91 65 / 12 31*
☐ *0,6 ha Nebenerwerb, hauptberuflich Kellermeister*

Weinbau Peter Weichselbaum, 91478 Markt Nordheim
☎ *0 91 65 / 4 55*
☐ *1,2 ha Nebenerwerb*

Krassolzheim (Ortsteil von Sugenheim)
1023 wird Krassolzheim erstmals in einer Urkunde erwähnt. Dieser Ort war ursprünglich im Besitz der Seinsheimer und ging später an das Kloster Michelberg. In der Krassolzheimer Bucht entspringt der nördlichste Quellast der Ehe, die kleine Ehe, die dem Ehegrund mit Sugenheim als Mittelpunkt den Namen gab.

■ Krassolzheimer Pfaffenberg

Alter Katastername, wurde 1991 wieder eingeführt und zeugt von der Verbindung zum Kloster Michelberg.

☐ 5 ha
[↑] Süd
[/] 35 %
[∵] Müller-Thurgau, Bacchus
[B] Gipskeuper
[C] erdig, fruchtsäurebetont
[L] Frankenberger Schloßstück

● Weinerzeuger

Weinbau Friedrich Schäfer,
Hs.-Nr. 55, Krassolzheim, 91484 Sugenheim
☎ *0 91 65 / 2 64*
☐ *0,3 ha Nebenerwerbsbetrieb*

Weinbau Hans Pflüger, Krassolzheim, 91484 Sugenheim
☎ *0 91 65 / 4 89*
☐ *0,6 ha Ökologisch bewirtschaftet*

Weinbau Heinz Kloha, Krassolzheim, 91484 Sugenheim
☎ *0 91 65 / 4 27*
☐ *0,3 ha Nebenerwerb*

▲ Weinbezogene Gastronomie und Übernachtungsmöglichkeit

G *Landgasthof Ehegrund, Hauptstraße 30, 91484 Sugenheim*
** ☎ *0 91 65 / 3 60*

G *Gasthof Schäfer, Krassolzheim, 91484 Sugenheim*
☎ *0 91 65 / 3 77*

Ingolstadt

Ingolstadt, ein kleines Dorf der Krassolzheimer Bucht, liegt verträumt und anmutig abseits der großen Verkehrswege. Seine Ursprünge aber führen tief in die Vergangenheit zurück. Der Ortsname könnte auf eine frühe Thüringer Siedlung hinweisen. Von der Neuenburg bei Ingolstadt, die im 17. Jahrhundert als stolzes Schloß beschrieben wird, sind heute nur noch Bruchsteintrümmer vorhanden.
Sehenswert: katholische Pfarrkirche von Balthasar Neumann mit einem prächtigen Rokoko-Altar

■ Ingolstädter Rotenberg

☐ 8 ha
↑ Süd
/ 15–55 %
∵ Müller-Thurgau, Kerner
B Keuper
C stoffig, blumig
L Frankenberger Schloßstück

● Weinerzeuger

Weinbau Walter Freimann,
Hs.-Nr. 11, Ingolstadt, 91484 Sugenheim
☎ *0 91 65 / 2 10*
☐ *1 ha Weinvermarktung seit 20 Jahren, trockene Weine*

Weinbau Werner Hübner,
Hs.-Nr. 23, Ingolstadt, 91484 Sugenheim
☎ *091 65 / 258*
☐ *0,75 ha*

Neundorf (Ortsteil von Sugenheim)
Es ist ein typisches Straßendorf am Fuße des Steigerwalds. Seinen Namen erhielt der Ort von der 1 Kilometer entfernten Neuenburg. Im 14. Jahrhundert wird er als Besitz der Herren von Limpurg-Speckfeld ausgewiesen. Der Weinbau in Neundorf wurde im 17. Jahrhundert im Ullstädter Salbuch bestätigt. Bekannt wurde Neundorf daneben durch den Hopfenanbau.

■ Neundorfer Wonne
Alte Flurbezeichnung; liegt versteckt am Wald; entstand aus der Mundart »Wunna« für diesen Hang.
☐ 2,5 ha
↑ Südwest
/ 30 %
∵ Silvaner
B Gipskeuper
C kräftig, säurebetont
L Casteller Herrenberg

■ Neundorfer Hüßberg
Alter Flur- und Katastername.
☐ 11 ha
↑ Südwest
/ 20–35 %
∵ Müller-Thurgau, Kerner
B Gipskeuper mit Sandstein
C fruchtig, nachhaltig
L Casteller Herrenberg

■ Neundorfer Sonneberg

Ihren Namen verdankt die Lage ihrer extremen Südrichtung.

- □ 1,5 ha
- ↑ Süd
- / 25 %
- ∵ Silvaner
- B Gipskeuper
- C kräftig, säurebetont
- L Casteller Herrenberg

■ Neundorfer Mönchsbuck

Ebenfalls alter Flurname, zeigt Verbindung zum nahen Kloster Michelberg auf.

- □ 2,5 ha
- ↑ Süd
- / 25–30 %
- ∵ Bacchus
- B Gipskeuper
- C stoffig, kräftig
- L Casteller Herrenberg

● Weinerzeuger

Die Weine aus Neundorf werden vermarktet über:
Weingut Fürst zu Castell, Castell (siehe Castell)

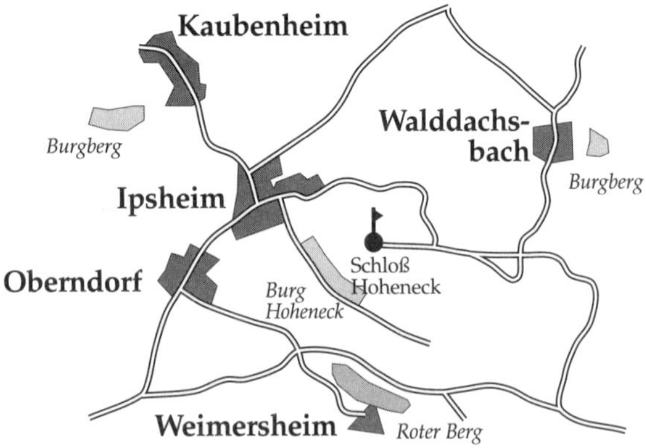

Kaubenheim (Ortsteil von Ipsheim)
Kaubenheim besteht aus zwei Siedlungen. Dies beweisen heute noch die Gotteshäuser, denn Kaubenheim besitzt, obwohl nur ein kleines Dorf, zwei: im Süden des Dorfes die Kirche St. Laurentius, gut 650 Meter südwestlich vom Ort die evangelische Chorturmkirche St. Michael.

■ Ipsheimer Burgberg

Der Wein aus Kaubenheim, vom Kollerberg (365 m hoch), wird unter der Großlage Ipsheimer Burgberg vermarktet.

☐ 5 ha

[↑] Süd

[/] 25 %

[∵] Müller-Thurgau

[B] Muschelkalk

[C] fruchtige, frische Weine

[L] Ipsheimer Burgberg

▲ Weinbezogene Gastronomie

[G] *Gasthaus Zur Krone,*
Haus-Nr. 22, Kaubenheim, 91472 Ipsheim
[☎] *0 98 46 / 7 52*
0,75 ha Eigenweinbau Familie Schürmer

Ipsheim
Bereits 1189 bekam Ipsheim durch den Bischof von Würzburg das Marktrecht verliehen. Ipsheim und die Burg Hoheneck stehen über Jahrhunderte in gegenseitiger Wechselwirkung. Die Burg wurde bei Fehden zwischen den Markgrafen von Ansbach, den Bischöfen von Würzburg und den Burggrafen von Nürnberg zweimal zerstört, aber beide Male wieder aufgebaut.
Der Weinbau läßt sich auch in Ipsheim bis ins Mittelalter zurückverfolgen. Am Südhang, unter der Burg

Hoheneck, stehen schon seit Jahr
berge.
Sehenswert in Ipsheim: zahlreiche al
und die Reste von Burg Hoheneck

■ Ipsheimer Burg Hoheneck

Die Rebanlagen befinden sich am Fuße der 1132 erstmals urkundlich erwähnten Hohenzollernburg »Hoheneck«.

☐ 32 ha
[↑] Südsüdwest
[/] 30 %
[∵] Müller-Thurgau
[B] Gipskeuper
[C] sortentypischer und nachhaltiger Geschmack
[L] Ipsheimer Burgberg

■ Großlage Ipsheimer Burgberg — 50 ha

Weimersheimer Roter Berg	11
Ipsheimer Burg Hoheneck	32

Die Weine aus der Gemeinde Walddachsbach werden unter der Großlagenbezeichnung vermarktet. Ebenso bei den Gemeinden Humprechtsau und Rüdisbronn.

● Weinerzeuger

Weingut Gerhard Trapp, Hauptstraße 20, 91472 Ipsheim
[☎] 0 98 46 / 2 07
☐ 7 ha [W] 20 Größter Weinbaubetrieb in Mittelfranken; vorzugsweise trockene Weine; Ausbildungsbetrieb

Weinbau Hans Strebel, Fischergasse 10, 91472 Ipsheim
[☎] 0 98 46 / 2 98
☐ 3 ha [W] 40 Heckenwirtschaft; Vollerwerbsbetrieb (Ausbau)

Weinbau Herbert Düll, Schützenstraße 15, 91472 Ipsheim
[☎] 0 98 46 / 2 54
☐ 2 ha Engagierter Nebenerwerbswinzer, gepflegte Weine

▲ Weinbezogene Gastronomie und Übernachtungsmöglichkeiten

[G] *Gasthaus Schwarzer Adler, Marktplatz 7, 91472 Ipsheim*
[*] *☎ 0 98 46 / 2 18*

[G] *Gasthaus Goldener Hirsch, Kirchplatz 4, 91472 Ipsheim*
[*] *☎ 0 98 46 / 3 17*
Fischgerichte

[G] *Gasthaus Hohenecker Forst, Eichelberg, 91472 Ipsheim*
[*] *☎ 0 98 46 / 2 60*
Pension, Ferienwohnungen

Weimersheim

Von Ipsheim über Oberndorf nach Weimersheim: Dieser kleine, anmutige, südöstlich von Ipsheim an der mittelfränkischen Bocksbeutelstraße gelegene Weinort wurde in den Urkunden des Stiftes St. Gumbert 1342 erstmals erwähnt, sein Weinbau Ende des 14. Jahrhunderts in den Urkunden des Augustinerklosters zu Windsheim nachgewiesen.
Wie in vielen Orten Frankens faßte der Weinbau auch hier erst nach der Rebflurbereinigung in den 70er Jahren wieder Fuß. Allerdings mit beachtlichem Erfolg: Die Weine aus der Lage »Roter Berg« sind in den letzten Jahren mehrfach hoch prämiert worden.

■ Weimersheimer Roter Berg

Die Lagenbezeichnung »Roter Berg« kommt vom roten, lehmigen Boden, auf dem die Weinberge angelegt sind.

□ 11 ha
[↑] Süd
[/] 30 %
[∵] Müller-Thurgau
[B] lehmiger Ton, Gipskeuper
[C] blumiges Bukett, gute Bekömmlichkeit
[L] Ipsheimer Burgberg

● Weinerzeuger

Wein wird über die GWF vermarktet

▲ Weinbezogene Gastronomie

[G] *Winzerstube Weimersheim,*
Hs.-Nr. 17, Weimersheim, 91781 Weißenburg
☎ 0 98 46 / 5 61
Fränkische Weinstube, Brotzeiten, große Terrasse,
Verkaufsstelle für GWF-Weine

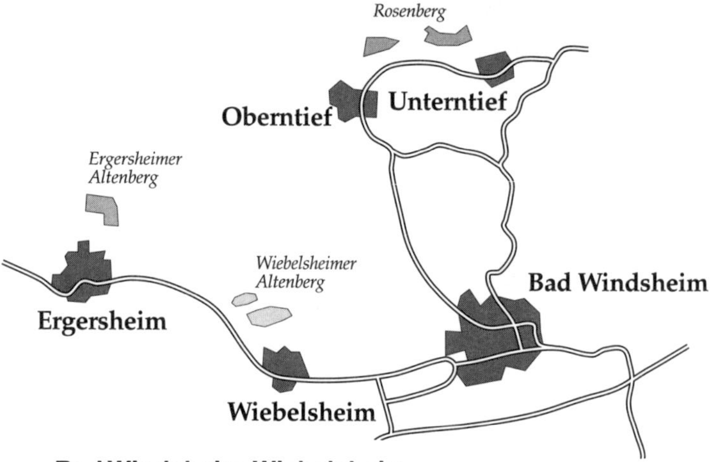

Bad Windsheim-Wiebelsheim

Es wird schon um 1103 in der Urkunde über eine Güterschenkung in Ostfranken an das Kloster Hirsau erwähnt. Schon früh berichten um 1200 Urkunden über den Weinbau in Wiebelsheim. Fränkisches Fachwerk ziert die Gebäude des kleinen Dorfes.

Sehenswert in Bad Windsheim: das Rathaus aus dem 18. Jahrhundert und das Fränkische Freilandmuseum am Südrand der Stadt

»Kulinarischer Herbst«: im Oktober

■ Wiebelsheimer Altenberg

Siehe auch Ergersheimer Altenberg.

□ 2,5 ha

[↑] Süd

[/] 20–30 %

∵	Müller-Thurgau, Silvaner
B	Keuper
C	kräftiges, fruchtiges Bukett
L	Frankenberger Schloßstück

● Weinerzeuger

Weinbau Rudolf Nähr, Wiebelsheim, 91438 Bad Windsheim

☎ *0 98 41 / 44 33*

☐ *0,3 ha Nebenerwerbsbetrieb*

▲ Weinbezogene Gastronomie und Übernachtungsmöglichkeiten

G *Kurhotel – Residenz,*
*** *Erkenbrechtallee 33, 91438 Bad Windsheim*
☎ *0 98 41 / 9 11*

G *Gasthaus Zum Storchen,*
** *Weinmarkt 6, 91438 Bad Windsheim*
☎ *0 98 42 / 20 11*
Historisches Gasthaus aus dem 16. Jahrhundert

Oberntief/Unterntief (Ortsteile von Bad Windsheim)

Im Norden von Bad Windsheim liegen Obern- und Unterntief. Auch sie sind heute Stadtteile von Bad Windsheim. Aus Urkunden des Klosters Lorsch geht hervor, daß Unterntief wohl vor Oberntief gegründet worden sein muß. Beide Orte profitieren von der anmutigen Landschaft am Rande der Bad Windsheimer Bucht.

■ Bad Windsheimer Rosenberg

Seit 1984 eingetragen; erinnert an ein Augsburger Adelsgeschlecht, das hier Besitzungen hatte; alter Katastername. Im Oberntiefer Rosenberg befinden sich auch die Weinberge von Unterntief.

☐	5 ha
↑	Süd – Südwest
⁄	15–35 %

[∵] Bacchus, Kerner, Silvaner
[B] lehmiger Ton, Keuper
[C] typische Keuperweine
[L] Frankenberger Schloßstück

● Weinerzeuger

Der Bad Windsheimer Rosenberg wird vermarktet über:
Weingut Gerhard Trapp (siehe Ipsheim)

▲ Weinbezogene Gastronomie

[G] *Weinstube Müller, Unterntief, 91438 Bad Windsheim*
[☎] 0 98 41 / 25 63
0,5 ha Eigenweinbau Familie Hermann Müller

Ergersheim

Ein klein wenig nordwestlich von Bad Windsheim liegt der mittelfränkische Weinort Ergersheim. Die Bildung des Ortsnamens führt man auf das alte »Heim der Hariger« zurück. Wie auch immer: Schon im 9. Jahrhundert werden in einer Schenkungsurkunde an das Kloster Fulda der Ort und die Weinberge erwähnt.
Sehenswert in Ergersheim: hübsche alte Häuser und besonders die evangelische Pfarrkirche St. Ursula mit einem gelungenen Flügelaltar

■ Ergersheimer Altenberg

Altenberg wurde die Lage genannt, als eine Neuanlage in der Flur entstand. Die Bezeichnung kommt nicht vom lat. altus = hoch, denn auf allen Gemarkungen mit Altenberg findet sich auch Neuberg.

[□] 10 ha
[↑] Süd
[/] 25–35 %
[∵] Müller-Thurgau, Bacchus
[B] Keuper

[C] kräftiges Aroma, fruchtig, pikant, gehaltvoll
[L] Frankenberger Schloßstück

● Weinerzeuger

Weinbau Hans Düll, Haus-Nr. 85, 91465 Ergersheim
☎ *0 98 47 / 5 85*
☐ *0,5 ha Nebenerwerbsbetrieb mit Landwirtschaft*

Weinbau Martin Grötsch, Haus-Nr. 120, 91465 Ergersheim
☎ *0 98 47 / 2 77*
☐ *0,4 ha Nebenerwerbsbetrieb, auch Rotweine*

Weinbau Hellmut Herrmann, Haus-Nr. 30, 91465 Ergersheim
☎ *0 98 47 / 2 30*
☐ *0,4 ha Nebenerwerbsbetrieb mit Landwirtschaft*

▲ Weinbezogene Gastronomie und Übernachtungsmöglichkeit

[G] *Gasthaus Zum Roß, 91465 Ergersheim*
[*] ☎ *0 98 47 / 2 03*
0,5 ha Eigenweinbau Familie Hofmann

Vom Tor des Gollachgaus ins Tauberland

Noch einmal – wie zuvor bei unserer weintouristischen Reise entlang der Südspitze des Maindreiecks – berühren wir jetzt Teile des Landkreises Ochsenfurt, dessen schmaler, südlicher Grenzstreifen in der Epoche der fränkischen Gauverfassung aus Teilen des Gollach- und des Taubergaues bestand. Daraus resultiert noch heute der kleine Anteil Unterfrankens am Taubertal mit Tauberrettersheim, Röttingen und Tauberzell.
Von *Ulsenheim,* das auch »Tor zum Gollachgau« genannt wird, auf der Bocksbeutelstraße nach dem reizvoll an der Gollach gelegenen *Aub.* Oberhalb der Gollach auf der Bocksbeutelstraße von Aub aus durch Baldersheim und Burgerroth ins idyllische Tal der Tauber, wo sich drei landschaftlich und kulturell reizvolle Weinregionen berühren, nämlich Baden, Württemberg und Franken. Dort erwarten uns in der Nähe von Weikersheim *Tauberrettersheim* und *Röttingen.* Der Tauber entlang auf der Romantischen Straße durch Bieberehren, wo Gollach und Steinach in die Tauber münden, nach *Tauberzell* (Adelshofen), wo der Weinbau 1984 einen Neuanfang erlebte.
Und nur eine kleine Wegstrecke südlich – unterhalb unseres letzten Weinortes in Franken – erwartet uns ein weltbekanntes historisches Kleinod: Rothenburg o. d. Tauber mit seinem wohlerhaltenen, kostbaren mittelalterlichen Stadtbild.

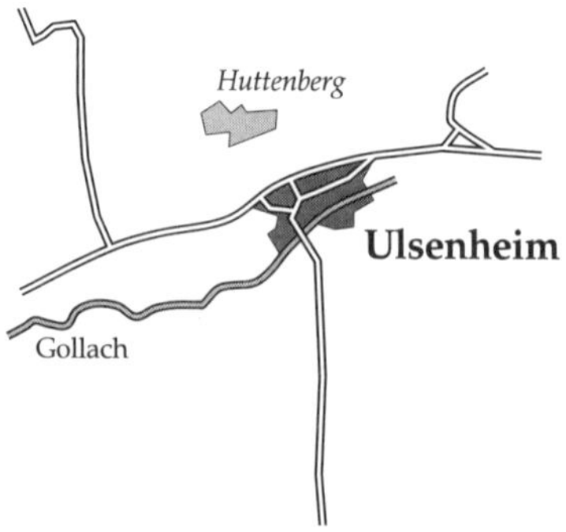

Ulsenheim

Kurz hinter Ulsenheim (»Das Tor zum Gollachgau«), unweit der Steigerwald-Höhenstraße, entspringt das Flüßchen, das dieser Gegend seinen Namen gab. Der Gollachgau ist ein fruchtbares Lößgebiet, das die Gollach durchfließt, bevor sie dann schließlich unweit des Weinortes Röttingen bei Bieberehren in die Tauber mündet. Lange Zeit war auch Ulsenheim den Fürstbischöfen von Würzburg untertan, bevor es in den Besitz der Herren von Seinsheim fiel. Seit Jahrhunderten pflegten die Ulsenheimer den Weinbau. Und sie sind ihm treu geblieben, obwohl auch sie um die Jahrhundertwende mit Rebkrankheiten große Probleme hatten.

■ Ulsenheimer Huttenberg

Ein alter Flurname, er erinnert an die Ritter von Hutten auf dem nahen Frankenberg, die einige Zeit Untertanen in Ulsenheim hatten.

☐ 8 ha

[↑] Südwest

[/] 15–45 %

[∵] Müller-Thurgau, Bacchus

[B] Keuper

[C] erdig, frisch, kräftig

[L] Frankenberger Schloßstück

● Weinerzeuger

Weinbau Friedrich Bergmann,
Hs.-Nr. 15, Ulsenheim, 91478 Markt Nordheim
[☎] *098 42 / 14 73*
☐ *0,75 ha Nebenerwerb; Landwirt*

▲ Weinbezogene Gastronomie und Übernachtungsmöglichkeit

[G] *Gasthaus Schwarzer Adler,*
[**] *Hs.-Nr. 52, Ulsenheim, 91478 Markt Nordheim*
[☎] *098 42 / 82 06*
0,3 ha Eigenweinbau Familie Mayer

Aub

Wie Ulsenheim liegt auch Aub idyllisch im Gollachtal, etwa 15 Kilometer südlich von Ochsenfurt ganz in der Nähe des Taubertals. 1275 wurde Aub erstmals in einer Urkunde des Benediktinerklosters St. Burkard in Würzburg erwähnt. Das Schloß wurde zur Zeit Julius Echters von 1580 bis 1620 als fürstbischöfliches Jagdschloß errichtet. Gut erhalten ist die alte Stadtbefestigung rund um Aub. Das spätgotische Rathaus zeigt noch einen mittelalterlichen Pranger mit Halseisen. *Sehenswert* auch: die kostbare hölzerne Kreuzigungsgruppe, die Tilman Riemenschneider zugeschrieben wird, ferner die Ruine Reichelsberg, 1 Kilometer südwestlich von Aub

■ Auber Lämmerberg

Alter Katastername, steht vermutlich in Zusammenhang mit dem Kloster Heilsbronn und den Markgrafen von Ansbach. Seit altersher Weinbau.

☐ 0,3 ha

[↑] Südwest

[/] 15–20 %

[∵] –

[B] Muschelkalk

[C] –

[L] großlagenfrei

● Weinerzeuger

Weinkellerei Kilian Böhm KG, 97239 Aub ☎ *0 93 35 / 2 03*

▲ Weinbezogene Gastronomie und Übernachtungsmöglichkeit

G *Gasthaus Goldenes Lamm, Marktplatz 6, 97239 Aub*
* ☎ *0 93 35 / 6 50*

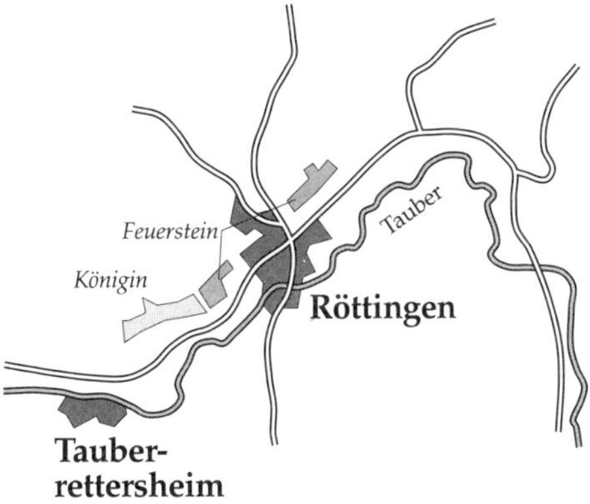

Tauberrettersheim

Ganz in der Nähe von Weikersheim liegt oberhalb des badischen Bereichs am Südufer des Mainvierecks der fränkische Weinort Tauberrettersheim.

Aus dem 17. Jahrhundert erfahren wir von einem regen Weinbau in Tauberrettersheim. Um 1800 waren hier 112 Hektar mit Reben bepflanzt. Am Ende des Zweiten Weltkriegs waren es gerade noch 20 Hektar. Heute wird der Weinbau nur noch von Familien betrieben, die in der Gebietsgenossenschaft Franken Mitglied sind.

Sehenswert: die barocke Brücke des Würzburger Hofbaumeisters Balthasar Neumann

Weinfest: Ende Mai

■ Tauberrettersheimer Königin

Am Gipfel der Weinberge steht ein kleines Tannenwäldchen, das den Namen Königin trägt. Nach der Rebflurbereinigung 1970 wurde die gesamte Weinlage so genannt.

☐ 45 ha

⊡ Süd

⊡ 30 %

⊡ Müller-Thurgau

B Muschelkalk

C vollblumig, herzhaft, halbtrocken

L großlagenfrei

● Weinerzeuger

GWF-Weinverkaufsstelle Tauberrettersheim, Fam. Heck, Hofriederstraße 19, 97285 Tauberrettersheim
☎ *0 93 38 / 5 12*

▲ Weinbezogene Gastronomie und Übernachtungsmöglichkeiten

G * *»Zum Hirschen«, Mühlenstraße 1, 97285 Tauberrettersheim*
☎ *0 93 38 / 3 22*

G * *»Krone«, Mühlenstraße 6, 97285 Tauberrettersheim*
☎ *0 93 38 / 4 12*

Röttingen

Röttingen, idyllisch im Taubertal zwischen Weikersheim und Creglingen gelegen, wurde urkundlich erstmals 1103 genannt. Ludwig der Bayer verlieh dem Ort 1336 die Stadtrechte. Wenige Jahre später ging die Lehensherrschaft vom Kloster Fulda an das Hochstift Würzburg über. Röttingen ist seit Jahrhunderten ein Weinbauort.

Sehenswert: die Ummauerung der alten Stadt, von der insbesondere die Wehrtürme und der sogenannte Hundesheimer Torbogen noch erhalten sind; die Stadtpfarrkirche und die St.-Georgs-Kapelle aus dem 16. Jahrhundert

Museumsweinberg und *Archäologischer Weinwanderweg*
Röttinger Festspiele: alljährlich Juli/August im Hof der Burg Brattenstein

■ Röttinger Feuerstein

Übernahme aus der ehemaligen Flurbezeichnung Feuerstein. Das Feuersteinvorkommen des Berges soll, laut Überlieferung, die umliegenden Ortschaften versorgt haben.

☐ 30 ha
[↑] West
[/] 30–50 %
[∵] Müller-Thurgau
[B] schwere Muschelkalkböden
[C] extraktreiche, intensiv schmeckende Weine
[L] großlagenfrei

● Weinerzeuger

GWF-Weinverkaufsstelle Röttingen, Familie Otto Wiehl,
Untergasse 25, 97285 Röttingen
☎ 0 93 38 / 10 88

Weinbau und Weinkellerei Friedrich Beck,
Rothenburger Straße 19, 97285 Röttingen
☎ 0 93 38 / 10 04
☐ 15 ha [W] 15 Der Schwerpunkt des Betriebes liegt auf Weinhandlung bzw. Weinkellerei, traditionsreiche Weinhandelsfamilie seit 1704

Weingut Gerald Poth, Würzburger Straße 3, 97285 Röttingen
☎ 0 93 38 / 3 32
☐ 6 ha [W] 40 Selbstvermarktung seit 30 Jahren; gepflegte Weine vom Zechwein bis zur Rarität

▲ Weinbezogene Gastronomie und Übernachtungsmöglichkeit

[G] [*] *Restaurant Hotel Rebstöckl,*
Rothenburger Straße 2, 97285 Röttingen
☎ 0 93 38 / 45 31

[G] *Restaurant Frankenstuben,*
Rothenburger Straße 33, 97285 Röttingen
☎ 0 93 38 / 4 37

G Weinstube Zum Feuerstein, Untergasse 25, 97285 Röttingen
☎ 0 93 38 / 10 88

G Weinstube Deppisch, Taubergasse, 97285 Röttingen
☎ 0 93 38 / 5 13

G Weinstube Zur Heckenwirtschaft,
Herrenstraße, 97285 Röttingen
☎ 0 93 38 / 4 13

Tauberzell (Ortsteil von Adelshofen)
Fährt man von Röttingen kommend taubertalaufwärts, dann sieht man die Reben von Tauberzell.
Insgesamt 14 Hektar altes Rebland wurde 1984 neugeordnet und wiederaufgebaut und somit vor dem drohenden totalen Verfall gerettet. Mit 350 bis 400 Meter über NN sind die Weinberge im Grenzbereich des fränkischen Weinbaues. Die Lage des Berghanges in bezug auf die Einfallsrichtung der Sonnenstrahlen ist außerordentlich günstig. Schon im 13. Jahrhundert hatte Tauberzell den typischen Charakter eines Häckerdorfes. Die Weinbergflur erstreckte sich auf der Sommerseite des Tales von Markungsgrenze zu Markungsgrenze und wies nicht weniger als 76 Lagennamen auf.

■ Tauberzeller Hasennestle

Urkundlich nachweisbar in den Salbüchern des Chorherrenstiftes Herrieden bei Ansbach; aus dem Bereich der Tierwelt, Südhänge, auf denen sich die Hasen gerne aufhalten.

☐ 14 ha

[↑] Südwest

[/] 40–70 %

[∵] Müller-Thurgau, Bacchus

[B] Muschelkalk, flachgründiger Kalkmergel

[C] herzhafte, feine, harmonische Weine von besonderer Art

[L] großlagenfrei

● Weinerzeuger

Weinverkaufsstelle der Gebietswinzergenossenschaft Franken, Fritz Kaufmann, Hs.-Nr. 19, Tauberzell, 91587 Adelshofen
☎ 0 98 65 / 8 20

▲ Weinbezogene Gastronomie

[G] *Weinstube »Hirtenscheune«*
☎ 0 98 65 / 8 56 oder 5 88

In der Oberpfalz

Die Regensburger Weininsel

Um 770 bezeichnete der Freisinger Bischof Aribo in seinen Lebensbeschreibungen des hl. Korsinian und des hl. Emmeram Bayern als »reich an Wäldern, wohlversehen mit Wein . . .« und meinte damit nachweislich auch das Regensburger Hinterland. Dorthin hatten die Römer den Weinbau gebracht, und die Methoden des An- und Ausbaus dürften weitgehend römischem Geschmack und römischer Tradition entsprochen haben.

In den folgenden Jahrhunderten wurden vor allem die bayerischen Klöster oftmals mit Weinbergen dotiert, so zum Beispiel das Kloster Emmeram in Regensburg 896 mit Weinbergen in Winzer, Bach und Kruckenberg durch Kaiser Arnulf und 1055 die Kirche in Eichstätt durch Kaiser Heinrich III. durch Weinberge in Winzer.

Seinen Höhepunkt erlebte der Weinbau im Umkreis von Regensburg im 15. und 16. Jahrhundert, wo sich damals an den Hängen der Donau Weinberg an Weinberg reihte.

Im frühen 17. Jahrhundert ging der Weinbau in der Regensburger Gegend stark zurück. Erst im frühen 19. Jahrhundert sanierten einige Winzer unter Anleitung des aus Baden-Württemberg kommenden Christian Friedmann ihre Techniken im An- und Ausbau, sanierten ihre Böden, terrassierten die Steilhänge und pflanzten wieder neue Anlagen – »mit 30000 Stöcken der edleren Sorten Muskateller, Silvaner und Gutedel«, wie der Schriftsteller und Weinhändler Andreas Ehl in seinem Essay »Im Weinberg des Herrn – Weinbau an der Donau bei Regensburg« berichtet. 1839 gab es wieder 176 Hektar Rebflächen.

Ab 1906 fiel der Regensburger Weinbau – wie auch andernorts in Deutschland – fast vollständig der Peronospera, einer rätselhaften Pilzerkrankung, zum Opfer. Von 1906 bis 1915 ging die Rebfläche von 50 auf 5 Hektar zurück. 1921 gab es nur noch 2 Hektar Rebfläche. Seit 1970 haben die Rebflächen wieder auf insgesamt etwa 4 Hektar zugenommen. Ein besonderes Verdienst daran haben der verstorbene Dr. Johannes Rieß (Weingut Dr. Rieß) und der Hobby-Winzer Johannes L. Bierwolf, letzterer auch bekannt geworden durch ökologischen Weinbau mit natürlicher Düngung, umweltfreundlichen Pflanzenschutz und »penible Sorgfalt bei Ernte, Kelter und Vinifikation« (Andreas Ehl). Die Jahresproduktion Herrmann L. Bierwolfs beträgt immerhin im Schnitt 1000 0,7-Liter-Flaschen Regensburger Landweins. In unseren Tagen sind die Regensburger Weine eine Rarität und eine liebenswürdige Besonderheit. In 15 Betrieben bei *Regensburg, Bach, Donaustauf, Kruckenberg* und in *Pentling* wird also auch im Bereich der Oberpfalz Weinbau betrieben. Es handelt sich dabei zumeist um weiße, ertragsreiche und früh reifende Rebsorten wie Müller-Thurgau, Bacchus, Kerner, Elbling und als einzige Rotweinrebe die Domina. (Ausführlicher hierzu: Andreas Ehl, Im Weinberg des Herrn – Weinbau an der Donau bei Regensburg, in: »Landkreis Regensburg«, Mittelbayerische Druckerei- und Verlagsgesellschaft, Regensburg 1993.)

Potentielle nicht bestockte Fläche ca. 0,60 ha. An Rebsorten sind im Anbau und werden als »Regensburger Landwein« vermarktet:

Rebsorte	Ertragsrebfläche	Prozent
Müller-Thurgau	2,23 ha	66,9
Bacchus	0,12 ha	3,6
Kerner	0,002 ha	0,1
Perle	0,18 ha	5,4
Elbling	0,34 ha	10,2
Gem. Satz	0,41 ha	12,3
Domina	0,053 ha	1,5
Gesamt:	3,335 ha	100,0

Quelle: Regierung von Unterfranken

Winzer

Der Ort hat ca. 600 Einwohner. Urkundlich erstmals erwähnt wurde er um 700. 1357 fiel die Feste Winzer an das Rittergeschlecht der Kuttenauer. Nach mehrmaligem Besitzwechsel wurde sie im 30jährigen Krieg vollkommen zerstört. Weinbau in Winzer bis etwa 1820. 1913 wurde in Regensburg-Winzer eine Beobachtungsanstalt für Reben eingerichtet. Betreiber war der Landesinspektor für Weinbau in Bayern, Dern. Zur Einsetzung kamen vor allem reblausresistente, amerikanische Züchtungen. 1950 begann der Arzt Dr. Hanns Rieß erneut mit dem Weinbau in Winzer.

● Weinerzeuger

Dr. med. Hanns Rieß, Kagererweg 6, 93059 Regensburg
☎ *09 41 / 8 51 22*
☐ *0,45 ha Trocken ausgebauter Müller-Thurgau*

Johann L. Bierwolf, Nürnberger Straße 250, 93059 Regensburg
☎ *09 41 / 89 73 37*
☐ *0,15 ha Trocken ausgebaute Bacchus-, Müller-Thurgau- und Domina-Weine*

Hermann Merkl, Nürnberger Straße 310, 93059 Regensburg
☎ *09 41 / 8 47 50*
☐ *0,15 ha Trocken ausgebaute Müller-Thurgau- und Kerner-Weine*

Dr. Helmut Peez, Nürnberger Straße 326, 93059 Regensburg
☎ *09 41 / 8 57 27*
☐ *0,10 ha Trocken ausgebauter Müller-Thurgau-Wein*

Donaustauf

Donaustauf hat 3643 Einwohner. Der Ort war 927 eine bischöfliche Gründung mit Weinanbau für seine geistlichen Stellen. Später fiel er an Herzog Albrecht von Bayern, der sämtliche Weingärten als Lehen vergab. Es handelte sich um sogenannte »Dritteilerweingärten«, zwei Drittel mußten dem Herzog abgegeben werden, ein Drittel verblieb dem Inhaber für Arbeit und Ausbau. Heute ist in Donaustauf nur noch ein Weinberg in Betrieb, der jedoch nur für private Zwecke genutzt wird. Es handelt sich dabei um eine Parzelle mit 12 Ar.

● Weinerzeuger

Weinbau Toni Merkl, 93093 Donaustauf (Wohnung)
☎ *0 94 03 / 14 28*
☐ *0,16 ha Flaschenverkauf*

Bach

Bach hat 800 Einwohner. 896 bedachte Kaiser Arnulf das Kloster St. Emmeram in Regensburg mit einer Schenkung von 40 Weinbergen, wozu auch die Weinberge von Bach gehörten. Um 1590 besaßen die Mönche von St. Emmeram außer in Regensburg und Bach Weingärten in Kruckenberg, Pentling, Steinweg und Winzer. Damals tranken die Emmeramer Mönche und ihre Dienerschaft in 40 Wochen ca. 360 Eimer. Das sind 25 200 Liter, täglich also etwa 90 Liter.

● Weinerzeuger

Weinbau Konrad Heitzer,
Obere Bachgasse 5, 93090 Bach an der Donau
☎ *0 94 03 / 21 58*
☐ *0,25 ha Eigene Weinstube*

Weingut Wilhelm Eibl, Am Sauberg, 93090 Bach an der Donau
☎ *0 94 03 / 6 06*
☐ *0,25 ha Eigene Weinstube*

Anna Stadler, 93090 Bach an der Donau
☎ *0 94 03 / 3 62*
☐ *0,55 ha Weinstube »Zum Bacherer«*

Bezugsquelle für Regensburger Landwein:
Fa. Weinberger, Hauptstraße 71, 93090 Bach an der Donau
☎ *0 94 03 / 39 77*

Kruckenberg

Kruckenberg hat 300 Einwohner. Der Ort gehörte früher zu Bach an der Donau und zu Donaustauf. 896 bedachte Kaiser Arnulf bei seiner Schenkung das Kloster Emmeram in Regensburg auch mit dem Gebiet von Kruckenberg. Das Kloster Emmeram verbesserte die Weinberge u. a. durch das Heranschaffen von neuer Erde.

● Weinerzeuger

Weingut Josef Heitzer,
Kruckenberg 56, Kruckenberg, 93109 Wiesent
☎ *0 94 82 / 30 90*
☐ *0,55 ha Eigene Weinstube mit Übernachtungsmöglichkeit*

Weingut Berta Riedl,
Kruckenberg 62, Kruckenberg, 93109 Wiesent
☎ *0 94 82 / 16 83*
☐ *0,42 ha Eigene Weinstube »Zum Kruckenberger«*

Pentling

Pentling hat 4950 Einwohner. Der Ort wurde urkundlich erstmals 1070 erwähnt als Wohnort der Pentlinger, womit Dienstleute des Klosters St. Emmeram in Regensburg gemeint waren. Weinbau seit dem 14. Jahrhundert. Nach dem 30jährigen Krieg hatte der Ort nur noch 12 Einwohner. Heute ist Pentling in einer Verwaltungsgemeinschaft vereinigt mit dem Ort Krachtelfing.

● Weinerzeuger

Weinerzeugung nur noch für den privaten Verbrauch

Das repräsentative Rathaus von Großheubach
im schmucken Fachwerkbau

Weingastland Mainfranken

Weinseminare

Um Einblick und gleichzeitig Fortbildung in Sachen Wein zu bekommen, sind *die Frankenwein-Seminare* eine geeignete Veranstaltung. Nach wie vor erfreuen diese sich großer Beliebtheit. So führt die Gebietsweinwerbung Frankenwein – Frankenland unter dem Titel »Genießen und informieren« weinkulturell-kulinarische Weinseminare durch. Im Mittelpunkt stehen informative Weinproben, Menüs in besten Restaurants, fachkundige Reiseleitung und Exkursionen zu den Zentren des Weintourismus. Informationen über die Gebietsweinwerbung Franken, Postfach 5764, 97070 Würzburg.
»Heiteres Wein-Wochenende«, so betitelt das Fremdenverkehrsamt der Stadt Volkach seine Weinseminare. Das Programmangebot beinhaltet u. a. einen Weinquizabend, Besuch bei einem Winzer, Empfänge in Rathäusern und einen Wein-Tanzabend. Infos übers Verkehrsamt, Rathaus, 97332 Volkach.

Weinlehrpfade und Weinwanderwege

In dem 1990 erschienenen Buch »Weinfranken«* stehen folgende Sätze:

> *»Das Erleben einer Weinregion gibt die Chance bewußterer Lebensführung, eines intensiveren Lebens, als in der Hektik des Alltags möglich ist. Denn Sehen und flüchtige Bekanntschaft genügen nicht, man muß ein Weinland erleben, schmecken, sich mit ihm auch innerlich vereinigen. Das gibt erst eine Dauerbeziehung abseits der kurzatmigen Touristenströme.«*

* *Freihold, Griebel, Weisensee, Weinfranken, Mainz 1990*

Dieses Buch mit seiner Aufgliederung der Weinorte samt ihrer Einzellagen in einzelne Etappen möchte es den Freunden der Weinregion Franken erleichtern, zu ihr eine tiefere Beziehung zu gewinnen. Dazu dient ganz gewiß auch der Besuch des einen oder anderen Weinwanderweges oder Weinlehr- bzw. Rebsortenlehrpfades in den schönsten Weinlandschaften Frankens.

Weinlehrpfad Abtswind

Der erste bayerische Weinlehrpfad wurde 1971 in Abtswind am Steigerwald eröffnet und ist von der Autobahn Würzburg–Nürnberg, Ausfahrt Wiesentheid, über Castell-Rüdenhausen zu erreichen, 4 km. Auf 18 Tafeln in Form von Weinrömern und auf zwei nachgebildeten Faßböden wird in Versform über die Arbeiten des Winzers, die Rebsorten und all das, was mit dem Weinbau zusammenhängt, Auskunft gegeben. 22 Schilder mit Quizfragen sind im Verlauf des Lehrpfades aufgestellt, und kurz vor Ende steht eine große Tafel, auf der die Quizfragen mit den Antworten enthalten sind. In unmittelbarer Nähe davor befindet sich auch ein Lehr-Weinberg. Auf der Höhe hat man einen guten Rundblick über die ganze Steigerwaldkette und die Mainschleife. *Nähere Auskünfte und Betreuung* der Gäste übernimmt der Heimat- und Fremdenverkehrsverein in 97355 Abtswind. Tel. 09383/300.

Steinweinpfad Würzburg

Der in der historischen Reihenfolge zweite Weinwanderweg Frankens, der Würzburger Steinweinpfad, verläuft, wie die Grafik zeigt, durch eine der bekanntesten deutschen Weinberglagen, den »Würzburger Stein«. Dieser Informations- und Erholungsweg von ca. 4,2 km Länge bietet den Weinfreunden einen herrlichen Panoramablick über die idyllisch gelegene, weinromantische Hauptstadt des Frankenweins.
Auf zahlreichen Schautafeln bietet der Steinweinpfad wichtige Informationen zum fränkischen Weinbau,

Erläuterungen der verschiedenen Rebsorten und Musterweinberge. Daneben laden aber auch mehrere Ruhebänke, drei Schutzhütten und viele Weinbergplastiken zum Verweilen ein.
Dem Flair und dem Fluidum von Würzburg erlagen nicht nur Generationen von Studenten, sondern viele bedeutende Wissenschaftler und Künstler. Vom Steinweinpfad aus, mit seinem schönen Blick auf Würzburg und das Maintal, kann man die Faszination all dieser Menschen erahnen und nachempfinden.
Prospekt über den Steinweinpfad Würzburg: Frankenwein – Frankenland e.V., Postfach 5848, 97070 Würzburg, Tel. 0931/12093.

Weinwanderweg »Schloßberg und Leiste«

Am 27. Oktober 1989 wurde dieser Weinwanderweg von der Stadt Würzburg und der Bayerischen Landesanstalt für Weinbau und Gartenbau als ein Beitrag zu »Mehr Natur im Weinberg« eröffnet.
Jeder Besucher kennt den herrlichen Blick von Würzburg aus über den Main hinauf zur renovierten Festung Marienberg und an den Hängen zu ihr hinauf die Weinberglagen »Schloßberg« und »Leiste«.
Jetzt können die Wanderer und Weinfreunde umgekehrt aus diesen Rebflächen heraus auf Main und Stadt hinübersehen. Auch hier kann man sich entlang der Wege mittels Schautafeln über Geschichte, Natur und Weinbau informieren. Und für manchen mag es interessant sein, daß er sich hier inmitten der Weingüter des Juliusspitals, des Bürgerspitals und des Staatsweingutes Würzburg befindet.
Sonderprospekt zum Weinwanderweg »Schloßberg und Leiste«: Gebietsweinwerbung Frankenwein-rankenland e.V. Postfach 5848, 97070 Würzburg 1, Tel. 0931/12093

Der fränkische Rotweinwanderweg

Gesamtlänge 50 km von *Großwallstadt* über *Obernburg, Elsenfeld, Erlenbach, Klingenberg, Großheubach und Miltenberg* nach *Bürgstadt*
Der Wanderweg bietet dem Weinfreund ausgewählt schöne Wegstrecken durch Rebanlagen, auf Wiesenpfaden sowie Feld- und Waldwegen. Die Benutzung verkehrsreicher Straßen wurde weitgehend vermieden. Dafür berührt die Route überall die örtlichen Rebanbaugebiete und bietet Informationsmöglichkeiten über Weinbau und Rebkultur.

Der Wanderweg ist unterteilt in 5 Teilstücke:

Teilstück I, ungefähr 12,5 km
Von Großwallstadt (Parkplatz an der ehem. Fähre) über die Rebanlagen »Lützelthal«, »Lützelthaler Berg« und »Pilztal nach Obernburg«. Von hier aus über den Main nach Elsenfeld.

Teilstück II, ungefähr 13,5 km
Von Elsenfeld durch die Lagen »Schalk« und »Jesuitenberg« durch Schippach nach Erlenbach.

Teilstück III, ungefähr 6,5 km
Von Erlenbach auf dem Hohbergweg durch die Lage »Hochberg« nach Klingenberg und von dort aus durch die Lage »Schloßberg« nach Röllfeld.

Teilstück IV, ungefähr 8 km
Von Röllfeld aus an der Lage »Lüst« vorbei und durch die Lage »Bischofsberg« nach Großheubach.

Teilstück V, ungefähr 10 km
Von Großheubach durch den Großheubacher Weinlehrpfad und die Lage Bischofsberg nach Miltenberg über die Mainbrücke und am Main entlang nach Bürgstadt. Von hier aus über einen Weg durch die alten Weinberge mit Blick in das Erft- und Maintal und auf Bürgstadt, Miltenberg, Kleinheubach und Rüdenau. Danach Rückweg nach Bürgstadt.

Ausführliche Broschüre mit Wegbeschreibung, Kartenausschnitten und weiteren Informationen bei Tourist-Information, Brückenstraße 2, 63897 Miltenberg, Tel. 09371/501-302

Der Volkacher Ratsherrn-Rebsortenweg

Etwa auf halbem Wege zwischen Schweinfurt und Kitzingen, wo sich in den Dörfern an der Mainschleife anheimelnde Romantik entfaltet, wo sich Weinberg an Weinberg reiht, wurde am 18. Juli 1992 in Volkach der »Ratsherrn-Rebsortenlehrpfad« eingeweiht. Er ist etwas ganz Besonderes; denn als Wanderweg durch ein nicht flurbereinigtes Gebiet ist er zunächst einmal ein Naturlehrpfad.

Weitere Weinlehrpfade und Weinwanderwege in Franken:

Großheuberg: Weinlehrpfad
Info: Verkehrsbüro, Tel. 09371/5321

Homburg am Main: Weinwanderweg
Info: Gemeinde Markt Triefenheim, Tel. 09395/253

Karlstadt: Naturlehrpfad
Info: Verkehrsverein Karlstadt, Tel. 09353/8275

Retzbach: Naturlehrpfad
Info: Verwaltungsgemeinschaft Zellingen,
Tel. 09364/1012

Randersacker: Weinlehrpfad
Info: Gemeinde, Tel. 0931/708282

Theilheim: Wein- und Naturwanderweg
Info: Gemeinde, Tel. 09303/222

Sommerach/Main: Rebsortenlehrpfad
Info: Gemeinde, Tel. 09381/1229

Sulzfeld: Rebsortenweg
Info: Gemeinde, Tel. 09321/5474

Dettelbach: Weinwanderweg
Info: Verkehrsamt, Tel. 09324/30412

Nordheim: Weinsortenlehrpfad
Info: Gemeinde, Tel. 09381/866

Rödelsee: Naturlehrpfad
Info: Gemeinde, Tel. 09323/3443

Bullenheim: Rebsortenlehrpfad
Info: Gemeinde Ippesheim, Tel. 09339/227

Röttingen: Museumsweinberg mit Weinwanderweg
Info: Gemeinde, Tel. 09338/208

Weinmuseen

Zu den besonderen Sehenswürdigkeiten gehört *das Mainfränkische Museum in Würzburg,* das seit 1947 auf der rebenumwachsenen Festung Marienberg entstanden ist. Es beherbergt zahlreiche Kunstwerke, die im Laufe der Jahrhunderte in diesem Land oder von fränkischen Künstlern geschaffen wurden, so u.a. berühmte Werke Tilman Riemenschneiders, kostbare Möbel aus der Barock- und Rokokozeit und viele Gemälde. Die Kelterhalle des Museums – eine 1000 qm große, gewölbte Halle – wird mehr und mehr zu einem Weinmuseum ausgebaut. Dank vieler Geld- und Sachspenden findet der Besucher außer sieben Eichenholzkeltern aus den Jahren 1689 bis 1725 viele Zeugnisse aus der mehr als tausendjährigen Weinbaugeschichte. In der Kelterhalle sind z. B. alte Wappentafeln aus der Trinkstube des Würzburger Rathauses zu sehen, schmiedeeiserne Wirtshausschilder, geschnitzte Faßriegel und Faßböden, Zunftfahnen, Geräte der Weinbergarbeiter und Büttner. Ebenso wird hier ein aus Rebenholz geschnitztes Büttenmännchen der Würzburger Metzgerzunft mit einem eingebauten Silberbecher von 1739 aufbewahrt. In einer Wandnische befindet sich eine spätgotische Darstellung des Winzerpatrons St. Urban.

Zahlreiche Trink- und Weingefäße aus sieben Jahrhun-

derten stehen in beleuchteten Vitrinen: Kelche, Becher, Kannen, Pokale, Humpen, Bocksbeutelflaschen. Sogar eine Sulzfelder Winzerstube aus dem 16. Jahrhundert wurde im Museum originalgetreu eingebaut.
Seit Gründung des Mainfränkischen Museums haben über sieben Millionen Menschen, jährlich ca. 300 000 Besucher, dieses Museum besichtigt, das die ganze Woche hindurch geöffnet ist.
Im Jahre 1972 erhielt das Mainfränkische Museum den Deutschen Weinkulturpreis.
Öffnungszeiten: Täglich, auch an Sonn- und Feiertagen, von 10 bis 17 Uhr; vom 1. November bis 1. April von 10 bis 16 Uhr.
Sehenswert ist auch *das erste Fränkische Weinmuseum in Klingenberg am Main.* Info: Verkehrsamt 0 93 72 / 1 33 24.

Wein- und Winzerfeste

Ein besonderes Erlebnis ist für jeden Gast im fränkischen Weinland der Besuch eines Weinfestes. Während der Sommermonate finden die Weinfeste in idyllischen Parks, Alleen oder mitten in den romantischen Winzerdörfern statt. Im Frühjahr und in den Herbstmonaten wird in beheizten Kelterhallen oder Weintennen kräftig gefeiert. Auskünfte über die jährlich 250 Wein- und Winzerfeste gibt ein Prospekt der Gebietsweinwerbung Frankenwein-Frankenland GmbH, 97070 Würzburg, Haus des Frankenweins, Postfach 5764, Telefon 09 31 / 1 20 93, oder auch eine Broschüre mit Beschreibung des jeweiligen Festes gegen eine Gebühr bei der Fa. Hartmann & Meuschel, Schloß Hallburg, Postfach 11 62, 97332 Volkach, Telefon 0 93 81 / 30 36.

Barockfest

Seit 1980 veranstaltet alljährlich im Mai der Fränkische Weinbauverband einen prächtigen musikalisch-kulinarischen Konzertabend beim Frankenwein. Die weltberühmte Fürstbischöfliche Würzburger Residenz ist

Schauplatz vierstündiger Abendprogramme bei erlesener Musik großartiger Komponisten der Barockzeit. Es musizieren die besten internationalen Kammerorchester. Hierzu werden ein mehrgängiges Frühlingsmenü und interessante Frankenweine im Bocksbeutel gereicht. Infos über Fränkischer Weinbauverband, Haus des Frankenweins, Postfach 5764, 97070 Würzburg, Telefon 0931/12093.

Weininstitutionen

Prüfung und Genehmigung

Regierung von Unterfranken, Peterplatz 9,
97070 Würzburg, Telefon 0931/3801

Prüfstelle für Qualitätswein, Zeller Straße 43,
97082 Würzburg, Telefon 0931/3808139

Die Regierung von Unterfranken ist zentral zuständig für die Erteilung von Prüfungsnummern und Prädikaten für Qualitätswein.
Zwölf Prüfungskommissionen prüfen die von Weinbau, Winzergenossenschaften und Weinhandel eingereichten Weine.

Industrie- und Handelskammer Würzburg-Schweinfurt, Abteilung Berufsbildung, Mainaustraße 33,
97082 Würzburg 11, Telefon 0931/41940

Die IHK-Wbg.-Schweinfurt führt seit dem Jahre 1952 als eine von zwei Kammern – neben Trier – Kellermeisterprüfungen durch. Seit dieser Zeit haben insgesamt 216 gelernte Weinküfer diese Prüfung bestanden. In 1990 bekam erstmals eine Frau den Meisterbrief.

Landesuntersuchungsamt für das Gesundheitswesen Nordbayern, Theaterstraße 23,
97070 Würzburg, Telefon 0931/419930

Forschung und Ausbildung

Bayerische Landesanstalt für Weinbau und Gartenbau,
Residenzplatz 3, 97070 Würzburg,
Telefon 0931/305090

An der Steig 15, 97209 Veitshöchheim,
Telefon 0931/90021

Die Landesanstalt ging im Jahre 1952 aus dem Zusammenschluß der ehemaligen Staatlichen Lehr- und Versuchsanstalt für Wein-, Obst- und Gartenbau in Veitshöchheim, die im Jahre 1902 gegründet wurde, mit der Bayerischen Hauptstelle für Rebenzüchtung (gegründet 1912) und dem Staatsweingut in Würzburg sowie der Dienststelle des Leitenden Sachverständigen für die Reblausbekämpfung hervor.
Der Landesanstalt stehen heute 79 Betriebe mit einer Gesamtrebfläche von 170 ha und einer gärtnerisch genutzten Versuchsfläche von 45 ha zur Verfügung.
Die Abteilung Weinbau bewirtschaftet eine Rebfläche von 52 ha. Die fünf Sachgebiete sind aufgeteilt in Rebenanbau, Boden- und Pflanzenerneuerung, Rebenzüchtung, Pflanzenschutz und Betriebswirtschaft.
Im neuerbauten Keller werden die Versuchsweine ausgebaut.

Beratung

Amt für Landwirtschaft und Bodenkultur
Von-Luxburg-Straße 4
97074 Würzburg
Telefon 0931/804070
(Sitz eines Fachberaters für Weinbau)

Amt für Landwirtschaft
Mainbernheimer Straße 103
97318 Kitzingen
Telefon 09321/32064/30090
(Sitz eines Fachberaters für Weinbau)

Amt für Landwirtschaft
Ringstraße 51
97753 Karlstadt
Telefon 09353/8061
(Sitz eines Fachberaters für Weinbau)

Fachberater des Bezirks Unterfranken
für Kellerwirtschaft und Kellertechnik
Zeller Straße 43 d
97082 Würzburg
Telefon 09 31 / 41 15 30

ORGANISATION

Fränkischer Weinbauverband e. V.
Haus des Frankenweins
Am Kranenkai 1, Postfach 57 64
97070 Würzburg
Telefon 09 31 / 57 11 21
Fax 09 31 / 1 71 75

1836 in Würzburg gegründet, ist er die zweitälteste berufständische Vereinigung des Weinbaus in Deutschland. Der Fränkische Weinbauverband zählt heute über 5000 Mitgliedswinzerbetriebe. Ihm obliegt die Aufgabe, alle wesentlichen Entwicklungen in Erzeugung und Vermarktung, Weinbau- und Wirtschaftspolitik zu beobachten und zum Vorteil der Winzer umzusetzen. Ferner obliegt ihm im besonderen die Wahrnehmung der gemeinsamen Interessen der fränkischen Winzer. Hierzu zählen z. B. Stellungnahmen zu weinbezogenen Gesetzesänderungen und Gesetzesvorlagen, Beratung der Mitglieder, Förderung von Aus- und Weiterbildung, in jüngerer Zeit sind Fragen des naturnahen Weinbaues und Schutz der Umwelt von Bedeutung. Wichtiges Anliegen ist und bleibt die Sicherung einer möglichst hohen Qualität des Frankenweins.

Gebiets-Weinwerbung
Frankenwein – Frankenland GmbH
Haus des Frankenweins
Am Kranenkai 1, Postfach 57 64
97070 Würzburg
Telefon 09 31 / 1 20 93
Fax 09 31 / 1 71 75

Gebiets-Weinwerbung
Frankenwein-Frankenland
GmbH
Würzburg

Die seit 1954 bestehende Gebietsweinwerbung »Frankenwein – Frankenland« e.V. ist ein freiwilliger Zusammenschluß von Winzergenossenschaften, Weingütern, Selbstmarktern und dem Produktionsweinhandel zum Zwecke der Werbung und Öffentlichkeitsarbeit für den Frankenwein. Satzungsgemäß oblag der Gebietsweinwerbung u. a. die Sicherung des Rechtsschutzes des Bocksbeutels. Dieser wurde im Frühjahr 1989 von der Europäischen Gemeinschaft in eine Sonderstellung gebracht.
Nach der Umfirmierung im Dezember 1988 als »Frankenwein – Frankenland« GmbH tragen die folgenden Gesellschafter die Gebietsweinwerbung:

Fränkische Winzergenossenschaft
Fränkische Weingüter und Selbstmarkter e.V.
Fränkische Winzer – Franken und Wein e.V.
Fränkischer Weinhandelsverband e.V.
Fränkischer Weinbauverband e.V.

Die Aufgaben der Gebietsweinwerbung sind vor allem mit Inbetriebnahme des Hauses des Frankenweins noch vielfältiger geworden. So stehen neben Führungen, Verkostungen und Pressebetreuung im Haus des Frankenweins auch die Mitwirkung bei nationalen und internationalen Messen und Ausstellungen, kulinarische Festveranstaltungen im In- und Ausland im Mittelpunkt. Dabei hat sich die Gebietsweinwerbung auf die Betreuung gehobener Verbraucherschichten spezialisiert.
Bundesweite Beachtung erreichten die seit 1981 durchgeführten Barockfeste in Würzburg, die alljährlich Ende Mai an mehreren Abenden in der Fürstbischöflichen Residenz unter Mitwirkung europäischer Spitzenorchester stattfinden.
Weinseminare, Weinschulungen, Betreuung von Verbraucheranfragen, die Programmplanung der Fränkischen Weinkönigin und die Herausgabe von Prospekten und Broschüren sind weitere Aufgaben der fränkischen Gebietsweinwerbung.

Werbegemeinschaft
Fränkischer Winzergenossenschaften e.V.
Theaterstraße 26
79070 Würzburg
Telefon 0931/50113

Fränkische Weingüter und Selbstmarkter e.V.
Theaterstraße 19, Postfach 178
79070 Würzburg
Telefon 0931/35030

Fränkische Winzer – Franken & Wein e.V.
Industriestraße 3, Postfach 1162
79332 Volkach
Telefon 09381/3036

Fränkischer Weinhandelsverband e.V.
Augustinerstraße 2
79070 Würzburg
Telefon 0931/50777

Kommission für das Deutsche Weinsiegel GmbH – Franken
Am Kranenkai 1, Postfach 5764
(Haus des Frankenweins)
79070 Würzburg
Telefon 0931/15320

Die Gründung der Kommission für das Deutsche Weinsiegel im Weinanbaugebiet Franken erfolgte 1951. Damit wurde den Qualitätsbestrebungen vorausschauend ein Signal gesetzt, um in freiwilliger Selbstkontrolle die Qualität des Weines im Glas zu prüfen und durch das Deutsche Weinsiegel kenntlich herauszustellen. Ein außergewöhnlicher Aufwärtstrend läßt sich seit Beginn der siebziger Jahre feststellen. So stieg die Verleihungszahl 1974 von 5,5 Mill. auf 1979 16,8 Mill. bis 1990 auf 26,7 Mill. Weinsiegelzuerkennungen (das ist übrigens ein Drittel aller Weinsiegel in Deutschland). Der auf die Bocksbeutelflaschen entfallende Anteil liegt dabei, je nach Jahrgängen, zwischen 50–90 Prozent. Von den 26,7 Mill. Siegelverleihungen in 1990 waren 40,4 Prozent gelbe Siegel (trocken), 49 Prozent grüne Siegel (halbtrocken) und 10,6 Prozent rote Siegel (milde Weine).

Gebietsausschuß Fränkisches Weinland
im Fremdenverkehrsverband Franken e.V.
Zeppelinstraße 15
97074 Würzburg
Telefon 0931/80 03-246
Fax 0931/80 03-262

Das Fränkische Weinland ist ein Tourist-Informations-Büro (Sitz im Landratsamt Würzburg), das von fränkischen Kommunen und Landratsämtern getragen wird. Hier sind Informationen über kulturelle Veranstaltungen, Feste, Festspiele und Theateraufführungen, Messen, Märkte, Gastronomie- und Hotelbetriebe zu erhalten. Ferner können Programmvorschläge für einen Urlaubs- und Ferienaufenthalt im fränkischen Weinland eingeholt werden.

Weinbauring Franken e.V.

Im Hinblick auf naturnahen Weinbau und der weiteren Förderung von Qualitätserzeugnissen gründeten die fränkischen Winzer 1988 den Weinbauring Franken. Dieser Erzeugerring wird vom Freistaat Bayern staatlich gefördert durch das Landeskuratorium für pflanzliche Erzeugung in Bayern.
Mittlerweile zählt der Erzeugerzusammenschluß über 4300 Mitgliedswinzer.
Das Ziel des Weinbaurings ist die Förderung der marktgerechten und umweltschonenden Erzeugung von Wein und Rebenpflanzgut. Die Geschäftsstelle befindet sich in der Repperndorfer Straße 16 in 97318 Kitzingen.

Haus des Frankenweins in Würzburg

Am Alten Kranen, einem Wahrzeichen Würzburgs, entstand im Juli 1990 das weintouristische Zentrum Mainfrankens, Begegnungsstätte für Weinfreunde aus aller Welt. Franz Ignaz Neumann, der Sohn des genialen Barockbaumeisters Balthasar Neumann, errichtete Ende des 18. Jahrhunderts auf dem ältesten Handels- und Umschlagsort zwischen Fluß und Straße in Würzburg ein großes »Ladegeschirr«, ein Zollhaus und Abfertigungshallen.

In den 80er Jahren begannen die fränkische Weinwirtschaft mit der Stadt Würzburg und als Zuschußgeber der Freistaat Bayern und der Bezirk Unterfranken das im Zweiten Weltkrieg zerstörte historische Zollhaus wieder aufzubauen, das elegante und repräsentative »Haus des Frankenweins«. Das dreiflügelige Gebäude beherbergt im Nordflügel die Verwaltungsräume des Fränkischen Weinbauverbandes, der Gebietsweinwerbung Frankenwein – Frankenland GmbH und der Geschäftsstelle des Deutschen Weinsiegels. Im Untergeschoß ist ein stimmungsvoller, künstlerisch ausgestalteter Weinprobierraum eingerichtet. Der Südflügel dient einem Weinrestaurant mit geräumiger Außenterrasse. Im Mittelbau können Weinliebhaber aus exakt 100 ausgesuchten fränkischen Bocksbeutelweinen und Frankensekten auswählen, kosten und einkaufen. Im Dachgeschoß befinden sich nochmals eine schmucke Weinprobierstube, die Bibliothek und der fachliche Probenraum, in dem Weine für das Fränkische Weinsiegel, Fränkische Weingütezeichen und der Fränkischen Weinprämierung verkostet werden. Den Besuchern des Hauses des Frankenweins stehen überdies

Informationen über Würzburg und das ganze fränkische Weinland zur Verfügung. Anschrift: Kranenkai 1, 97070 Würzburg, Telefon 0931/571241.

Die Weinbruderschaft Franken e.V.

Die Weinbruderschaft Franken e.V., ein Zusammenschluß weinverständiger Männer, wurde am 12. Juli 1982 in Würzburg gegründet. Sie verfolgt ausschließlich kulturelle Ziele und vertritt keine kommerziellen Interessen. Sie macht sich die Vertiefung des Wissens um den Wein, die Pflege und Förderung der Weinkultur, die Verbindung des Weines mit den Künsten, die wachsame Weinkritik zur Erhaltung der charakteristischen Eigenarten des Frankenweines und des deutschen Weines in seiner Vielfalt und die Förderung der Literatur um den Wein zur Aufgabe. Die Weinbruderschaft sieht sich nicht in Konkurrenz mit Berufsverbänden, sie ist eigenständig. Jeder Hinweis auf die Zugehörigkeit für geschäftliche Zwecke ist untersagt. Erster Bruderschaftsmeister ist derzeit Heinz Otremba.

Alphabetisches Verzeichnis der Weinorte in Franken samt ihrer Einzel- und Grosslagen

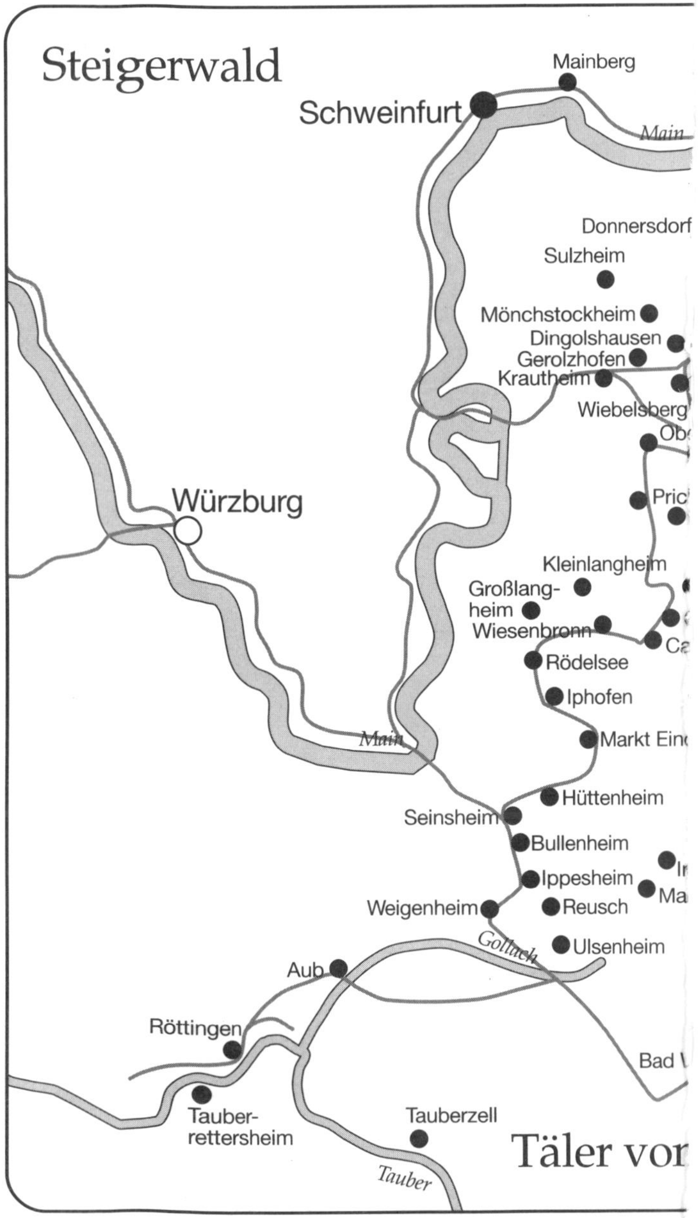
Steigerwald
Mainberg
Schweinfurt
Main
Donnersdorf
Sulzheim
Mönchstockheim
Dingolshausen
Gerolzhofen
Krautheim
Wiebelsberg
Würzburg
Kleinlangheim
Großlang-
heim
Wiesenbronn
Rödelsee
Iphofen
Main
Hüttenheim
Seinsheim
Bullenheim
Ippesheim
Reusch
Weigenheim
Gollach
Ulsenheim
Aub
Röttingen
Tauber-
rettersheim
Tauberzell
Tauber

Quellennachweis

Ankenbrand, Stephan: Die Ortsnamen des Landkreises Würzburg. Würzburg 1952. (Mainfränkische Heimatkunde. 6.)
Arntz, Helmut: Natur- und Kulturnamen der Weinlagen des Rheingaus. T. 1. Wiesbaden 1972. (Schriften zur Weingeschichte Nr. 26.)
Bassermann-Jordan, Friedrich von: Geschichte des Weinbaus unter bes. Berücksichtigung der Bayerischen Rheinpfalz. 2. Aufl. Bd. 1–3. Frankfurt a. M. 1923.
Bocksbeutelkunde. Informationen der Gebietsweinwerbung »Frankenwein-Frankenland e. V.«. Würzburg 1954 ff. und Ausgabe Nr. 63 und Nr. 72.
Braunfels, Ludwig: Die Mainufer. Verlag Borowsky. München.
Dettelbacher, Werner: Einkehr in Weinfranken. Würzburg 1980.
Dettelbacher, Werner: Franken. 7. Aufl. Köln.
Dettelbacher, Werner: 1200 Jahre Weinbau in Würzburg. Würzburg 1979.
Eichelsbacher, Heinz-Martin: Ein genetisch-züchterischer Vergleich der Rebsorten Riesling, Silvaner und Müller-Thurgau. Aus: Die Gartenwirtschaft. München 1957.
Endres, Wolfgang: Wo unser Wein wächst. Regierung von Mainfranken 1990.
Fischer, Johann Christian: Der Fränkische Weinbau . . . Marktbreit 1782.
Franken. Land, Volk, Geschichte und Wirtschaft. Hrsg. und bearb. von Conrad Scherzer. 1.2. Nürnberg 1962.
Freihold/Griebel/Weisensee: Weinfranken. Mainz 1990.
Karolingisches Franken. Hrsg. von Wolfgang Buhl. Würzburg 1973.
Das Frankenwein-Jahrbuch. 1954/55. 1956/57. Würzburg 1954–55.
Genießen und Informieren. Weinkultur und Romantik in Mainfranken 1979, 1980. Würzburg 1979–80.
Götz/Vogt: Weinbau. Stuttgart 1987.
Gräter, Carlheinz: Mainfranken-Fibel. Konstanz [1973].
Gräter, Carlheinz: Unterwegs am Maindreieck. Würzburg 1974. (Mainfränkische Weinfahrten. Bd. 2.)
Gräter, Carlheinz: Unterwegs am Steigerwald. Würzburg 1972. (Mainfränkische Weinfahrten. Bd. 1.)
Grimm, Jacob, und Grimm, Wilhelm: Deutsches Wörterbuch. 1–16. [Nebst] Quellenverz. Leipzig 1854–1971.
Heinen, Winfried: Gesamtwerk Deutscher Wein. Ausgabe Franken. Trittenheim 1985.
Heß, Karl: Der Weinbau Frankens in den letzten 50 Jahren. Leipzig und Erlangen 1927. (Wirtschafts- und Verwaltungsstudien mit bes. Berücks. Bayerns. 82.)
Hillebrand, Walter: Taschenbuch der Rebsorten. 5. Aufl. Wiesbaden 1978.
Hillermeier, Susanne: Mittelfränkische Bocksbeutelstraße. Uffenheim 1990.
Hilpert, Marianne: Von Häckern und Winzern am Maindreieck. Würzburg 1957. (Mittelfränkische Heimatkunde. 10.)
Jung, Hermann: 3000 Jahre Bocksbeutel. Würzburg 1970.
Jung, Hermann: Aus der Geschichte des fränkischen und bayerischen Weinbaues. In: Bayerland. 61. München 1959, S. 315–321.
Kahlert, Helmut: Verbreitung und Rückgang des Weinbaues am Untermain. In: Aschaffenburger Jahrbuch für Geschichte, Landeskunde und Kunst des Untermaingebietes. 3. Aschaffenburg 1956, S. 157–178.
Kittel, Josef Balduin: Das Buch vom Frankenwein. 5. Aufl. von Hans Breider. Würzburg 1974. (Mainfränkische Heimatkunde. Bd. 12.)
Kitzinger Zeitung. Ausgabe v. 16. Juli 1991.
Kluge, Friedrich, Alfred Götze: Etymologisches Wörterbuch der deutschen Sprache. 15. Aufl. Berlin 1951.
Kunst- und Kulturführer Landkreis Kitzingen. Marktbreit 1986.
Im Lande des Bocksbeutels. [Hrsg.:] Ado Kraemer. Neubearb. Würzburg 1957.
Landschaftskunde von Franken. Hrsg. von Friedrich Thorwarth. Nr. 1: Das Maindreieck. Würzburg 1924.
Lutz, Werner: Die Geschichte des Weinbaues in Würzburg im Mittelalter und in der Neuzeit bis 1800. Würzburg 1965. (Mainfränkische Hefte. 43.)
Meisner, Michael: Mit Weinverstand durchs Frankenland. 2. Aufl. Würzburg 1977.
Reitzenstein, Alexander von: Der Main. München, Berlin 1960.
Rutte, Erwin: Einführung in die Geologie von Unterfranken. Würzburg 1957.
Schnetz, Joseph: Flurnamenkunde. 2. Aufl. München 1963.
Schoene, Renate: Bibliographie zur Geschichte des Weines. [Nebst] Suppl. 1. Mannheim, Wiesbaden 1976–78.
Schuster, Michael: Der Weinkenner. Stuttgart 1990.
Schwappach, Edgar: Die Sortenfrage in der Winzergenossenschaft. In: Rebe und Wein. 27. 1974, S. 4–8.
Seminar-Handbuch des DWI. Mainz 1989.
Stein-Wein-Pfad Würzburg. Text und Bearb.: Jochen Freihold. Würzburg o. J.
Treutwein, Karl: Unterfranken. Heroldsberg 1984.
Treutwein, Karl: Von Abtswind bis Zeilitzheim. Volkach 1987.
Wahl, Klaus: Rebsorten in Franken. Würzburg [1979].
Weinbau. Begründet von Ernst Vogt. Hrsg. von Bruno Götz. 5. Aufl. Stuttgart 1977.
Wein- und Sektjournal: Franken – spezial –. Verlag Dr. Fraund GmbH. Mainz.
Wein- und Winzerfeste 1980 in Franken. Würzburg 1980.
Weise, Rudolf, Otto Wittmann: Boden und Klima fränkischer Weinberge. Würzburg 1971.
Weisensee/Worschech: Weinland Franken. Würzburg 1985.
Wittmann, Otto: Die Weinberg-Böden Frankens. München, Basel, Wien 1966. (Bayerisches landwirtschaftliches Jahrbuch. Sonderh. 3.)

Quellen: Bayerisches Staatsarchiv Würzburg, Gemeindearchive in Franken, Privatarchive, Weinbergsrolle der Regierung von Unterfranken.

Erklärung der Symbole

■ Beschreibung der Weinberg-Lagen

- □ Hektargröße Weinberg
- [↑] Haupthimmelsrichtung
- [/] Hangneigung
- [∴] Rebsorte
- [B] Bodenart
- [C] Weincharakteristik
- [L] Großlagenzugehörigkeit

● Winzerbetriebe und Gutsschänken

- [W] Weinprobe
- [K] Kellerprobe
- [G] Gastronomie
- [☎] Telefon
- [S] Straußwirtschaft
- [A] Gutsausschank
- [R] Restaurant mit vorzüglicher Weinqualität
- [O] Öffnungszeiten
- [Z] Ruhetag
- [P] Parkmöglichkeit

▲ Übernachtungsmöglichkeiten

- [***] gehobene Hotelklasse
- [**] gutbürgerliche Übernachtungsmöglichke
- [*] einfache Übernachtungsmöglichkeit